Ullstein

W0055965

Otto Reutter, die volkstümlichste Erscheinung unter den deutschen Humoristen, unsterblich geworden durch seinen »Überzieher«, seinen »Blusenkauf« und seinen »gewissenhaften Maurer« – wer kennt ihn nicht? Über dreißig Jahre lang stand er auf der Bühne des legendären Berliner Wintergartens am Bahnhof Friedrichstraße, eine Erscheinung von liebenswürdigem Charme und ein Genie heiterer Zeit- und Lebensbetrachtung. Man hat ihn den »König des Humors« und den Philosophen des Couplets genannt. Millionen haben über ihn gelacht. Sein Witz ist bis in unsere Tage frisch geblieben.
Wie aus dem Schuljungen aus der Gardelegener Sandstraße der berühmte Otto Reutter wurde, hat Helga Bemmann in den Kapiteln dieses Buches nachgezeichnet. Ein farbiger Bilderbogen vor dem Hintergrund der Zeit, der eine glanzvolle Ära deutscher Varietégeschichte lebendig werden läßt.

DIE AUTORIN

Helga Bemmann, geboren 1933, studierte an der Universität Leipzig und arbeitete von 1954–1969 als Redakteurin und Verlagslektorin in Berlin. Sie veröffentlichte zahlreiche Bücher über Dichter und Künstler der Kleinen Bühne, des Chansons und des Kabaretts sowie literarische Biographien zu Kurt Tucholsky, Erich Kästner, Claire Waldoff und Joachim Ringelnatz. Sie lebt als freischaffende Autorin in Prieros in der Mark Brandenburg.

Weitere Veröffentlichungen (u. a.): Ick wundre mir über jarnischt mehr (1977); Berliner Musenkinder-Memoiren (1981); Marlene Dietrich – ihr Weg zum Chanson (1987); Kurt Tucholsky (1992, UB 35375); Erich Kästner (1994, UB 35391); Claire Waldoff (1994, UB 35430).

Helga Bemmann

OTTO REUTTER

Ullstein

Biographie
Ullstein Buch Nr. 35613
im Verlag Ullstein GmbH
Frankfurt/M-Berlin

Originalausgabe

Umschlagentwurf:
Jutta Schneider
Foto: Privatbesitz
Alle Rechte vorbehalten
© 1996 by Verlag Ullstein GmbH,
Frankfurt/M-Berlin
Der Abdruck sämtlicher Texte und
Noten von Otto-Reutter-Werken
erfolgt mit freundlicher Genehmigung
des Original-Verlages Otto Teich,
64295 Darmstadt
Printed in Germany 1996
Gesamtherstellung:
Ebner Ulm
ISBN 3 548 35613 3

August 1996

Die Deutsche Bibliothek – CIP-Einheitsaufnahme

Bemmann, Helga:
Otto Reutter / Helga Bemmann. – Orig.-Ausg. – Frankfurt/M ;
Berlin : Ullstein, 1996
(Ullstein-Buch ; Nr. 35613 : Biographie)
ISBN 3-548-35613-3
NE: GT

Inhalt

Anhang

Otto Reutter – ein Klassiker der Heiterkeit

Bei dem Reim »Geh' ich weg von dem Fleck, ist der Überzieher weg!« oder bei jenem: »Und geht auch alles die Kreuz und Quer, ick wundre mir über jarnischt mehr!« – da weiß man auf der Stelle: Das ist von Otto Reutter.

Millionen haben über diesen Mann gelacht, wenn er vor den Vorhang trat, die Hände vor dem Bauch gefaltet, und in scheinbar diskreter Wurstigkeit zu singen begann – mit Mutterwitz, Schlagfertigkeit und einem Pointenfeuerwerk ohnegleichen, so daß die Zuhörer zusehen mußten, daß sie mit dem Lachen nachkamen. Dieser Otto Reutter war schon ein Wunder: Pflanze aus der Altmark und mehr als dreißig Jahre lang der Star der deutschen Varieté- und Unterhaltungsbühnen und der populärste Humorist seines Fachs, den es je gegeben hat. Sein Name steht gleichrangig neben den Großen von Bühne und Leinwand wie Karl Valentin, Charlie Chaplin, Grock und Claire Waldoff.

Was war an dem kleinen Dicken aus Gardelegen, daß er auf solche Höhen des Ruhms gelangen konnte? Etwas muß es doch gewesen sein. Dieser Frage ist vor sechzig Jahren schon Kurt Tucholsky nachgegangen, der hinter die Geheimnisse des Phänomens Reutter zu kommen suchte. Bei Reutter machte zweifellos die Persönlichkeit die Wirkung. Hinter der stämmigen Erscheinung des Mannes mit dem Mondgesicht und dem nicht immer korrekten Frack steckte ein urwüchsiges Talent, so etwas wie ein Genie des Couplets, begabt mit einer besonderen Art Humor. »Er traf Töne, deren Resonanzboden sehr tief liegt«, meinte Tucholsky und lobte »zu alleroberst jenes erhebende Lied ›In fünfzig Jahren ist alles vorbei‹ . . . es hatte beinahe etwas Fontanisches.«

Reutter hatte seine eigene Antwort auf die Frage, wie man Humorist wird. Nichts leichter als das. »Du mußt«, sagte er, »in einer recht kleinen Stadt zur Welt kommen. Je kleiner, desto besser. Du fällst dann um so mehr auf, und die Stadt erlangt durch dich Weltruf wie Stratford durch Shakespeare und wie Köpenick durch Wilhelm Voigt.« Vor allem muß man selber dichten können.

Reutter hat sich im Laufe seines Bühnenlebens weit über tausend Couplets gedichtet, in denen diese Liedform ihre Vollendung

So stand er auf der Bühne.

fand. Er ging neue Wege, indem er das Couplet aus dem Dunstkreis von Biercabaret und Tingeltangel herausholte und es wieder zu einer anspruchsvollen Form der Zeit- und Menschenbetrachtung machte, dem Chanson des literarischen Kabaretts ebenbürtig. Man ging zu Otto Reutter wie ins Theater: Was er bot, war vollendeter Auftritt und immer wieder neu. Keiner von den Zeitgenossen seines Fachs hatte eine solche urwüchsige Komödiantenstatur, sprach eine so kecke, treffsichere Sprache, hatte eine so sprudelnde Phantasie und schöpfte so aus dem Volkswitz und der Volkssprache wie er. Viele Redewendungen von ihm sind in den allgemeinen Sprachschatz eingegangen, seine Strophen stecken voller Sentenzen und Lebensweisheiten; in lapidaren Refrainzeilen hat er das Leben und die Zeiten auf den Punkt gebracht. Und daß er damals schon von Steuern, Krisen und Pleiten sang, unterstreicht nur den Realitätsgehalt seiner Vortragsstücke.

Hinzu kam sein niederdeutsches Erbe. Er hatte das Gemüt und das Stehvermögen des Altmärkers, der mit Gelassenheit auf das große und kleine Welttheater blickt – die Ruhe selbst – und sich seine eigene Meinung von den Dingen macht.

Ein Kind der Gardelegener Sandstraße ist Reutter auch im Frack immer geblieben, eigentlich eine sympathische Erscheinung. Das Publikum hat ihn geliebt und vergöttert wie keinen zweiten, hat einunddreißig Jahre lang Abend für Abend mit wahrer Begeisterung applaudiert. Nicht auszudenken, wenn er mit seinem Talent in Wien oder Paris zur Welt gekommen wäre, ein *chansonnier par excellence*, den man zu Lebzeiten schon zu einem Nationaldenkmal erhoben hätte. Reutter hatte es schwer, jedoch das Glück, daß sein Aufstieg mit dem Aufstieg des Varietés in Deutschland zusammenfiel. Insofern sah man in ihm das Rückgrat der deutschen Artistik. Der Wintergarten am Bahnhof Friedrichstraße, ein Weltstadtvarieté mitten im Zentrum einer Metropole, war die Bühne, die seiner Kunst den Glanz und das klassische Maß verlieh. Die altmärkische Bodenständigkeit und das Berliner Tempo gaben seinem Witz die spezifische Note, seinen kühnen Strophengebilden den großen dynamischen Bogen.

»In fünfzig Jahren ist alles vorbei«, tröstete er einst sein Publikum im versöhnlichen Singsang seiner Verse. Für ihn selbst scheint diese aufgestellte Behauptung offenbar nicht zuzutreffen.

Die Plattenfirmen lebten von Reutter gut.
Spaltenanzeige der Grammophon.

Wir haben es hier mit einem erstaunlichen Phänomen zu tun: daß einer über Jahrzehnte hinweg seine Zuhörer in jeder Generation wieder neu findet. Wenn man bedenkt, daß es anno 1900, als er das erste Mal auf der riesenhaften Bühne des Wintergartens stand, noch kein Mikrophon gab; daß er zu den allerersten Künstlern gehörte, die per Ätherwelle das Zeitalter des Rundfunks verkündeten; daß er den Siegeszug der Schallplatte miterlebte und mitgestaltete; daß er sich in den kunstgoldenen zwanziger Jahren gegen die Konkurrenz von Kino und Kabarett behaupten konnte; daß derselbe Mann heute, im Medienzeitalter, mit seinem Repertoire wieder oder immer noch auf dem Markt ist, nunmehr auf CD – erst wenn man sich diese Tatsache vor Augen hält, kann man sich eine reale Vorstellung davon machen, wieviel an Substanz dieser Otto Reutter in sein Coupletwerk eingebracht hat. Hier war einer, der sich wieder auf die poetisch volkstümlichen Wurzeln dieser Liedform besann, den Versen die Geschmeidigkeit zurückgab, Langeweile und Gleichförmigkeit für immer daraus verbannte. Was für ein großartiger Geschichtenerzähler! Sein Verdienst ist, daß er das reflektierende Couplet geschaffen hat, das über die Lokalseiten der Zeitung hinausging und Grundfragen der menschlichen Natur berührte – nachdenklich, kritisch, spirituell im Witz und überraschend visionär im Blick auf kommende Zeiten. Nicht ohne Grund hat man ihn den Philosophen des Couplets genannt.

So zog er von Engagement zu Engagement, mit dem »Blusenkauf«, dem »gewissenhaften Maurer« und »Herrn Neureich«, immer »mit der Uhr in der Hand, mit der Uhr in der Hand« und »Alles weg'n de Leut'«. Wie man ihn auch immer bewertet, nie darf man außer acht lassen, daß Reutter als Autodidakt, aufgestiegen aus dem Volkssängertum, sich aus eigener Kraft zu einem modernen Entertainer im Reich des Humors emporgearbeitet hat. Auf dem Weg dahin hat er sich an den Klassikern des Humors und der Satire, an der Literatur, dem Theater und am Kabarett orientiert, die manche Anregung von ihm erhielten. Umgekehrt haben fast alle Schauspieler des komischen Fachs ihn als ihren Lehrmeister betrachtet, fand sich doch gerade an ihm die Wahrheit jener Erkenntnis bestätigt, daß das Lachen des Lebens bester Teil ist und die Heiterkeit nicht der schlechteste Teil der Kunst.

Ein Kind aus Gardelegen

Ihn hatte von Kindesbeinen an, wie man so sagte, der Theaterteufel in der Mache. Als Fünfjähriger war er schon darauf versessen, die Leute nachzuahmen, Gesichter zu schneiden, sich Geschichten auszudenken und sich dazu komödiantenhaft zu produzieren. Erstaunlich gar seine Begabung, auf alles, was um ihn herum passierte und ihn interessierte, Verse zu machen: ein geborenes Fabuliertalent.

Woher dieser kindliche Drang zur Theaterspielerei? Man weiß es nicht. In der Familie hatte es niemals einen Komödianten gegeben, die Vorfahren seines Vaters wie seiner Mutter stammten aus Verhältnissen, in denen es seit Generationen um nichts anderes als den Erwerb des täglichen Brotes ging und wo die Tugenden kleiner Leute, wie Tüchtigkeit, Rechtschaffenheit und Sparsamkeit, das Dasein bestimmten und nichts darüber hinaus. Indes nahm damals niemand in der Familie besondere Notiz von dem ulkigen Otto, wenn es auch auffiel, daß sich diese Faxenmachereien mit den Jahren bei ihm eher verstärkten als verwuchsen – nicht unbedingt zu seinem Vorteil. In seinen Heften fanden die Lehrer an manchen Tagen statt der Schulaufgaben nur Verse, nichts als Verse. Und seine glücklichsten Tage waren, wenn die reisende Theatergesellschaft Rudolf Kneisel im Winter im Gardelegener Schützenhaus ihre Zelte aufschlug und Otto in den Kindervorstellungen mitmimen durfte. Das war mehr als Indianerspielen oder Räuber und Gendarm, das war der siebente Himmel, den mußte er sich erobern, für immer, nicht nur einmal im Jahr. Als mit dem Ende der Schule schließlich die Frage nach der Berufswahl stand, wollte er gar »Theaterspieler« werden. Bis dahin aber hatte es noch einen weiten Weg und sehr viel Zeit. Wenden wir uns zunächst der Biographie dieser märkischen Pflanze zu.

Otto Pfützenreuter – so ist sein richtiger Name – wurde am 24. April 1870 als Sohn eines kleinen Händlers, der mit Pferd und Wagen über Land zog, in Gardelegen in der Sandstraße Nr. 10 geboren. In dem Haus wohnten auch die Großeltern Fischer, die hier eine kleine Schankwirtschaft betrieben. In dieser »Altmärkischen Bierstube« hatte der aus dem Eichsfeld stammende Andreas Pfüt-

Foto aus dem Familienalbum: Otto Reutter (rechts) mit
seiner Mutter, seinem Bruder Emil und seiner Schwester
Grete.

zenreuter, Ulan der Gardelegener Garnison, Reutters Mutter, die Wirtstochter Emilie Fischer, kennengelernt, die er 1869 heiratete – er katholisch, sie evangelisch.

Gerade fünf Monate war der Kleine alt, als der Deutsch-Französische Krieg ausbrach, der im Mai 1871 mit dem Sieg Preußen-Deutschlands über Frankreich endete. In Reutters gereimter Kurzbiographie ist die Situation auf die prägnante Formel gebracht:

Siebzig geboren –
Vater im Kriege – ich in der Wiege –
Mutter im Bett – schönes Terzett!

Der Vater rückte als Reservist mit Beginn des Krieges zum Altmärkischen Ulanen-Regiment Nr. 16 ein und hatte mehr als Glück, daß er, Teilnehmer an den legendären Reitergefechten von Mars la Tour und Vionville, unversehrt aus diesem Krieg nach Hause kam. Emilie Pfützenreuter hatte sich geschworen, dem ersten Bettler, der bei ihr an der Tür klopfte, einen Taler zuzustecken, ein großes Stück Geld damals, wenn ihr Mann wieder aus dem Krieg zurückkehren würde. Diesen Schwur löste sie nun ein.

Für die junge Familie des Hausierhändlers Pfützenreuter, der in der Schlacht gegen die Franzosen mitgesiegt hatte, änderte sich das Leben nicht. Daß die Pfützenreuters nunmehr nicht mehr nur in Preußen, sondern mit der Reichsgründung von 1871 auch in Deutschland lebten, war ohne Bedeutung, denn die sozialen Verhältnisse blieben für die einfachen Leute die gleichen. Selbst als die Stadt 1871 Anschluß an die Eisenbahnlinie Berlin–Hannover erhielt, änderte das zunächst nichts an der wirtschaftlichen Struktur Gardelegens, in dem die 1868 installierten Gaslaternen gerade erst den Anbruch des modernen Zeitalters signalisiert hatten.

In Meyers Großem Konversationslexikon jener Jahre ist Gardelegen wie folgt beschrieben: »Kreisstadt im preußischen Regierungsbezirk Magdeburg; 3 evangelische, 1 katholische Kirche, Realschule, Privatierenanstalt, Amtsgericht; überwiegend Perlmuttknopf-, Stärke-, Konserven- und Zigarrenfabrikation; ferner Eisengießerei, Fabrikation von landwirtschaftlichen Maschinen, Molkerei, Bierbrauerei; hat mit der Garnison (2 Eskadronen Ula-

Der Vater Andreas Pfützenreuter um 1870 als Ulan.

nen Nr. 16) 7799 Einwohner, meist evangelisch.« Im großen und ganzen machte das altmärkische Ackerbürgerstädtchen den Eindruck geruhsamer, fast spitzwegischer Beschaulichkeit. Man trank nach Feierabend sein Bier, das in der Tradition des berühmten heimischen Garlei stand, ging zur Militärkapelle ins Schützenhaus, sonntags zum Kaffee auf Besuch oder machte mit den Kindern einen Spaziergang vor das Salzwedeler Stadttor, ein Bauwerk aus dem 15. Jahrhundert.

Gardelegen, noch umgeben von Resten der Stadtmauer, war im 14. Jahrhundert Mitglied der Hanse und gehörte neben Tangermünde, Stendal und Salzwedel zu den bedeutendsten Zentren der Altmark. Damals schon hatte die Stadt einen exzellenten Ruf als Zentrum des Hopfenhandels, zumal seit dem frühen Mittelalter in den Mauern der Stadt ein vorzügliches Bier gebraut wurde. Welche Bedeutung dieses Gewerbe für die Geschichte der Stadt gehabt hat, ersieht man aus dem Gardelegener Stadtwappen, das einen halbierten brandenburgischen Adler in der linken Hälfte und drei Hopfenstangen in der rechten Hälfte zeigt. Die Altmark selbst war, wie der Name sagt, der ältere Teil der Mark Brandenburg, geschichtlich gesehen das Ausgangsgebiet für die Kolonisation der Mark Brandenburg und somit die »Wiege des preußischen Staates«. Der Altmärker, seinem Wesen nach mehr dem Hannoveraner als dem Berliner verbunden, ist Niederdeutscher, das heißt bodenständig; er fühlt sich als freier Mann, nicht als Provinzler. Insofern fühlte er sich dem Berliner immer überlegen. Das altmärkisch bäuerliche Selbstbewußtsein spielte auch bei Otto Reutter eine Rolle, der sich wohl bewußt war, daß er Berlin den Ruhm verdankte, die Reichshauptstadt und das Berlinertum aber immer mit kritischen Augen betrachtete.

Ein Spaziergang durch die Stadt Gardelegen, wo sie am ältesten ist, vermittelt noch immer einen Hauch patrizischer Wohnkultur und einstiger Wohlhabenheit seiner Bewohner. In einem der altertümlichen Bürgerhäuser mit Fachwerk und breitem Erker kam 1766 Wilhelm Bornemann, der einzige berühmt gewordene Dichter Gardelegens, zur Welt. Zwei Bände »Plattdeutsche Gedichte« hat er veröffentlicht; sie erlangten nicht die Verbreitung wie die »Werke« Otto Reutters, doch hat sich Bornemann mit seinem beschwingten Jägerlied von 1816, das ein Volkslied der Deutschen geworden ist, ein poetisches Denkmal gesetzt. In jedem Kommersbuch und jedem Liederbuch sind die Verse zu finden.

Im Wald und auf der Heide,
da such' ich meine Freude,
ich bin ein Jägersmann.
Die Forsten treu zu hegen,
das Wildbret zu erlegen,
mein' Lust hab' ich daran –
halli, hallo, halli, hallo –
mein' Lust hab' ich daran.

Melodien aus einer verklungenen Zeit, als die Welt noch heil schien, die Gestalt des Försters Synonym für patriarchalische Lebensweise war und der Mensch eingebunden in »die freundliche Natur auf Gottes freier Flur«, völlig eins mit seinem Tagwerk beim Streifen »durch die Wälder und die Felder«, wie es bei Bornemann im Liede heißt.

Gardelegen und die Kunst – schweben also doch die Musen über dem verschachtelten Dächermeer der Stadt? In Meyers Großem Konversationslexikon von 1908 steht nicht nur etwas von Spargel- und Hopfenanbau, es steht auch, daß in Gardelegen 1752 der Dichter Christoph August Tiedge geboren wurde. Das von ihm verfaßte Lehrgedicht »Urania«, von Schiller und Kant beeinflußt, gehörte einst zum Bildungsgut der Zopfzeit. Was der altmärkische Poet sonst noch an lehrhaften Gedichten und Betrachtungen über Gott, Unsterblichkeit und Freiheit geschrieben hat, ruht in den hintersten Regalen in den Bibliotheken der Universitäten. Reutter erwähnt ihn jedenfalls als Lektüre seiner Jugendzeit nicht.

Wie ging es nun im Leben des »Poeten« Pfützenreuter weiter? Für ihn begann 1876 mit dem ersten Schultag ein neuer Lebensabschnitt. Er besuchte, wie auch seine drei jüngeren Geschwister Emil, Margarethe, genannt Gretl, und Elisabeth, genannt Elli, die einklassige katholische Volksschule am Ort. Irgendwelche enthusiastischen Äußerungen oder Erinnerungen an die Schule finden sich bei ihm nicht, eher nimmt sich das wenige, was er an Kommentaren dazu gegeben hat, sehr kritisch aus. Ein einziger Lehrer

17

unterrichtete, zum Teil parallel in ein und derselben Schulstube, die Kinder sämtlicher acht Schulklassen, wie es in jener Zeit üblich war, nicht nur in der Altmark. Reutter hatte mit dem Fortkommen keine Schwierigkeiten und hätte gern, wäre es nach ihm gegangen, das Gymnasium besucht. Doch daran war überhaupt nicht zu denken. Sicher wäre für seinen Bühnenberuf, aus der Rückschau gesehen, eine höhere Schulbildung von Nutzen gewesen, aber leider, es scheiterte an den Eltern, die eine finanziell so kostspielige Ausbildung wie Gymnasium für den Kaufmannsberuf für nicht erforderlich hielten. Was Reutter in der Schulzeit an Wissen und Bildung versäumte oder, richtiger gesagt, ihm vorenthalten wurde, hat er sich unter großen Anstrengungen auf autodidaktischem Wege selbst aneignen müssen. Seine späteren Lehrlingsjahre und die Jahre als Bühnenanfänger waren, was Bildung anbetraf, immer noch Schuljahre für ihn, und eigentlich blieb das so sein ganzes Leben lang. Für einen Jungen seines sozialen Standes gab es damals keine anderen Möglichkeiten über die Volksschule hinaus; so war das Leben, damit hatte er sich abzufinden. Aber schmerzlich ist es für ihn schon gewesen, daß er diese Schranken der Bildung für das eigene Fortkommen als Gegebenheit hat hinnehmen müssen. Das bekennt er auch:

Sag's ungeniert: hab' nicht studiert,
leider nie höh're Bildung gekannt.
Teils in 'nem Städtchen und teils auf dem Land
zur Schule gewesen! – Schreiben und Lesen
lernt' ich zur Not, aber weiteres nicht.
Pfeife noch heut' auf *den* Schulunterricht!

Wenn man die Coupletdichtung Otto Reutters einmal auf die sprachliche und bildungsmäßige Substanz hin ansieht, das Sprachschöpferische und die literarischen Elemente, tritt die Lebensleistung des einstigen Schuljungen aus der Gardelegener Sandstraße eigentlich erst deutlich hervor. Man weiß nicht, was besser gewesen wäre: ob der Weg über das Berufsschriftstellertum bei Reutter nicht zu einer intellektuellen Überfrachtung der Coupletform geführt und ihm sein Eigentliches, die naive Ursprünglichkeit, genommen hätte. Das Couplet, eine erzählende Liedform, verträgt am allerwenigsten Gelehrsamkeit; am Schreibtisch läßt es sich nicht zwingen, entweder man hat den Geistesblitz oder hat ihn nicht. Eins ist aber ganz entscheidend: Die humoristische Ader, die alles in Bewegung hält, darf nie versiegen.

Bei der Veranlagung Otto Reutters ist es nicht zufällig, daß er sich als Kind schon von allem, was mit Komik und Humor zu tun hatte, angezogen fühlte: von Karikaturen, Witzen, ulkigen Geschichten und Erzählungen, die die Phantasie beschäftigten. Lesen, Theaterspielen und Verse machen waren denn auch seine Lieblingsbeschäftigungen.

In dem einfachen Haushalt seiner Eltern gab es keine große Bücherei. Die ganze »Bibliothek« hatte auf einem kleinen Wandregal Platz, sie umfaßte, wie Reutter sich erinnerte, einige religiöse Bücher, verzeichnete neben diesen seelischen Werten die leiblichen Genüsse von »Henriette Davidis Kochbuch«, noch aus der Köchinnenzeit seiner Großmutter, und schloß sinnig mit »Dr. Bocks Buch vom gesunden und kranken Menschen«. Das sei keine »schöne Literatur« gewesen, meinte er, so daß ihm – außer den Schulbüchern – eigentlich nur der »Lahrer Hinkende Bote« als Lektüre blieb. In diesem, fast in jedem Haushalt vorhandenen Volkskalender waren neben den neuesten Geschehnissen viele kleine unterhaltsame Dorfgeschichten abgedruckt. Am besten gefielen ihm die nach dem Leben geschilderten, humoristischen Skizzen Ludwig Anzengrubers. Dann fand Reutter bei Nachbarsleuten in der Zeitschrift »Über Land und Meer« den Roman »Abu Telfan« von Wilhelm Raabe – »und wenn ich auch selbstverständlich vieles nicht verstand, so nahm mich die knurrige, schnurrige, eigenartige und auch eigenwillige Schreibweise des grundgescheiten Dichters sehr gefangen.« Anzengruber – Raabe (»Hungerpastor«) blieben dann seine Freunde. Hinzu kamen Fontane (»Quitt«, »Irrungen, Wirrungen«), Ebner-Eschenbach (»Gemeindekind«), Rosegger mit seinen Waldgeschichten und auch Heinrich Seidel (»Leberecht Hühnchen«). Über allen aber stand Fritz Reuter mit seiner »Stromtid« und dem unsterblichen »Bräsig«.

Es gab da also außerhalb der »Märkischen Bierstube« noch eine andere Welt, die nicht nur aus Fuhrleuten, Stellmachern, Gastwirten und Kolonialwarenhändlern bestand, vielleicht aus ganz anderen Wesen, die einen Theaterhimmel über sich hatten und ein geheimnisvolles Dasein hinter noch geheimnisvolleren Kulissen. Wenn man Theaterspieler werden wollte, mußte man dazu eine besondere Schule besuchen, und was würde das kosten, oder mußte man bei einer Wandertruppe richtig in die Lehre gehen? Warum bloß gab es in Gardelegen keine Theaterschule! Wenn doch bald wieder die Theatergesellschaft Kneisel anreiste! Da würde er schon zeigen, was in ihm steckte!

Zunächst zeigte ihm die Schule, wo es langging. Im Fach Religion wurde er so gezwiebelt, als handelte es sich um das Exerzierreglement. Das Gesangbuch hagelte handgreiflich auf ihn nieder, wenn er die abgefragten Stellen nach dem Katechismus nicht auswendig herbeten konnte. Die biblischen Geschichten schienen das Wichtigste am gesamten Schulunterricht. Später erfuhr Reutter, daß der betreffende Lehrer dem religiösen Wahn verfallen war und aus dem Schuldienst genommen werden mußte. Ihm nützte das nichts mehr, da er für seine Spottverse auf diesen Lehrerderwisch schon die entsprechenden Prügelstrafen bezogen hatte. Wenn sein impulsives Temperament mit ihm durchging, sprach er Klartext in seinen Versen, zum Jubel sämtlicher Mitschüler, oder stieg auf die Schulbank und gab in drastischer Mimik und Gestik unter Nachahmung der Redeweise eine theaterreife Karikatur des Betreffenden. Seine Mutter war mitunter ratlos, was sie machen sollte, falls die Flausen nicht aufhören sollten. Solange es keine ernsteren Beschwerden von seiten der Schule gab, mochte es ja mit dem Dichter- und Theaterfimmel angehen. Warum und wofür sollte sie den Jungen bestrafen?

Otto Reutter hat später von der Bühne herab Eltern mit ähnlich veranlagten Kindern den einzig möglichen Trost zugesprochen:

Was soll der Junge werden,
sobald er immer lacht
und auf die armen Lehrer
schon Spottgedichte macht?
Sinnt stets er auf was Schlechtes,
wenn er der Faulste ist –
Aus dem wird nie was Rechtes,
der wird mal Humorist.

»*Und zum Theater geh' ich* doch!«

Die Wintermonate waren wieder einmal gekommen und die Theaterleute wieder am Ort. Endlich! Da hielt es ein echtes Komödiantenblut nicht mehr zu Hause. Mittlerweile kannte Schuljunge Pfützenreuter die Stücke auswendig; während aber seine Schulkameraden mit den Eltern oder älteren Geschwistern im Saal *vor* der Bühne saßen, agierte Otto während der Vorstellungen *hinter* der Bühne, so als ob er dazugehörte. Halb stimmte es ja auch. Direktor Kneisel und seine Truppe hatten jetzt nichts mehr dagegen, daß er in den Kindervorstellungen hin und wieder mitmimte, wenn es ihm eben solchen Spaß machte. Bloß sein Vater durfte nichts davon erfahren! Doch der war sowieso nicht da. Wie oft hatte er ihm eingebleut, ein für allemal von diesem Firlefanz zu lassen und sich das mit der kindischen Schauspielerei aus dem Kopf zu schlagen. Die Richtung für die Zukunft stand fest: Kaufmann. Doch im Kopf des eigensinnigen Jungen stand ebenso fest: Und ich geh' *doch* zum Theater!

Sein von der Mutter ererbtes Talent sollte sich trotz väterlichen Einspruchs mehr und mehr durchsetzen. Sobald sein Vater wieder mit Pferd und Wagen unterwegs war, plünderte er den Kleiderschrank seiner Mutter, probierte Unterröcke und Nachthemden auf szenische Wirkung und produzierte sich in sagenhaften Gewändern vor den Kindern der Sandstraße. Zehn Jahre ist er etwa alt, als er auf dem Hof des elterlichen Hauses mit einem Vorhang aus alten Gardinen die erste öffentliche Theateraufführung gibt. Er selbst war als Frau verkleidet, sein Bruder Emil als Mann. Beide spielten eine Eheszene, die Otto aus erlauschten Gesprächen seiner Eltern zusammengestellt hatte. Die Dialoge müssen recht handfest gewesen sein, dazu übertrieben komisch, denn er hat diese Vorstellung vor den Nachbarskindern mehrfach wiederholen müssen.

Auch das Kaufmännische zeigte sich schon an. Wer bei ihm Einblick ins »Eheleben« nehmen wollte, mußte einen oder zwei Pfennige, je nach Sitzreihe, Eintritt zahlen. Aber wie gesagt, sein Vater durfte ihn dabei nicht erwischen, dann setzte es jedesmal eine Tracht Prügel. Seine Mutter hingegen, eine Frau mit viel

Sinn für Humor, tolerierte die Liebhabereien ihres Ältesten, ihr oblag ohnehin die Erziehung der Kinder. Emilie Pfützenreuter, als sie noch das kleine Milchen war, hatte einst auch die Nachbarskinder unter dem alten Nußbaum des elterlichen Hauses versammelt und ihnen aufregende Spukgeschichten erzählt, übertrieben bis zum Gruseln, während der Vater in die Knopffabrik arbeiten und die Mutter zum Kochen ging. In der Nachbarschaft war Frau Pfützenreuter bekannt für ihre Beredtsamkeit und Schlagfertigkeit, sie hatte eine originelle Art, sich auszudrücken. Auf der anderen Seite neigte sie zu Verzagtheit und Schwermütigkeit. Zumal an den langen, einsamen Winterabenden in der ländlichen Abgeschiedenheit gab es für die junge Frau nicht selten Stunden tiefster Melancholie, während Ottos Vater monatelang weit weg von der Familie unterwegs war. Da war es immer ihr Ältester, der sie aufheiterte und mit seinen drolligen Einfällen ihre depressive Stimmung verscheuchte. Seine gute Mutter – bei ihr fand er viel Verständnis: »Weil ich nach *ihr* schlug – drum schlug *sie* mich nie!« Das gab ihm letztlich auch die Sicherheit, seinen eigenen Weg zu gehen und sich mit seinem Berufswunsch gegen seinen Vater durchzusetzen.

Manches für die spätere Bühnenlaufbahn verdankte er sicher auch einer seiner Tanten aus Gardelegen, die, ohne eine Note zu kennen, in ihrer Jungmädchenzeit im Theaterverein die Titelrollen in den Opern »Martha« und »Die Regimentstochter« gesungen hatte. Bei den Proben war um sie ständig ein von Bewunderung hingerissener Zuschauer: Neffe Otto mit der widerspenstigen Haartolle. In Gardelegen erwarb er sich somit seine ersten »Bühnenerfahrungen«, die man freilich nicht überbewerten darf, wohingegen mit Sicherheit gesagt werden kann, daß das kleinstädtische Milieu, von dem er geprägt wurde, in seinem späteren Repertoire unverkennbar poetisch realistische Spuren hinterlassen hat. »Erlauschte Gespräche – ein Kleinstadtidyll« heißt eines seiner klassischen Couplets, mit dem er die Großstädter daran erinnern wollte, daß sie alle einmal aus der Provinz gekommen sind.

Erlauschte Gespräche – ein Kleinstadtidyll.
Wenn ich mal von der Großstadt – erholen mich will,

dann fahr' ich zur Kleinstadt – an 'nen ganz stillen Ort,
durchschlender' die Straßen – und hör' jedes Wort:
»Herr Stadtrat!« – »Herr Ökonomierat!« – »Frau
    Unterpostsekretär!«
Die kenn'n bloß ihre Titel – Nam'n kenn'n sie nicht mehr.
»Wo bleib'n Sie?« – »Was treib'n Sie?« – »Wie geht's?«
    und »Wie steht's?«
»Na, 's geht ja.« – »Na, denn geht's ja.« – »Ja, 's geht ja.« –
»Na, dann geht's.«

Bühne, Großstadt und Humoristenberuf lagen noch in weiter
Ferne. Die gemütliche »olde Mark« und darin das »lüttge Nest«
Gardelegen hielten ihn vorläufig noch immer fest in ihren Mauern. Aber mittlerweile war für die Familie mit den heranwachsenden vier Kindern die »Altmärkische Bierstube« zu eng geworden.
Es gab ja für sie nur die kleinen Stübchen im Obergeschoß unterm
Dach bei Großvater Fischer. Reutters Vater konnte alsbald ein eigenes Haus erwerben, auch in der Sandstraße gelegen, mit Aus-
spanne für das Pferd und den Wagen. Seinen Kleinhandel betrieb
er weiter. In dem neuen Haus, wo sie nun wohnten, befand sich
ein Laden, und über diesem sollte einmal stehen: Otto Pfützenreuter – Kolonialwaren.
    Mit Abschluß der Schule, das war lange schon abgemacht,
sollte Otto eine Lehrstelle bei Kaufmann Grothe in der Gardelegener Nikolaistraße antreten. Auf die väterliche »Willkür« reagierte Otto mit Trotz und Widerborstigkeit. Der Lehrherr war mit
seinem Betragen ganz und gar nicht zufrieden. Es gab Beschwerden von seiten der Kundschaft, schließlich Krach mit dem Laden-
besitzer, was zur Folge hatte, daß er aus seiner ersten Lehrstelle
flog. Den Eltern machte er damit keine Freude, abgesehen von der
üblen Nachrede, die es nun wieder in der Nachbarschaft gab. Der
Vater war gezwungen, eine neue Lehrstelle zu besorgen, nicht
ohne eindringliche Ermahnung, sich ab jetzt ordentlich zu betragen und allen Pflichten eines Lehrjungen ohne Widerspruch und
Aufsässigkeit nachzukommen. Otto ließ die Predigt über sich ergehen, tat so, als füge er sich diesmal, und begab sich, als der Tag
herankam, ins Eichsfeldische nach dem verschlafenen Leinefelde,
»dessen Einwohner sich besonders durch den Fell-, Darm- und

Die Sandstraße in Gardelegen zur Zeit der Kindheit
Otto Reutters.

Häutehandel sowie durch die Haarflechterei im deutschen Vaterlande einen geachteten Namen erworben haben«, wie es im heimatlichen Stadtführer hieß. Für Kunst und Theater also keine Aussicht! Da blieb dem Kommis nichts weiter übrig, als einen Anlaß zu inszenieren, um wegen »Abneigung« gegen seinen Lehrherrn auszurücken. Die Prügel, die er von seinem Vater dafür erhielt, war entsprechend und hätte noch viel mehr blaue Flecken auf ihm hinterlassen, wenn nicht seine gute Mutter ein Wort für ihn eingelegt hätte. Der gute, gute Junge, er tat ihr leid. Bloß, so wie bisher konnte es mit ihm nicht weitergehen. Die Eltern waren sich vollkommen einig, daß er die Lehre abzuschließen hatte, ohne Debatte. Was die Zukunft der Kinder betraf, darüber bestimmten noch immer die Eltern und nicht umgekehrt.

Eine neue Lehrstelle fand sich alsbald in Worbis, einem idyllisch gelegenen Landstädtchen auf dem Eichsfelde, umrahmt von den malerisch bewaldeten Hängen des dem Südharz vorgelagerten Ohmgebirges. »Ze Wurbizze«, wie das mittelalterlich fränkische Städtchen einst hieß, hatte er nichts verloren. Nun gab es aber zwischen seinem Vater und Kaufmann Heine, seinem künftigen Chef, eine Absprache: Falls Otto ausrücken sollte, würde er stante pede wieder zurückgebracht. Das geschah mehrere Male, und ebenso oft gab es zu Hause Szenen, Tränen, Krach und Zerwürfnisse. Bis er sich endlich, seiner Mutter zuliebe, die ihm das Versprechen abgenommen hatte, sie nicht weiter zu kränken und die Lehre abzuschließen, nachgab und sich in das Unabänderliche schickte. Mit siebzehn Jahren hatte er ausgelernt, war zum Handlungsgehilfen ausgebildet, mit der deprimierenden Aussicht vor Augen, daß er sein Leben hinter einem Ladentisch zwischen Sirup- und Heringsfässern verbringen sollte, ein Handelsmann nach dem Motto:

In diesen Töpfchen hab' ich gute Ware.
Hier ist Javol, das Beste für die Haare.
Hier ist Odol, das Beste für die Zähne.
Hier Kukirol, das Beste für die Beene.

Wäre Reutter in Worbis geblieben, hätte er später gute Chancen gehabt, eine Zigarrenhandlung oder einen Spielwarenladen zu eröffnen, denn Worbis war weithin bekannt für seinen Christbaumschmuck, seine Zigarrenfabrikation und seine Spielzeugwaren. Er hätte sein Auskommen gehabt und einem geruhsamen Lebensabend entgegensehen können. Leider aber hatte Worbis wie Gardelegen und Leinefelde den Nachteil, daß es hier kein Theater gab. Und hätte er jetzt klein beigegeben, so wäre er für immer an den Kaufmannsberuf gefesselt und aus dem Eichsfeld nie herausgekommen. Er mußte diesem ungeliebten Stand so früh wie möglich zu entfliehen suchen. Aber wie? Für einen Siebzehnjährigen ein fast aussichtsloses, wenn nicht wagehalsiges Unternehmen. Unvernünftig bis dahinaus. An seinem Vater hatte er ein Beispiel, daß man es als redlicher Mann durchaus zu etwas bringen konnte. Ein eigenes Pferdegespann für den Lebensmittel- und Kleinhandel war für damalige Zeiten schon viel. Nicht mehr, wie viele Händler aus dem Eichsfeld mit der schweren Kiepe auf dem Rücken, vollgepackt mit Leinenwebwaren, nach Braunschweig hin durch die Lüneburger Heide über die Dörfer ziehen. Vergnügen machte es auch nicht unbedingt, als Fuhrmann auf den Straßen dahinzuziehen, wenn sich bei Regen oder Tauwetter der für den Wegebau verwendete Muschelkalkstein als klumpige Masse an den Speichen der Räder festpappte. Dann schimpfte man über den »preußischen Dreck« und war froh, drüben im Hannoverschen zu sein, wo man auf den Straßen, befestigt mit zermahlenem Kieselstein aus den Harzflüssen, »wie im Himmel« fuhr. Reutter junior sollte es einmal besser haben, mit dem eigenen Geschäft im eigenen Haus. Das einem Siebzehnjährigen zu predigen hatte gar keinen Zweck. Dieses Theater konnte sich sein Vater sparen.

Wie es nun nach Worbis weiterging, ist in der kleinen Biographie über Otto Reutter von Bruno Wiesner nachzulesen. Sein Vater beschaffte ihm sofort eine Stelle in Lychen in der Uckermark. Otto fuhr hin, begab sich in den Laden seines neuen Chefs – aber nur, um zum nächsten Ersten zu kündigen. Es sollen in diesem Moment nicht gerade schmeichelhafte Ausdrücke auf ihn niedergeprasselt sein. Reutter war es völlig ernst damit. Am Ersten machte er sich tatsächlich, mit wenig Geld, aber desto mehr Zuversicht, auf den Weg nach Berlin, streckenweise auf einem Bierwagen, der dieselbe Route hatte wie er. Sein Bruder Emil, der ursprünglich

Maler werden wollte, war inzwischen zu einem Schlächter in die Lehre gekommen. Diesen Abschnitt seines Lebens beendete Versdichter Reutter mit der lapidaren Feststellung:

Schlich zum Theater. – Zwist mit dem Vater.
Kaufmann gelernt. – Heimlich entfernt!

Endlich am Ziel: In Berlin am Theater

Berlin war das Ziel, das dem Kommis aus dem Eichsfeld vorschwebte – nicht als Hauptstadt des preußisch-deutschen Reiches, in der der neugewählte Reichstag gerade der Heeresverstärkung zugestimmt hatte und ein sogenannter Kolonialverein gegründet worden war, vielmehr als Chance zum Weiterkommen, möglichst weit weg von Gardelegen. Den jungen Otto Reutter zog es in die Großstadt, weil er hier in irgendeinem der zahllosen Theater eine reale Möglichkeit des Engagements und der Ausbildung zu finden hoffte. Berlin war auf dem Weg zur Metropole mit einer rasant nach oben gehenden Einwohnerzahl: 1867 noch bei 700 000, im Zeitraum zwischen 1870 und 1877 auf über eine Million angestiegen, sollte sich die Bevölkerungszahl bis zur Jahrhundertwende nochmals verdoppeln.

Dynamisch wie das Bevölkerungswachstum waren auch das Wirtschafts- und Kulturleben, das nicht nur auf Otto Reutter Anziehungskraft ausübte, sondern auf alle jungen Talente im damaligen Deutschland, die zur Bühne wollten. Claire Waldoff zum Beispiel, Reutters spätere berühmte Kollegin, hat von der Sogwirkung Berlins, die tief in die Provinz hineinreichte, ähnliches berichtet. Sie versetzte als junges Ding bei der Wanderschmiere Kattowitz ihr einziges Wertstück, eine goldene Uhr mit Kette, und fuhr »Brustbild vierter Klasse«, das heißt auf ihrem Koffer sitzend, gen Berlin. Hier kam sie an, wie sie erzählte, »mit meinem einzigen herrlichen Chenillehut, mit meinen Lackstiefeln, Mutters Konfirmationsgeschenk, meinem Regenschirm mit Silbergriff bewaffnet«, und hatte sofort Glück mit einem Engagement.

Für Otto Reutter, mit seinen siebzehn Jahren noch nicht im Sinne des Gesetzes volljährig, war der Start in Berlin nicht so rosig. Er kam mit nichts als seinem unerkannten Talent und seiner Begeisterung fürs Theater, hatte hier weder Verwandte noch Gönner und auch nicht Latein und Griechisch gelernt wie Claire Waldoff, deren Eltern trotz ihres Zwölf-Kinder-Haushalts ihre Claire auf das damals erste Mädchen-Gymnasium der Frauenrechtlerin Helene Lange nach Hannover schickten. Otto Reutter hatte eine so solide Schulbildung nicht aufzuweisen, und so blieb ihm weiter

Bahnhof Friedrichstraße Berlin – Mittelpunkt der City.

nichts übrig, als auf sein Glück zu bauen und die ungewissen ersten Monate in Berlin durchzustehen. Das erste Berliner Weihnachten verbrachte er im Obdachlosenasyl. Natürlich hätte er nur nach Hause zu schreiben brauchen, seine Eltern hätten ihm sofort das Geld für die Fahrkarte geschickt, bloß dann hätte er, wieder in der Altmark eingetroffen, unweigerlich als Handlungsgehilfe arbeiten müssen.

Eines Tages bekam er einen Brief von seinem Vater mit der Anfrage, was der Herr Sohn mache, wie es ihm gehe. Der Sohn hatte gerade noch zwanzig Pfennige in der Tasche, dafür kaufte er Briefbogen, Kuvert und Briefmarke und schrieb mit knurrigem Magen und ungebrochenem Stolz, daß es ihm in der neuen Stellung in Berlin glänzend ginge.

Erst danach gelang es ihm, an »Fröbels Sommertheater« den Sprung auf die Bühne zu schaffen. Er wurde Bühnenarbeiter und Statist und bekam seine erste Rolle in einem jener hurrapatriotischen Stücke, wie sie seinerzeit üblich waren. Das Stück mit dem Titel »Siebzig und Einundsiebzig« handelte vom Deutsch-Französischen Krieg. Reutter hatte einen französischen Offizier zu spielen und erhielt Abend für Abend eine nicht geringe Tracht Prügel von den »Deutschen«, die über die »Franzosen« ja in diesem Krieg gesiegt hatten. Das mißfiel ihm. Er sprach deshalb wiederholt bei der Direktion vor, man möchte die Rollen doch einmal tauschen und ihn einen deutschen Offizier spielen lassen. Als das endlich geglückt war, schlug er die »Franzosen« derart heftig, daß er aus der Statistenliste gestrichen wurde.

Der einundsiebziger Bühnenkrieg hatte also für Anfänger Reutter einen wenig glücklichen Verlauf genommen. Von dieser Niederlage ahnte die Familie in Gardelegen nichts, sie erfuhr auch nichts davon, daß der entwichene Sohn durch Fürsprache eines anderen Bühnenjüngers beim American-Theater, ein paar Ecken weiter, wieder eine Beschäftigung gefunden hatte.

Das American-Theater war ein Vorstadttheater mit einer besonderen Bedeutung für die Berliner Theatergeschichte wie für den Werdegang Otto Reutters, weshalb es etwas ausführlicher betrachtet werden soll. Wie nahezu alle Sommerbühnen, Vaudeville-Theater, Singspielhallen und Spezialitätentheater Berlins war es ein Produkt der Gründerjahre. 1875 in der Dresdener

Straße im Südosten von Berlin eröffnet, sollte es nach dem Willen seines Besitzers eine »volkstümliche Lachhalle« sein, selbstverständlich mit Rauch- und Trinkfreiheit. Über diese Bühne, die – wegen ihrer Lage im Hof – Dresdner Hoftheater genannt wurde oder kurz berlinisch nur »Amerikäng«, schrieb die »Berliner Illustrirte« in einem Artikel ihrer Ausgabe vom 7. November 1897: »Unter den nahezu zwei Dutzend Musentempeln der Reichshauptstadt nimmt das American-Theater in der Dresdener Straße eine Sonderstellung ein. Kaum in einem anderen Theaterraum haben im Laufe der Jahre so ungeheure Lachstürme geherrscht wie hier, wo immer die beliebtesten Berliner Lokalkomiker ihr Wesen trieben.« Als August Reiff 1879 die alleinige Direktion übernahm, gewann das American sein Profil als die Pflegestätte typisch Berliner Possen, mit denen es die Traditionen des Wallner-Theaters und des einstigen Königstädtischen Theaters fortführte.

In der Zeit, da Otto Reutter hier als Statist und Bühnentischler engagiert war, bis ihn sein Vater aufstöberte und nach Gardelegen zurückbrachte, lernte er nicht nur das gesamte Possen- und Schwankrepertoire der Zeit kennen, sondern auch sämtliche Stücke des musikalischen Unterhaltungsgenres, wie Ouvertüren, Märsche, Potpourris, Walzerlieder, Operettenlieder und sonstige Melodienmuster, wie man sie auch später in seinen ersten gedruckten Couplets wiederfindet.

Direktor Reiff, der sich gewisse Verdienste um das Altberliner Volksstück erwarb, nahm auch derb-patriotische Stücke ins Repertoire, wie die Operette »Zanzibar«, die mit künstlerisch anspruchsloser Handlung den Drang des deutschen Kaiserreichs nach Koloniebesitz im humoristischen Gewand auf der Bühne populär machen sollte. In dieser Operette bekam Otto Reutter die Rolle eines »Negers« zugeteilt, der im Terzett mit noch zwei anderen Darstellern, Bendix junior und Hermann Frey, Schnaderhüpferl zu singen hatte. Jeden Abend mußten sich die drei Mimen bis tief zum Hals schwarz anmalen. Da Schminke kostspielig war, bearbeiteten sie das Gesicht mit angebrannten Korken, deren Ruß einen erstklassigen schwarzen Teint abgab. Nur das Abseifen nach jeder Vorstellung war eine Tortur. Jedenfalls sahen die drei bald wie die Krebse aus und behielten auch tagsüber ihre rote Gesichtsfarbe bei, bis sich die geschundene Haut zu schälen begann.

Reutter (zweiter von rechts) in seiner ersten Bühnenrolle
als Neger in der Operette »Zanzibar« am
American-Theater 1888.

Das American-Theater, das allein die Operetten-Klamotte »Zanzibar« hundertmal herausbrachte, war für Reutter noch aus einem anderen Grund eine wichtige berufliche Station. Hier legte er sich seinen Künstlernamen zu. Auf den Plakaten wurde er zum ersten Mal als »Otto Reutter« angekündigt. Mit dieser Namensveränderung hoffte er, würden sich die Nachforschungen nach ihm erschweren. Er hatte aber nicht mit der eichsfeldischen Hartnäckigkeit seines Vaters gerechnet.

Zunächst war es für Otto Reutter ein unschätzbarer Gewinn, daß er am American Berlins besten Lokalkomiker, Martin Bendix, den »Urkomischen«, kennenlernen konnte, der ihm einen Begriff davon gab, was zum Metier eines Coupletdichters und Vortragshumoristen gehörte und der ihm bei der »Einberlinerung« half. Der olle Bendix, ein Unikum und unerreichtes Original der Bühne, besaß jenen Urberliner Witz, der den Lokalpossen erst die rechte Gemütlichkeit verlieh. Wie Reutter, so hatte sich auch Bendix mit seinem Berufswunsch gegen seinen Vater, einen Juwelier in der Gormannstraße im Berliner Norden, durchsetzen müssen. Sein schlagfertiges Mundwerk und sein allzeit heiteres Naturell machten ihn für das Publikum zu einem vergötterten Liebling.

Zu einem Komiker gehörte, daß er Typen auf der Bühne darstellen und parodieren konnte, wobei er mit witzigen Redensarten brillieren und improvisieren können mußte. Bendix scheint darin alle Komiker Berlins übertroffen zu haben, denn er war rund zwanzig Jahre der Star des American-Theaters. Von dieser Vorstadtbühne verbreiteten sich seine Redensarten in die Cafés, Frisör- und Bierstuben, in die Kasernen und Kasinos, sogar bis hinauf ins Parlament. Als geflügelte Worte sind sie über ganz Deutschland gewandert: Eine feine Familie! – Wir lassen uns nich an die Wimpern klimpern! – Da kenn' se Buchholzen schlecht! – Nich uffregen – das ruiniert 'n Täng! – Quatsch nich, Krause! – oder: An den Kalmus piepen wir nich! Wenn Bendix – ein versteinertes Gesicht mit starren Augen – seinen Maurer Blaffke, seinen Dienstmann Fleck oder seinen Stubenbohnerer Franz spielte, wenn er mit seinem Couplet von den »Hosen am Mühlendamm« das »Heidegrab« parodierte oder in einem Kutscherlied die Wiener Zunft der Fiaker veräppelte, konnte Reutter für das witzig volkstümliche Genre des Couplets keinen besseren Lehrherrn finden. Reutter bezog viel stärker die Tagesaktualitäten in sein Repertoire ein, war unvergleichlich moderner in Sprache und Pointierung seiner Verse, hat jedoch manche Gemeinsamkeit mit Bendix. Beide haben den Berliner Humor unverfälscht aus dem Munde des Volkes übernommen, für beide war der urtümliche Berliner Witz »mehr wert wie eine schöne Gegend«, wie der Philosoph Hegel es treffend formuliert hatte. Die Hauptsache für den richtigen Berliner war eben selbstbewußtes Auftreten, sich nichts vormachen lassen, etwas riskieren, so wie der Berliner Schusterjunge, der im Bendix-Repertoire natürlich nicht fehlen durfte:

Und sollte ich was einhol'n,
dann macht' ich immer Schmuh,
oft nähte ich verstohlen
zwei Frauen fest im Nu,
wenn sie beim Klatschen standen.
Ich blieb von fern dann steh'n,
bis sie's dann ratsam fanden,
um schnell nach Haus zu geh'n.
Doch die Kleider rissen leider
oft entzwei bis an den Knü.
Ich heiß' Zwiebel, bin nicht übel,
bin ein flottes Pechgenie.

Couplet oder Kalauer – es kam darauf an, Gestalten aus dem Volk auf die Bühne zu bringen und sie so reden zu lassen wie auf der Gasse. Waren die Verse halbwegs gut gereimt, war das Spiel schon halb gewonnen. Eine gute, geschulte Mimik gehörte dazu, doch die brauchte Otto Reutter nicht erst zu erlernen.

Es schien überhaupt, als wäre für den Bühnenanfänger aus der Altmark nun die Zeit des ersehnten Glücks am Dresdner Hoftheater gekommen. Direktor Reiff behandelte ihn mit Respekt. Nachdem Otto mehrmals Jubiläumsdichtungen für das Theater verfaßt und vorgetragen hatte, erhielt er in einem humoristischen Sensationsstück – es hieß »Der Spuk von Resau« – seine erste kleine schauspielerische Rolle als Bauernjunge. Wie sehr Reutter zu dieser Zeit schon seine Umgebung an Schlagfertigkeit übertraf, hat er des öfteren unter Beweis gestellt. Weil er so fabelhaft komische Gesichter schneiden konnte, durfte er am American-Theater einmal einen Mond spielen. Der Mond hatte ein Liebespaar zu belächeln. Otto begab sich jeden Abend hinter die Bühne, um seinen Kopf durch eine Mondkulissenlandschaft zu stecken. Eines Abends spielten ihm die Kollegen einen Streich und zogen ihm während der Vorstellung die Leiter unter den Füßen weg. Auf der Bühne machte Martin Bendix seiner holden Auserwählten gerade eine Liebeserklärung. Er vernahm das Gepolter, sah, daß der lachende Mond verschwunden war, und sagte zu seiner Braut, die Situation erfassend: »Na, komm man Anneken, wir wollen jetzt nach Hause gehen. Der Mond is ja ooch nich mehr da . . .« – »Ich komme gleich wieder!« scholl es laut aus den Kulissen hervor, »ich will bloß Fritz'n eins in die Fresse hauen!«

Von solch entwaffnender Schlagfertigkeit sind auch die Pointen seiner späteren Erfolgscouplets, wenn er den Frauen rät: »Nehm'n Se'n Alten, nehm'n Se'n Alten! Hab'n Se'n etwas aufgefrischt, ist er besser oft wie'n Junger und stets besser als wie nischt!« Oder wenn er zum allgemeinen Trost über sehr dünn gebrühten Kaffee befindet:

Und du merkst, daß der Kaffee – wie schauderbar –
eine bohnenlose Gemeinheit war,
dann schließ die Augen und sauf den Brei –
in fünfzig Jahren ist alles vorbei!

Noch hat er kein eigenes Repertoire, aber sein Auskommen im Dienst der Musen. In der Dresdener Straße im gemächlichen Milieu der Luisenstadt war es fast wie in Gardelegen. Die Nachbarhäuser zum Theater waren ein Fuhrgeschäft, eine Möbeltischlerei und das Gasthaus zum »Hof von Sachsen« sowie kleinere Obst- und Gemüsekellerläden. Das Berliner Leben sagte ihm zu, ebenso sein Bühnendasein als Bauernjunge, der mit Kartoffeln und Bratpfanne nach Gespenstern warf, bis sein Vater auftauchte und dem »Spuk von Resau« ein Ende machte. Alles Reden und Argumentieren der Kollegen und des Direktors half nichts. Der nächste Schauplatz seiner Biographie hieß abermals Gardelegen.

Zwischenspiel Karlsruhe

Der verlorene Sohn kehrte ohne Reue ins Vaterhaus zurück, wo mittlerweile niemand mehr daran zweifelte, daß er für den Kaufmannsberuf verloren war. In einem Jahr würde er ohnehin volljährig und damit der elterlichen Verfügungsgewalt entzogen sein. Mit seiner Berliner »Reise« waren Tatsachen geschaffen, an denen man nicht mehr vorbei konnte. Es bot sich jetzt nur noch ein Kompromiß zwischen elterlichen Vorstellungen und den Interessen des Sohnes an. Er wurde gefragt, ob ihm eine Stelle als Bürogehilfe bei einem Buchhändler zusagen würde. Wo? In Karlsruhe. Otto überlegte diesmal nicht lange und nahm an. Gegen Bücher hatte er ja nichts, im Gegenteil, er würde nun viel lesen können, außerdem gab es in Karlsruhe nicht nur Buchhandlungen, sondern auch Bühnen und Schauspieler und wer weiß welche Chancen für ihn.

Als der Tag der Abreise kam, packte seine Mutter ihm den Koffer mit Wäsche und Kleidungsstücken und brachte ihn zum Bahnhof. Als der Zug sich in Bewegung setzte und die winkenden Menschen am Bahnsteig kleiner und kleiner wurden, kam über den jungen Mann ein Gefühl der Freiheit, dazu die Gewißheit, daß es diesmal der endgültige Abschied von der Altmark und den Straßen seiner Kindheit sein würde.

Man schrieb das Jahr 1890. Was würde ihn im badischen Land, weit fort vom märkischen Sand, erwarten?

Karlsruhe war im Gegensatz zu Gardelegen nun wirklich eine Stadt, über der die Musen schwebten. Als Residenz der Großherzöge von Baden hatte sich Karlsruhe seit längerem schon den Ruf einer Musik- und Theaterstadt erworben. Das Hoftheater, von 1852 bis 1870 unter der Direktion von Eduard Devrient, einem Neffen des berühmten Schauspielers Ludwig Devrient, stand mit seinen Klassikerinszenierungen an der Spitze aller Residenzen, seine Schiller- und Shakespeareaufführungen galten als musterhaft. Richard Wagner hatte hier 1863 im Hoftheater Konzerte dirigiert, es gab seit 1884 des Großherzogliche Konservatorium, die Musikfeste der Stadt Karlsruhe mit ihren Liszt-, Wagner- und Berliozwochen waren in den achtziger und neunziger Jahren ein Be-

Der jugendliche Star.

griff weit über Baden hinaus. Auch was volkstümliche Unterhaltung betraf, hatte die Stadt ihren Einwohnern einiges zu bieten. Es gab die Liederhalle im Hotel Monopol, den Liederkranz im Lokal Klapphorn, Männergesangsvereine und mehrere Sängergesellschaften, darunter die Karlsruher Volkssänger, deren Stammlokal »Zum Weißen Elephanten« war, die aber auch im »Dörfle«, wo die Residenzstadt noch ländlich war, gern gesehen waren.

In Baden ging es seit den Zeiten der Großherzöge, trotz der Revolutionsstürme von 1848, patriarchalisch-gemütlich zu.

An den Sonntagen flanierten die Karlsruher über den Marktplatz mit dem aristokratisch-vornehmen Rathaus oder durch den Stadtgarten mit Festhalle und See. Es gab ein Stadtbad im italienischen Renaissancestil, wie überhaupt Karlsruhe als Stadt des napoleonischen Empire seines einheitlichen Baustils wegen weithin berühmt war. Hellenistischer Geist hatte daran mitgebaut – zur Bewunderung des Weimarer Dichterfürsten und Italienschwärmers Goethe, der über die Stadt befunden hatte: »Karlsruhe ist der Ort, wo allein das Rechte zu finden ist.«

Für den aufstrebenden Reutter war das Theater- und Kunstleben von Karlsruhe das, was er sich für sein Fortkommen immer gewünscht hatte: Anregung, Bildung, geistige Nahrung. Um ihn waren jetzt die Bücher, die Musen aus ernsten und heiteren Gefilden, dazu die jungen Mädchen und das Flair einer von der Sonne des Südens angestrahlten Landschaft. Er verdiente eigenes Geld, konnte sich etwas leisten und besaß das Wohlwollen seines Brotherrn. Was wollte er mehr.

Otto Reutter erledigte die Büro- und Ladenarbeiten und wird nach einiger Zeit, als der Geschäftsinhaber seine Neigungen kennengelernt hatte, zusätzlich von ihm als »Aushilfsdichter« engagiert. In dieser Eigenschaft sollte er die Dramen der Weltliteratur umschreiben und neue Stücke daraus fertigen. Eine merkwürdige Tätigkeit, über die er selbst berichtet hat: »Ich schrieb darauf los, so tapfer und unverfroren, wie man es nur zwischen neunzehn und dreiundzwanzig sein kann, und im Lauf der Zeit wurde aus den beschriebenen Blättern auch ein ganz ansehnliches Paket. Vielleicht hätte ich schon damals Lorbeeren geerntet, hätte mein edler Brotherr statt meiner nicht sich selber als Autor genannt.« Das war wiederum gut, denn die Stücke, die der Buchhändler auf eigene

Kosten aufführen und vervielfältigen ließ, wurden nach der zweiten Aufführung abgesetzt. An die Titel konnte sich Reutter noch erinnern, auch daran, daß es ernste Dramen waren: »Christoph Columbus«, »Solon, der Gesetzgeber Athens« und »Moderne Spartaner«.

Anfänglich fiel Reutter an seinem etwas schrulligen Chef nichts Besonderes auf. Ihm selbst war ja die Lust am Reimen und Dichten in die Wiege gelegt, und hier bot sich nun endlich die Möglichkeit, seiner Phantasie freien Schwung zu geben.

> Künstler zu werden schien mir auf Erden
> herrlichstes Los, doch ich wußte nicht wie!
> Glaubte, ich sei ein verkanntes Genie,
> sei ein Poete! – Wie sagte doch Goethe:
> »Himmelhoch jauchzend, zu Tode betrübt!«
> So ging mir's, als ich die Muse geliebt.

Allmählich dämmerte es ihm, daß etwas mit dem kunstbesessenen Buchhändler nicht stimmen konnte. Seine Vermutung bestätigte sich, als sein Arbeitgeber von der Familie in psychiatrische Behandlung gegeben wurde. Mit einem Schlag endete ein nahezu paradiesisches Dasein mit freier Kost, freiem Logis und – für damalige Zeiten ein Vermögen – 300 Mark monatlich.

Als er wieder einmal beim Bier im »Weißen Elephanten« saß und über seine Zukunft nachsann, war zufällig ein Zitherspieler im Lokal, der sich zu Volksliedern begleitete. Es ergab sich ein Gespräch zwischen beiden. Reutter erzählte dem fahrenden Musikanten, daß er auch schon etliche Sachen auf Volksliedmelodien »gedichtet« habe, ob er die nicht von ihm zum Vortrag übernehmen wolle, sie seien gut. Wenn seine Verse so gut seien, solle er sie doch selbst vortragen, meinte der skeptische Alte. Reutter folgte dem Rat und erhielt wohlwollenden Beifall, so daß ihm der Zitherspieler sofort einen Teller in die Hand drückte und die Münzen einsammeln ließ. Das wiederholte sich etliche Male.

Im »Weißen Elephanten« hörten ihn auch die Karlsruher Volkssänger, die hier verkehrten. Ihnen gefiel die Art des jungen Mannes, er hatte eine angenehme Stimme, ein sympathisches Äußeres und originelle Einfälle. Ob er ihnen gestatten würde, die

Couplets von ihm ins Programm zu nehmen, selbstverständlich gegen ein kleines Entgelt? Damit war Reutter einverstanden. Sie machten ihm auch mehrmals den Vorschlag, sich ihrer Truppe anzuschließen. Finanziell war das Angebot nicht verlockend. Bei den Sängergesellschaften spielte man auf Teilung. Reutter erhielt am ersten Abend seines Auftrittes ganze 87 Pfennige. Es ist nicht überliefert, was er vorgetragen hat. Bekannt ist nur, daß sein erster Auftritt – wie bei vielen anderen Großen des Bühnenfachs auch – ein »Durchfall« war. Hier seine Schilderung: »Ich hatte nach langem Zureden vom Oberkellner einen alten Frack und in Ermangelung eines Zylinderhutes von einem anwesenden Droschkenkutscher eine ähnliche Kopfbedeckung geborgt. Nach irgendeiner alten Melodie begann ich nunmehr zitternd vor Aufregung zu singen. Den großen Hut trug ich behutsam auf dem Kopf, während ich mit den Händen das Textblatt hielt. Durch eine unvorsichtige Bewegung meines Hauptes geriet aber plötzlich der Hut ins Schwanken und fiel mir – rutsch – ins Gesicht herunter, erst bei der Nase auf erfolgreichen Widerstand stoßend. Bei meinem zaghaften Auftreten war das Publikum etwas verstimmt gewesen – noch mehr war dies bei dem mich unterstützenden Klavier der Fall –, jetzt aber löste sich das Grollen des Mißbehagens in einen Donner von Heiterkeit, Fluchen, Schreien und Schimpfen auf. Der Pianist schloß mit einer schrillen Dissonanz, warf mir Bieruntersätze an den Kopf, wollte mich von der ›Bühne‹ herunterziehen, der Droschkenkutscher riß mir den Hut herunter, der Kellner zog mir den Frack aus – ich wehrte mich, stampfte mit den Füßen und brach durch die Eierkiste. Tableau! Nie wieder während meines späteren Wirkens habe ich einen solchen Lacherfolg erzielt.«

Der Direktor tröstete ihn, so gut er konnte. Komiker Reutter lachte bald selbst über seinen ersten »Durchfall«, legte zu den 87 Pfennigen noch 13 Pfennige dazu und gab zwei Lagen Bier zum besten. Dann aber gedachte er eines Versprechens und schrieb für den mit ihm befreundeten Lokalredakteur einen Bericht, in dem er den Humoristen Otto Reutter ersuchte, nie wieder die Bühne zu betreten. Seine vernichtende Selbstkritik für die Zeitung schloß mit den Worten: »Und da wir noch nie einen humorloseren Menschen gesehen haben, so geben wir dem jungen Mann den Rat, umzukehren und lieber – ein Sargmagazin zu eröffnen!«

Das war die Geschichte seines Debüts in Karlsruhe.

In Karlsruhe und Umgebung spielten mehrere Gesellschaften; jede war plötzlich daran interessiert, den fidelen Spaßvogel mit den großen Kulleraugen in die eigene Gruppe zu bekommen. Sein komisches Debüt, das mehr eine Clownvorstellung denn eine Gesangsdarbietung gewesen war, hatte sich herumgesprochen. Nun sah und hörte man Reutter als Neuentdeckung im »Markgräfler Hof«, im »Durlacher Hof«, im Saal der Brauerei Prinz und natürlich im »Weißen Elephanten«, der Anspruch auf ihn als Hauskomiker erhob. Auf den kleinen Plakaten, die die Sängergesellschaften drucken ließen, war Reutter als junger Komiker annonciert – Jünglingskopf mit schwarzer Krawatte –, der eine bestimmte Geldsumme dem versprach, der ihm nachwies, daß er nicht original Otto-Reutter-Nummern zum Vortrag bringe. Das scheint für die Zeit vor der Jahrhundertwende etwas Außergewöhnliches gewesen zu sein, vom landläufigen Humoristen war man Eigenes und dazu noch so viel Temperament auch gar nicht gewohnt. Man ging eben hin, hörte sich die Darbietungen an und vergaß das Ganze. Eindrücke fürs Leben haben die Sängergesellschaften selten hinterlassen, wenn man von den Großen wie Karl Valentin oder Fredy Sieg einmal absieht. Der junge Reutter scheint aber eine nachhaltige Ausstrahlung schon in seinen Anfängerjahren gehabt zu haben. Dies geht aus einer Zuschrift hervor, die die »Weltbühne« 1932 zu ihrem großen Aufsatz über Otto Reutter bekam. Aus Baden-Baden schrieb der Maler Ivo Perhonny, daß er als Kunstschüler in Karlsruhe Anfang der neunziger Jahre Otto Reutter auf der Bühne gesehen habe und seine Erscheinung etwas Besonderes gewesen sei. »Was er vortrug, überraschte mich durch die knappe Form, war meist recht bitter, und er wirkte in seiner Lebhaftigkeit, mit hochstehender Tolle und stechendem Blick gar nicht so gemütlich, wie damals die Komiker auftraten.«

Noch in anderer Hinsicht unterschied sich Reutter von den Komikern der umherreisenden Sängergesellschaften. Diese hatten in der Regel ein feststehendes, immer gleiches Repertoire, mit dem sie in den Sälen von Hotels, Brauereien und Vereinen auftraten. Reutter wollte den Bezug zur Realität und ging einen anderen Weg, verließ sich nicht aufs Bewährte und Althergebrachte. Für ihn waren vorrangig das lokale Milieu, die Ereignisse vom Tage und das, was Stadtgespräch war, das »Material«, woraus er seine Spielszenen und Verse fertigte. Im Lauf der Jahre formte sich daraus der eigentliche Otto-Reutter-Stil, der ihm den Vorsprung vor den übrigen Humoristen und Komikern der Branche sicherte. In bezug auf Witz und Originalität ließ er sie bald hinter sich.

Freilich, in den Anfangsjahren waren es oft noch simpelste Reimereien, mehr Kalauer als Kunst, mit denen er die Leute zum Lachen brachte. Es mischte sich aber schon ein genialer Funke und die Spottlust einer Schalksnatur hinein. Sein Talent, bündig zu formulieren, war, was gefiel. Bei den Karlsruhern galt er jedenfalls als witziger Kopf, weil er ihren Tiergarten, der keinen nennenswerten Tierbestand besaß, durch den Kakao zog:

> Wenn ich nicht selbst im Garten bin,
> ist nicht einmal ein Esel drin!

Kinderreime im Grunde, sicher, aber Spaß, der zu ihm paßte und einen Bezug zur Realität hatte. Und das Publikum hat das Natürliche und Frische, wie es Reutter eigen war, immer höher gestellt als die Durchschnittshumoristen mit ihrem abgeklapperten »Lehmann«.[1]

Am Varieté konnte nur der sich durchsetzen, der Eigenes und Neues zu bieten hatte, eine Persönlichkeit mit Profil. Selbst wenn jemand schon einen Namen besaß, bedeutete das nicht den von vornherein garantierten Erfolg. Daß diese Feststellung auch für Otto Reutter Gültigkeit hatte, bestätigen die von ihm verfaßten Aphorismen, die seine Berufserfahrung widerspiegeln und zugleich einen Blick hinter die Kulissen des Varietébetriebs geben.

> Die meisten Humoristen schreiben ihre Couplets mit Kopiertinte.

> Ich hatte früher einmal den Größenwahn, bis ich an ein Varieté kam, in welchem ein dressierter Affe besser gefiel als ich.

---

[1] »Lehmann«: Bezeichnung in der Varieté- und Kabarettbranche für hausbackenes Repertoire.

Wenn ein zehnjähriger Knabe mit erhöhter Gage reengagiert wird, kommt er im nächsten Jahre als neunjähriges Wunderkind zurück.

Damenensembles: Meist fünf Damen, haben sich vorher nie gekannt. Studieren drei Lieder ein und sind dann Schwestern.

Auffällig war an Reutter schließlich noch, daß er Zuhörer aller Altersschichten ansprach, die Erwachsenen wie auch die Kinder. Dazu gibt es eine Erinnerung einer Karlsruherin, Elsa Geiger-Metzke, die als betagte Dame folgende Geschichte aus ihrer Kinderzeit erzählte: Ihr Elternhaus lag dem »Rheinischen Hof« direkt gegenüber. Wenn dort am Abend nichts los war, hatten sie als Kinder keine Lust, über die Straße hinüber zum Bierholen zu gehen. Stand aber Otto Reutter auf dem Podium, sausten sie wie der Wind hinüber zum »Rheinischen Hof«, und die Eltern konnten auf das Bier ziemlich lange warten. »Er wußte, daß wir ein dankbares Kindervölkchen waren.«

Das Fazit der Karlsruher Jahre – beruflich: Die Zeit des Bühnengehilfen und »Dramenschreibers« ist passé. Es beginnt von nun an die ernsthafte Beschäftigung mit der kapriziösen Muse des Brettls und des Varietés, die ihre eigenen Formen und ästhetischen Gesetze hat.

Das Fazit – privat gesehen: Er heiratet 1896 die Tochter seiner Karlsruher Pensionswirtin, Olga Nock[1], eine attraktive Badenserin, und im selben Jahr noch wird im Dezember sein nach ihm benannter Sohn Otto geboren. Auf den Briefköpfen seiner Korrespondenz erscheint nun als ständige Adresse seine Wohnanschrift: »Karlsruhe (Baden), Wilhelmstraße 30.«

---

[1] Olga Nock: geboren 1877 in Karlsruhe, Vater Lokomotivführer. Wurde 1904 nach achtjähriger Ehe von Reutter wieder geschieden. Mit 32 Jahren am 10. Januar 1910 gestorben.

Beruf: Volkssänger

Otto Reutters Laufbahn vom Kulissenschieber zum Bühnenhumoristen war trotz der ihm von der Natur verliehenen Gaben kein jäher, kometenhafter Aufstieg, eher ein recht zähes Stück Lebensweg. Wer Volkssänger war, stand etwa auf gleicher Stufe mit jenen Talenten, die sich in Theatervereinen zusammenfanden und Liebhaberaufführungen arrangierten. Mehr oder weniger war alles nur ein Hobby. Der Unterschied war lediglich, daß die Amateurschauspieler ihre Auftritte im Rahmen des Vereins, gebunden an den Ort, hatten, während die Sängergesellschaften auf Tournee gingen. Nach dem Ort ihrer Gründung oder der Stadt, wo sie zu Hause waren, nannten sie sich Stettiner Sänger, Leipziger Krystallpalast-Sänger, Roßweiner Sänger, Hamburger Volkssänger oder Karlsruher Volkssänger. Ein Begriff waren seit den sechziger Jahren auch die Münchner Volkssänger, worunter man verschiedene selbständige Ensembles und Gruppen verstand. Ihr Geschäft – das war das Verbindende – bestand darin, für volkstümliche Unterhaltung zu sorgen, und zwar für ein breites Publikum, wie es sich bei Frühschoppenkonzerten, in Singspielhallen und an den Familiensonntagnachmittagen einfand. Wer Lust oder höhere Ambitionen hatte, schloß sich einer solchen Gesellschaft an, ging aber sonst einem bürgerlichen Beruf nach.

Es kam häufig vor, daß neue Mitglieder ihr Debüt als Pleite erlebten oder daß am Beginn ihrer Solistenlaufbahn ein Reinfall stand. Reutters »Durchfall« war insofern kein Einzelfall. Dem jungen Karl Valentin, der das Schreinerhandwerk an den Nagel gehängt hatte, ist es auf seinen ersten Tourneen als Musikalclown nicht viel anders ergangen. Sein erster Auftritt mit einem selbstgebauten Orchestrion war ein riesengroßer Flop. Er gab daraufhin den Musikapparat auf, nicht aber das Berufsziel, und so schwer die materiell ungesicherten Jahre des Anfangs auch für sie alle waren – ihre Lehrzeit bei den Volkssängern wollte keiner von ihnen missen. Valentin nicht, Liesl Karlstadt nicht und auch Otto Reutter nicht.

Das Wort Volkssänger gebrauchte man als Sammelbegriff für reisende Singspielensembles, zu denen meist eine Soubrette, ein

Die Volkssängergruppe Karl Valentin und Liesl Karlstadt.

Komiker, ein Pianist und ein Gesangsparodist gehörten. Ein festes Haus hatten nur die großen, bekannten Gesellschaften, bei denen auch Theater gespielt wurde, ansonsten war ihre Existenz an Gastwirtschaften, Hotels, Brauerei- und Vereinssäle gebunden, wo sie sich auf einem erhöhten Podium zur Unterhaltung der Gäste produzierten. Dabei ging es sehr familiär zu. Die Volkssänger kamen aus unterschiedlichen, meist handwerklichen Berufen, besaßen keine künstlerische Fachausbildung und waren ausschließlich verbunden durch ihre Liebe zum Singen und Musizieren. Die meisten von ihnen beherrschten mehrere Instrumente, hatten ein kleines Repertoire von selbstverfaßten Couplets und betrachteten sich, wie der Name sagte, als Sänger aus dem Volk, die für das Volk spielen wollten. Mitunter stießen noch Originale dazu, Leute mit ausgesprochen komischer Begabung für das Mimische und Parodistische, deren Figur, etwa übertriebene Körperfülle oder extreme Magerkeit, wie bei Valentin, der Darbietung einen speziellen Akzent gab.

Reutter ist von Haus aus, verglichen mit Karl Valentin, eine ganz andere Begabung, mehr Humorist als Komiker. Dennoch gibt es im beruflichen Aufstieg viele Gemeinsamkeiten zwischen ihnen. Beide gingen mit den Volkssängern auf Tournee, beide machten sich als »Salonhumoristen« selbständig und hatten mit selbstverfaßten Couplets ihre ersten Erfolge. Valentin hat wie Reutter vorzugsweise Volkslieder parodiert, wie das Edelwoaß, die Loreley, machte sich mit Liedgesang über den Soldatenstand lustig oder, wie im »Alpensängerterzett«, über die sogenannten Tiroler Volkssänger, die allesamt aus München und Umgebung stammten und Tirol nie gesehen hatten. Reutter ging ebenfalls vom Volkslied aus, nahm die Melodien und machte neue Texte darauf, die er zu humoristischen Potpourris aneinanderreihte. Seine frühen Vortragsstücke haben noch die Bezeichnung Lied, Ballade, Humoristische Serenade, Tanzcouplet, Kostümszenen oder Schnaderhüpfl, worunter man derblustig gereimte Vierzeiler verstand. Valentin wiederum nannte seine Ulkreime, zu dem er sich auf dem Fagott begleitete, Klapphornverse. Mit solchen Solovorträgen als »Nachtstandler«, »Skelettgigerl« oder Zitherspieler verdiente er sich an den Sonnabenden und Sonntagen zwischen zehn und fünfzehn Mark. Bei Reutter dürfte es ebensoviel gewesen sein.

Die Zusammensetzung der Volkssängergruppen wechselte nach gewisser Zeit, es kamen neue Mitglieder hinzu, andere machten sich mit eigenem Repertoire selbständig, nannten sich mit Partner Duo oder Terzett. Was aber der Vorzug dieser volkstümlichen Sängergesellschaften blieb, war die Chance, die jedem Talent offenstand, sich bei ihnen im Metier zu erproben und so etwas wie eine »Berufsschule« zu absolvieren.

Kleine, zusätzliche Einnahmen brachte ihnen der Verkauf ihrer gedruckten Lieder, eine ähnliche Praxis wie bei den Jahrmarktsbänkelsängern, die sich manchmal auch Volkssänger nannten, sich aber hinsichtlich Stil und Repertoire grundlegend von den Volkssängern unterschieden, denn was bei den Moritaten und Schauerballaden der fahrenden Bänkelsänger die ernst vorgetragene Moral von der Geschicht' war, das war bei den Volkssängern die stets erheiternde, doppelbödige Pointe.

Zu Otto Reutters »Lehrmeistern« gehörte neben dem Urberliner Martin Bendix auch der Münchner Gesangshumorist Karl Maxstadt (1853–1930), siebzehn Jahre älter als Reutter und Deutschlands bester Varietéhumorist. Er hatte bereits den Schritt vom Volkssänger zum Salonhumoristen getan, war über das Milieu von Schankwirtschaften schon hinausgewachsen und profilgebend für die Varietéhäuser, die sich im Zug der modernen Entwicklung in allen Großstädten zu etablieren begannen. Maxstadt gehörte schon zur Prominenz, als Reutter noch mit dem Teller sammeln ging. In Karlsruhe hat er den Münchner Kollegen wiederholt im Colosseum hören und »studieren« können. Das Auftreten im Frack signalisierte eine neue Ära der Unterhaltungskunst mit gewachsenen Ansprüchen an den Coupletvortrag auf der großen Bühne. Reutter sagte dazu folgendes: »Den Humoristen im Frack gab es erst seit meinem damaligen Kollegen Karl Maxstadt, der wohl der erste Salonhumorist war. Es war eine ziemlich kühne Neuerung, daß einer die Leute zum Lachen bringen wollte, indem er sich gar nicht verkleidete und verunstaltete, sondern als einfacher, anständiger Mensch vor sie hintrat.«

Mit seinem Stil hat Karl Maxstadt nicht nur Otto Reutter, sondern auch den jungen Karl Valentin stark beeindruckt, der ihn ebenfalls als sein Vorbild betrachtete und etliche Couplets von

Das Vorbild: Karl Maxstadt.

ihm zum Vortrag erwarb. Inwieweit eine Zusammenarbeit zwischen beiden bestand, ist nicht mehr zu ermitteln. Jedenfalls zählte Valentin zu den Verehrern dieses weit über München hinaus bekannten Humoristen und hat deshalb für seine Bühnenpartnerin Liesl Karlstadt, die eigentlich Elisabeth Wellano hieß, den Karlstadt-Künstlernamen erfunden.

Obwohl Maxstadt für den Humoristen die seriöse Bühnenkleidung mit Frack und Zylinder einführte, unterschied er sich im Repertoire teilweise nicht allzuviel vom damaligen Komikertyp. Auch er sang komische Liebeslieder, tanzte zu Schwiegermütter-Coupletrefrains und machte Maske zur Parodierung verschiedener Typen. Für seine »Original-Couplets« – sechshundert ließ er selbst drucken und an der Abendkasse verkaufen – benutzte auch er bereits als Refrains umgangssprachliche Redewendungen, die das Rückgrat der Strophen bildeten:

Lauter linke Stiefel!
Ich geb' Ihnen mein Ehrenwort!
Weiter hat's keinen Zweck!
Das kann er nicht vertragen!
Der Herrgott meint's gut!
So muß es sein!
Und fertig ist die Laube!

Parodiert wurden von ihm gern Volkslieder, Gassenhauer, Operetten- und Tanzschlager wie auch Salonlieder und Überbrettl-Chansons, die das Allgemeingut der Zeit waren und bei ihm als Couplettitel wiederkehren:

Brüderlein fein!
Die Musik kommt!
Siehste woll, da kimmt er!
Ich weiß nicht, was soll es bedeuten
Fischerin, du Kleine
Mein Liebchen, was willst du noch mehr?

Gegenüber anderen, wie etwa den Leipziger Volkssängern, die mit »Seiferts Oskar« und dem »gemiedlichen Sachsen« bei ihren

Landsleuten den Vogel abschossen, ging Maxstadt gedanklich über das Regionale hinaus und bezog die Zeitereignisse, die Kunst, die Politik, den Sport und den technischen Fortschritt in sein Repertoire ein. Wenn er sich über das »scheene Sachsenland«, das er sehr gut kannte, im Dialekt lustig machte, stand bei ihm »Leipziger Allerlei« auf dem Programm oder Lahmanns Sanatorium auf dem Dresdner Weißen Hirsch, wo seinerzeit schon Zivilisationskrankheiten auf moderner physikalisch-diätischer Grundlage behandelt wurden. Das Rezept der erfolgreichen Therapie?

Gemüse, Gurken, Pflaumenmus, zwei Äpfel und 'ne Traube
und dann noch saure Milch dazu, und fertig ist die Laube!

Noch einfacher erscheint in seiner Sicht das »Gaffeekochen« an der Pleiße und der Elbe Strand:

Wenn man in Sachsen Kaffee kocht, da gibt es kein Gefitze,
sie stell'n ein Topf mit Wasser hin, der kommt dann in die Hitze,
und tut das Wasser kochend sein, wie ich zu wissen glaube,
dann schmeißen sie zwei Bohnen 'rein, und fertig ist die Laube!

In der Person wie im Liedstil des Gesangshumoristen Maxstadt mischen sich über die Jahrhunderte hin überlieferten Elemente des Hanswurst und Harlekins mit denen des Straßensängers und Zeitbetrachters, der den Leuten Neuestes und Längstbekanntes zu Gehör bringt, immer darauf bedacht, dem Zeitgeist auf der Spur zu bleiben, so wie es die klassischen Coupletdichter des Wiener Volkstheaters, Raimund und Nestroy, oder die Schöpfer des Berliner Volksstücks, Kalisch, Salingré, Angely und Wilken, auf dem Theater vorgemacht haben. Bei den Volkssängern und den aus ihrer Mitte hervorgegangenen Couplethumoristen erscheint die Umwelt wie die große Welt, in Knittelversen gereimt, nunmehr als verkehrte Welt im Varieté. Wie »entsetzlich« es schon damals um die Welt bestellt war, davon kündet die hier mit der ersten Strophe zitierte Drehorgelballade von Karl Maxstadt:

Wenn man jetzt die Welt betracht't,
was wird da nicht jetzt gemacht,
Neuerungen ohne Zahl,
es ist wirklich kolossal!
Der Erfindungsgeist ist groß,
überall ist was andres los.
Es ist ein Kämpfen ohne Ruh',
bis man macht die Augen zu.
Soldaten gibt's, wohin man schaut,
Kanonen und Gewehr',
dann werden Kriegsschiffe gebaut,
so viel wie Sand am Meer.
Der Zolltarif wird durchgesetzt,
die Aktien stehen faul,
die Zukunft liegt am Wasser jetzt,
es läuft uns schon ins Maul!
Unsere Arbeitslosigkeit
ist enorm in jetz'ger Zeit.
Tritt wo ein Geschäft in Kraft,
heißt es »mit beschränkter Haft«.
Börsenkrache hier und dort,
Anarchisten, Meuchelmord,
wer nicht fest auf Füßen steht,
ganz entschieden flöten geht.

Und der Erkenntniswert, den der Bänkelsänger im Frack dem Publikum vermittelt?

Es ist schrecklich, 's ist entsetzlich auf der Welt,
und da dreht sich alles meistens nur ums Geld,
die Zufriedenheit ist ganz und gar verscholl'n,
denn die Menschen wissen nicht mehr, was sie woll'n!

Otto Reutter hat von Anfang an auch das »moderne Leben« in seinen unterschiedlichsten Facetten als das eigentliche »Material«, das Mark seiner Coupletkunst, betrachtet. Allerdings ist sein Witz urbaner, seine Sprache biegsamer und im Wortschatz unvergleichlich reicher, die Strophe eleganter als bei seinen Vorgängern. Was jedoch die schauspielerischen Grundlagen des Berufshumoristen betrifft, so steht auch er in der Tradition, wie sie Karl Maxstadt begründet hat. Bloß, sich Salonhumorist zu nennen war *eine* Sache, den eigenen Stil zu finden eine andere. Wie sah das bei Reutter damit aus?

Er stand fast unbeweglich auf der Bühne, die Hände mit dem Chapeau claque ruhig vor dem Bauch. Was er darzustellen hatte, charakterisierte er nur mit seinen großen Kugelaugen und seiner weichen, biegsamen Stimme. Er war leise. Und im übrigen – das war absolut neu im Fach – verließ er sich ganz aufs Wort, auf den gesungenen Text und die Pointe. Als er die Geste auf der Bühne entthronte, um das Wort und den Gedanken durchzusetzen, übte er in Deutschland die gleiche Funktion aus, die in Frankreich zur selben Zeit etwa Yvette Guilbert erfüllte, die das Chanson als Kunstgattung kreierte, indem sie es von der üblen Theatermasche befreite und aus dem anspruchslosen Milieu des Pariser *café chantant* herausholte. Das Vortragen von Couplets und Chansons wurde mit dem Wirken beider Bühnenstars zu einer anerkannten Kunst mit eigenen Möglichkeiten, eigenen Maßstäben und eigenen Wirkungsgesetzen.

Reutter trug außerdem keine Texte von anderen vor, kopierte niemanden, sondern schrieb sich, wie vor ihm schon Bendix und Maxstadt, seine Sachen selber, zuerst natürlich auf vorhandene Melodien, da er als Anfänger nicht das Geld hatte, um eigene Musiken in Auftrag zu geben. Mit den Jahren und den Erfahrungen formte sich der vielgerühmte Reuttersche Coupletstil, das heißt, Text und Melodie sind bei ihm direkt aus der Sprache und dem Gedanken heraus gewachsen, so daß das Couplet, an sich eine starre Versform, bei ihm zu hüpfen, ja zu schweben schien.

Schließlich war es auch etwas Neues, daß ein Komiker nicht den ganzen Tag Pfeife rauchte und Skat spielte, sondern gründlich die Zeitungen las, sich in die Sitzungsprotokolle des Parlaments vertiefte, sich im Ort umsah, um am Abend über das zu singen, was sich in der Stadt und in der Politik ereignet hatte.

Über den Beruf des Humoristen hat er sich in Aphorismen und Vorworten zu seinen gedruckten Coupletbüchern hin und wieder selbst geäußert, stets mit lachender Ironie. Seine anekdotischen Reminiszenzen könnten sogar den Eindruck hinterlassen, er habe es sich mit dem Fach der Bühnenunterhaltung ziemlich leichtgemacht, oder der Erfolg wäre ihm von selbst zugefallen.

Nichts wäre so falsch wie diese Annahme! Gerade die Jahre, die er bei den Volkssängern und den Reisegesellschaften verbringt, sind die Zeit, in der er sich erst das Wissen um das Couplet aneignet, Strophenmuster ausprobiert, überkommenen Formen neue Inhalte zu geben versucht und bei anderen beobachtet, was ein guter und was kein guter Vortragsstil ist; denn »ein gutes Couplet«, sagte er später sehr treffend, »ist nicht immer wirkungsvoll, und ein wirkungsvolles Couplet ist nicht immer gut«. Er weiß, was er will, verfolgt ein bestimmtes Ziel, auf das er mit größter Energie hinarbeitet. In dem Jahrzehnt zwischen 1890 und 1900, bevor er an den Wintergarten in Berlin kommt, versucht er – was sein historisches Verdienst werden und bleiben sollte –, dem Couplet einen realen Bezug zum Leben zu geben, einen Humor mit Substanz, wenigstens doch mit Witz, der kritische Betrachtung und satirische Zuspitzung nicht ausschließt, kurz gesagt, dem Varieté-Couplet des ausgehenden 19. Jahrhunderts seine eigentliche künstlerische Gestalt zu verleihen.

Die rasche Auffassungsgabe, die man dafür brauchte, die auf den Lebensalltag gerichtete Phantasie, das Talent für die Parodie sowie die Fähigkeit, Pointen aus dem Stegreif zu formulieren, das hatte er. Noch hinzukommen mußten Geschmack, eine gute Bildung, schauspielerisches Können und Berufserfahrung. Man kann davon ausgehen, daß er seine spezielle Begabung für die Form des Couplets früh schon erkannt hat. Ausschließlich reizte ihn die Versform, in der er sich ja von Kindesbeinen an geübt hatte. Er stabilisierte sie mit literarischen Formelementen, die er dem Gedicht und der Ballade entlehnte. Im melodischen Aufbau der Strophe orientierte er sich am Volkslied. Auf diese Weise bildete sich auf das Jahr 1900 hin bei ihm eine Coupletkunst aus, die sich vom Boden des Volkssängertums zu lösen begann, um auf dem Boden der Volksdichtung weiterzuwachsen. In diesem Prozeß stehen in seinem Repertoire Altes und Neues eine Zeitlang noch nebeneinander.

Um einen Vergleich zu ermöglichen, wie das Repertoire von Volkssängern, Herrensängergesellschaften, Gesangs- und Vortragshumoristen beziehungsweise Komikern aussah, ist im Folgenden ein Titelverzeichnis aufgeführt, aus dem sich Unterschiede und Gemeinsamkeiten, desgleichen Spuren erkennen lassen, die zu Otto Reutter hinführen.

Repertoire Karl Maxstadt

O diese Mädel
Rheumatismus-Couplet
Raritäten-Couplet
Seelenwanderung
Die vier Jahreszeiten
Radfahrer-Couplet
Die Chikagoer Weltausstellung
Traum-Couplet
Der Panamakanal
Die Kneippkur
Berlinerisch und Sächsisch
Frankreich und Rußland
Klima-Couplet
Die Abrüstung
Das Meisterwerk der Schöpfung

Repertoire Leipziger Krystallpalast-Sänger

Der Fliegentütenhändler
Der flotte Maurer
Der Hochtourist
Der Stabstrompeter aus der guten alten Zeit
Die Melmern als Zimmervermieterin
Eine kuriose Ehegeschichte
Ein gemiedlicher Sachse
Loblied der Frisöre
Mei Leipzig an der Pleiße
Pietsch als Pantoffelheld
Seifert's Oskar auf der Leipziger Messe
Töpper Lehmann
Und ich immer mit mit'n Schmidt
Wandervogel Rabe
Willkumme uff'n Fichtelberg

Repertoire Stettiner Sänger

Am Brunnen vor dem Tore
Berlin bei Nacht
Berliner Gassenhauer
Bis früh um fünfe
Der Postillon
Gaudeamus igitur
Heimat, o Heimat
Marsch der Bürgergarde
Musikalische Kuriositäten
Stammtischrunde
Teure Heimat
Übermütige Zecher
Wanderung durch Berlin
Wie ein Vöglein möcht ich fliegen

Repertoire Martin Bendix

Aus dem Volksleben
Beim Zahnarzt
Berliner Fiakerlied
Töpper Lehmann
Ein alter Berliner
Im Freibad Wannsee
Immer an der Wand lang
Ja, die Natur, die läßt sich nicht befehlen[1]
Die Holzauktion
Professor Schenks Theorie
Schnadahüpfl
Sie komm'n mir so bekannt vor[2]
Stralauer Fischzug
Tingelingeling
Wie die kleinen Kinder[3]
Wie sie kommen, werden sie genommen[4]

1, 2, 3, 4   Originalrepertoire Otto Reutter

Ausstellungs-Couplet
Das humoristische Gesetzbuch
Das ist doch mal was andres!
Das kommt so genau nicht drauf an!
Der abgerüstete Rekrut
Der Neunuhr-Ladenschluß
Der Spiritist
Der Zeitgeist
Die Frau'n in hundert Jahren
Die Menschen sind kuriose Leute!
Die Orientreise
Ich bin ein Optimiste
Nun weißte Bescheid!
Siehste wohl, das kommt davon!
Sie komm'n mir so bekannt vor
Und dann?
Volkslieder-Couplet
Wie die kleinen Kinder

Was ist ein Couplet?

Ehe wir den weiteren Lebensweg Otto Reutters betrachten, soll zunächst die Frage beantwortet werden, was ein Couplet ist und wodurch es sich von anderen Liedformen unterscheidet. Das Couplet, französisch = Strophe (vom Lateinischen copula = Verbindung), bezeichnet ein Lied witzigen, heiter-humoristischen Inhalts, dessen Strophen mit einem Kehrreim enden. Die Strophen bilden für sich abgeschlossene Teile, sind auswechselbar und interessant nur in der Zuspitzung auf den immer gleichbleibenden Refrain. Das macht ein Couplet zugleich einfach und schwer.

Im Vorwort zu einem seiner ersten Vortragsbücher, um die Jahrhundertwende erschienen, verrät Reutter seinen Lesern das Rezept, wie man ein gutes Couplet macht. Man solle sich zunächst einen Refrain suchen, der am Schluß einer jeden Strophe wiederkehren muß. »Zu diesem Zweck greifst du – um mit meinem gleichfalls sehr begabten Kollegen Goethe zu reden – hinein ins volle Menschenleben.« Reutter empfiehlt Markthallen, Volksversammlungen oder den Massenandrang auf der Straße bei Absperrungen, Verkehrsstörungen und anderen festlichen Gelegenheiten. Dort höre man eine Unmenge vulgärer Ausdrücke – »Nur nicht drängeln!« – »Halt die Luft an!« – »Rutsch mir 'n Buckel lang!« – »Quatsch nich, Krause!« – und aus diesen hochpoetischen Redensarten wähle man dann aus. Hat man den geeigneten Refrain, dann besitzt man schon das Rückgrat des Couplets, nun kommt es nur noch darauf an, »der entzückenden Form den würdigen Inhalt einzuverleiben«. Man könne nichts falsch machen, wenn man die üblichen, seit Jahrhunderten wirksamen Pointen verwende. Da wären die Frauen, die Ehemänner, der Hausfreund, die Schwiegermutter und so weiter. Wer sich nicht in alltäglichen Bahnen bewegen will und die Absicht hat, Bleibendes zu schaffen, dem rät Reutter, dem Zeitgeist gebührend Rechnung zu tragen: Du »mußt sozialpolitisch wirken und auf die schlechten Zeiten schimpfen. Das macht sich immer gut, denn die Zeiten sind immer schlecht«.

Bis zu Reutters Zeiten sind Couplets mehr oder weniger nach dem hier verulkten Schema gefertigt worden. Der Refrain war zu-

Als Salonhumorist auf Tournee.

meist eine eintönige Sache, bestand aus einer oder zwei Zeilen, die sich Strophe um Strophe aufs genaueste wiederholten. »Und so hab'n wir alle miteinander Rheumatismus, Rheumatismus, Rheumatismus – Rheumatismus, der tut weh!« Reutter verzichtete auf Rheumatismus, suchte sich statt dessen etwas Schlagkräftigeres, von vornherein Lustigeres aus. Sein bei Otto Teich in Leipzig als Nr. 1 gedrucktes Original-Couplet hat den Titel »Kinder, Kinder, wie soll das noch enden!« Für andere Nummern nimmt er Refrains, die nicht weniger schwungvoll sind: »Alles per Zufall, kein Mensch kann dafür!« – »Wie sie kommen, werden sie genommen!« – »Die Menschen sind kunöse Leute!« – »Siehste woll, das kommt davon!« – »Was tut man nicht alles fürs Kind!«

Zugkräftige Refrains hatten andere Komiker mitunter zwar auch, ihre Couplets waren deshalb lange nicht so gut wie die von ihm. Es stellt sich also die Frage, wie arbeitete Reutter, und was machte er anders als andere?

Zunächst: Reutters Refrains waren, insgesamt betrachtet, in der Form lebendiger und in sich variabel. Es wiederholte sich bei langen Refrains nur die erste Zeile, die anderen waren neu. Mitunter stellte er den Refrain an den Anfang der Strophe, wie in dem Lied mit der Eingangsfrage: »Willste reich werden?«, die er für die verschiedenen Berufe individuell beantwortet. Dem Doktorsmann empfiehlt er, sich reiche Patienten anzuschaffen, die nicht gesund werden, denn »dann kriegste Geld in Massen, / aber sterb'n brauchst'se deshalb auch nicht lassen, / denn erstens kriegste dann nischt mehr dafür, / und zweitens wär' das auch nicht schön von dir!«. Ein Patentrezept, reich zu werden, hat er auch für den Schriftsteller. Er soll 'n Buch schreiben und darin die Wahrheit ohne Lug und Trug schreiben. »Wenn du Glück hast, wird das Buch dann konfisziert, / wodurch dein Name jedem recht geläufig wird. / Später kriegste 's Buch dann wieder frei, / und du bedankst dich bei der Polizei.«

Außer den erwähnten drei Refraingrundmustern – mehrzeilig abgewandelter Refrain, einzeiliger, spitzer Refrain oder feststehender Refrain zu Beginn jeder Strophe – findet sich bei ihm noch eine vierte Variante in Form eines Minirefrains, nur aus einem einzigen Wort bestehend, wie in dem Couplet »Warum?«, in dem er zwischen dem Lebenslauf eines Menschen und dem eines Rennpferdes verblüffende Parallelen entdeckt:

Erst kommt man ungewollt zur Welt.
Man rafft, man schafft, man ringt nach Geld.
Man ochst und schwitzt und lernt sehr viel,
und wenn man glaubt, man ist am Ziel,
dann heißt es: Deine Zeit ist rum –
Warum? Warum? Warum?

Ein Rennpferd denkt: Was habe ich?
Man sitzt auf *mir* und setzt auf *mich*.
Gewinn' ich, kriegt mein Herr den Preis,
dafür sie jagen mich in Schweiß
und drehen mich im Kreis herum –
Warum? Warum? Warum?

In seinem »Weltbühnen«-Aufsatz über Otto Reutter spricht Tucholsky von einem besonderen ästhetischen Reiz des Couplets, der darin besteht, »daß es so schön klappt«. Klang und Zeilenfall machen die Geschmeidigkeit aus, Wort und Reim haben sich in die Strophenmelodie einzuschmiegen, dabei jedoch ihre Selbständigkeit zu wahren. Die Länge oder Kürze einer Zeile ist genau berechnet, desgleichen die Plazierung der Pointe – anders gesagt, ein Couplet, das metrisch holpert, keine Spannung aufbaut oder an Tempo verliert, vermag das Interesse des Publikums ebensowenig zu fesseln wie eine farblose Pointe, die nur mitgeschleppt werden muß wie der zitierte »Rheumatismus«.

Zu den Regeln guter Coupletdichtung gehört ferner, daß der Vortragende – er ist meistens auch der Autor des Textes – die Erkenntnis befolgt, »daß eine Sage keine Schreibe ist« (Tucholsky), daß das, was fürs Ohr bestimmt ist, nicht so schnell aufgenommen werden kann wie das, was fürs Auge gedacht ist. Eine Coupletstrophe läßt deshalb, wie auch die gute Chansonstrophe, nur für einen einzigen Gedanken Platz, nicht für mehrere. Der Zuhörer muß folgen können und damit in die Lage versetzt sein, sich in Kenntnis der Strophe Nr. 1 mit dem vorgegebenen Refrain auf die nächste Strophe freuen zu können. Was wird der Maurer mit dem Stein in der Hand nun machen? Welche Bluse wird beim »Blusenkauf« die *nächste* sein? Welche Vorzüge sind *noch* zu preisen, wenn er den Frauen rät: »Nehm'n se 'n Alten, nehm'n se 'n Alten!«

Nach diesem Wirkungsgesetz gliedert sich jedes Couplet in zwei Teile: in die sogenannte Vorstrophe (die Kernstrophe) und den Refrain. Die Meisterschaft des versierten Couplethumoristen besteht nun darin, den vorgegebenen Kehrreim mit dem Inhalt der nächsten Strophe originell zu verknüpfen, und so immer weiter bis zur vierten, fünften oder sechsten Strophe. Bei Reutter gibt es Brettlgesänge, die bis zu zwanzig oder mehr Strophen haben; man könnte sie untereinander austauschen oder einige weglassen, ohne daß das Ganze langweilig oder beeinträchtigt würde. Das erklärt sich aus der Bauform des Couplets als Strophenlied. Das »Aha«-Erlebnis ist mit jeder Strophe abgeschlossen. Mit jeder neuen Strophe beginnt die Geschichte von vorn.

Die poetisch-technische Form des »Anbauverfahrens« unterscheidet sich grundsätzlich von anderen Liedformen, wie dem Chanson oder dem Bänkellied, die ein durchgehendes Thema haben, es im chronologischen Nacheinander abhandeln und mit der letzten Strophe tatsächlich auch abschließen. Beim Couplet ist die Aussage grundsätzlich mit jeder einzelnen Strophe abgeschlossen. Daraus ergibt sich, daß dem Couplet als Liedform ein echter Schluß im Grunde fehlt. Eigentlich könnte es immer so weitergehen, es ist, als wolle man es dem Publikum überlassen, sich selbst im Metier zu versuchen und den Sänger auf der Bühne abzulösen.

Wo das Couplet mit kurzen, einzeiligen Refrains schließt, spricht man von »spitzen« Pointen. Bei den Autoren des literarischen Chansons der zwanziger Jahre kennt man wiederum sehr lange Refrains, so bei Tucholsky, Friedrich Hollaender oder Rudolf Nelson, bei denen der Refrain länger sein kann als die Vorstrophe selbst. Er löst sich und gewinnt literarisch wie musikalisch völliges Eigenleben. Das Reutter-Couplet ist nur *eine* der möglichen Strukturen.

Ganz in der alten Machart noch sind beispielsweise die Couplets des Reutter-Vorgängers Karl Maxstadt gefertigt: Seine Refrains sind hinsichtlich Zündkraft relativ bescheiden, literarisches Eigenleben vermögen sie nicht zu entwickeln. Als um 1895 herum in Deutschland das Thema der Gewerbefreiheit debattiert wurde, forciert von den liberalen Parteien, meldete sich Maxstadt mit einem entsprechenden Couplet zu Wort, das aufgrund seines starren Schemas wie seiner Langatmigkeit nicht gerade zu den Genieblitzen des Metiers gerechnet werden kann.

Das Neuste von Otto Reutter.

So in frühern Tagen mußte man sich plagen,
bis man selbständig geworden war,
und vor allen Dingen einen Nachweis bringen
der Befähigung genau aufs Haar.
Heute geht das schneller, wenn auch nicht reeller,
ganz egal, man etabliert sich doch;
Unsre Fortschrittsleute rufen alle heute:
»Die Gewerbefreiheit lebe hoch!«

Manche Weinlief'ranten, diese sogenannten,
fabrizieren selber ihren Wein,
gehen frisch und munter in den Keller runter,
mischen allerhand ins Faß hinein.
Zucker, Zimt und Beeren bringt das Zeug zum Gären
und der Spiritus auch schließlich noch.
Dann wird sozusagen der Spund hineingeschlagen –
die Gewerbefreiheit lebe hoch!

Es ist zum Erschrecken, fast in allen Ecken
tauchen Warenhäuser in die Höh',
alle Menschen laufen, billig einzukaufen,
und sogar noch uns're Hautevolee.
Da zu konkurrieren, ist nicht durchzuführen,
schließlich gibt's nur Warenhäuser noch,
und die andern Leute machen alle Pleite –
die Gewerbefreiheit lebe hoch!

Ganz anders lesen sich dagegen Strophen von Otto Reutter. Bei
ihm koppelt sich die Refrainzeile, gerade dort, wo sie einzeilig ist,
mit Schwung an die Vorstrophe an. Es sitzt, es paßt, die Geschichte ist bereits auf ihre Pointe hin zugespitzt, im Ablauf wird
Tempo vorgelegt:

So manche Maid, die jung an Jahren,
ist sehr kokett und arrogant.
Sie möchte gern Frau Gräfin werden,
zum mindesten Frau Leutenant.
Sie weist die Tür manch jungem Schatze,

zum Schluß sitzt sie, vor Gram entstellt –
hat auf dem Schoß 'ne alte Katze –
Es rächt sich alles auf der Welt!

Als in Berlin ich jüngst gewesen,
da ging ich eines Abends aus,
traf auf der Straße dort 'ne Dame,
die lebte einst in Saus und Braus.
Jetzt geht sie abends auf und nieder –
sie warf zum Fenster raus das Geld,
nun sucht sie's auf der Straße wieder –
Es rächt sich alles auf der Welt!

Ich hab' zu Haus' ein kleines Söhnchen,
das springt und singt schon heut' wie toll.
Vor kurzem war davon die Rede,
was er mal später werden soll.
Ich sprach: »Geh nur nicht zum Theater!«
Da sprach verschmitzt der kleine Held:
»Ich richt' mich ganz nach meinem Vater!«
Es rächt sich alles auf der Welt!

Diese Brettlverse, um 1906 entstanden, könnten in jeder neueren
Anthologie humoristischer Lyrik oder Gebrauchslyrik stehen und
hätten damals schon Bestand als Kabarettrepertoire gehabt.

Aus der Vielfalt der in diesem Kapitel zitierten Texte läßt sich
erkennen, daß es für das Couplet keinerlei Begrenzung in der
Wahl der Themen und Stoffe gibt. Es ist eine offene Form, und gerade darin liegt ihr Vorzug. Alles, was zum Leben gehört, kann er-
zählend, betrachtend, spöttisch-humorvoll oder kritisch beleuch-
tet darin wiederkehren. Maßstab für die Qualität ist dabei nicht
die Länge oder Kürze des Refrains und wo er plaziert ist, sondern
allein die Frage, inwieweit der Autor und der Vortragende diese
poetisch volkstümliche Liedform mit wirklichem Leben zu erfül-
len und ihr eine erkennbar künstlerische Gestalt zu geben vermag.
Bei Otto Reutter ist deutlich, daß er sich diesem Ziel allmählich
annähert.

Auf dem Weg nach oben

Mit zweiundzwanzig Jahren schon steht Otto Reutter als Karlsruher Volkssänger auf eigenen Füßen und unternimmt mit Singspielgesellschaften sowie solo als Salonhumorist Tourneen in andere Städte. Mit dreiundzwanzig Jahren erhält er bereits eigene Plakate als Vortragshumorist, im Fachblatt, dem Düsseldorfer »Artist«, erscheinen seine Inserate, und auch seine Couplets gibt es im Musikalienhandel zu kaufen. Obwohl man ihm in der Schweiz bei einem reisenden Wiener Ensemble noch prophezeit hatte: »Se wer'n nie woas, mein Lieba!«, glückt es ihm, für den Februar 1895 im Metropol-Theater in Bern sein erstes Varieté-Engagement als Salonhumorist zu bekommen und es für einen weiteren Monat zu prolongieren.

Der Erfolg reist mit ihm, wo er auch hinkommt. Der Auftritt auf der Bühne des Apollo-Theaters in Dresden, der sich an Bern anschloß, war für ihn und die Direktion ebenfalls ein respektabler Erfolg. Monatelang erzählte man sich noch, welche Wunderdinge dieser Reutter vollbracht habe. Man hatte am Vormittag zum Geburtstag des »Geenigs« die große Parade auf dem Alaunplatz besucht, und am Abend habe er das ganze Spektakel launisch-witzig besungen. Man trug ihm vor Begeisterung den Koffer zur Bahn, und in Düsseldorf, seinem anschließenden Engagement, wiederholte sich dasselbe. Die Studenten, die hier das Stammpublikum bildeten, überschütteten ihn mit Beifall und Bravorufen. Aus dem Gelegenheitsdichter und Volkssänger war nunmehr der Berufskünstler Otto Reutter geworden.

Sein Leben spielte sich von jetzt ab ausschließlich auf Tourneen ab. Auf Düsseldorf folgte im Juni 1895 ein Gastspiel in Hamburg, wo es ein Wiedersehen mit dem alten Bendix und seinem Sohn Paul gab, die hier am »Eden« engagiert waren und die Premiere ihres Freundes aus alten Berliner Tagen in »Hornhards Etablissement« miterleben wollten.

Nächste Station für den reisenden Artisten war Köln, eine Stadt mit einem idealen Varietépublikum und einem gut geführten Unternehmen. Reutter selbst hatte an seinen Auftritt keine guten Erinnerungen, denn hier erreichte ihn aus Gardelegen die

Nachricht vom Tode seiner Mutter. Es war immer ihr Wunsch gewesen, ihren Sohn einmal auf einer großen Bühne zu sehen, da sie aber die letzten sieben Jahre ihres Lebens fast immer bettlägerig war, heimgesucht von einer schweren rheumatischen Erkrankung, hat sie eine Reise niemals unternehmen können und von den wunderbaren Erfolgen ihres Ältesten nur aus Briefen erfahren. Es klingt befremdlich für heutige Verhältnisse, wenn man liest, daß Reutter, wie sehr er sich auch bemühte, keinen Tag aus dem Engagement frei bekam, um an der Beerdigung seiner Mutter teilzunehmen. Sein damaliger Direktor Steinbüchl bestand auf der Einhaltung der Vertragsparagraphen. Er rechnete sich die Einnahmen aus, die mit dem ausgefallenen Abend verlorengegangen wären, und lehnte ab. Als er nach Ablauf des Engagements Reutter einen Re-Vertrag anbieten wollte, bekam er auch von Reutter kurzerhand die Ablehnung.

Mit dem Tod seiner Mutter war Gardelegen für Otto Reutter wieder ein Stück weiter in die Ferne entrückt. Mit seinen Eltern hatte der in Unfrieden von zu Hause Geschiedene ohnehin kaum Kontakt. Die Briefe an seine Mutter waren immer über seinen Onkel, Karl Fischer, gegangen. Sie war dankbar gewesen über jedes Lebenszeichen, hatte sich mitgefreut über seine Erfolge, war allerdings als Frau vom Lande ein bißchen skeptisch geblieben, was den monatlichen Engagementswechsel, am Varieté normal, betraf. In einem ihrer Briefe hatte sie einmal vorsichtig angefragt: »Deine Chefs müssen doch wohl nicht so ganz mit Dir zufrieden sein, weil Du doch jeden Monat immer wieder Deine Stellung wechselst. Du wirst wohl überall gekündigt?« Im Gegensatz zu seiner Mutter blieb sein Vater, trotz des beruflichen Aufstiegs seines Sohns, noch immer nachtragend. Von Versöhnung konnte keine Rede sein. Wenn Onkel Fischer, ein Stiefbruder seiner Mutter, das Gespräch auf Otto bringen wollte, bekam er jedesmal barsch zur Antwort: »Sei stille, Otto ist ein Herumtreiber, ein Vagabund geworden!«

Der Herumtreiber wurde von Kollegen und Direktoren längst mit Respekt behandelt, wenngleich bei einigen noch Zurückhaltung und Voreingenommenheit im Spiel waren. Der erste, der Reutters Fähigkeiten richtig einschätzte, war der Direktor des Kölner Apollo-Theaters mit Namen Anton Lölgen, bei dem Reutter 1895 engagiert war. »Er sah mich in meinen Uranfängen, in einem kleinen Varieté Düsseldorfs, in den ›Reichshallen‹«, erinnerte sich Reutter, »und obwohl mein Repertoire und meine Vortragsweisse noch keineswegs höheren Ansprüchen genügten, kam er nach meinem Auftreten sofort in meine Garderobe und ließ sich fünf Kontrakte für sein Theater unterschreiben.« Reutter wollte wieder die teils gespielten, teils ehrlichen Einwendungen machen, was die angeblichen Unzulänglichkeiten seines Könnens betraf, bekam darauf aber nur zur Antwort: »Minge leewe Jung, arbeite nur so weiter! Entweder hast du einen gewaltigen Erfolg bei mir, oder du wirst der größte Reinfall meines Lebens!«

Papa Lölgen hatte sich hinsichtlich der Größe des kommenden Varietéstars nicht geirrt. Reutter ist in späteren Jahren, als Lölgen bereits das Mellini-Theater in Hannover erworben und für Magdeburg das Central-Theater als modernes Varieté erbaut hatte, immer wieder bei ihm im Engagement gewesen.

Freundlichkeit und Entgegenkommen darf keineswegs als Regelverhalten damaliger Direktoren angesehen werden. In Wiesbaden ist Reutter vom Direktor der dortigen Reichshallen ganz anders behandelt worden. Es war kurz vor der Vorstellung, er stand in den Kulissen, noch etwas aufgeregt – er war damals gerade drei Monate am Varieté –, da hielt ihn der Direktor am Frackzipfel fest und kanzelte ihn folgendermaßen ab: »Höre Sie mal, ich bin jetzt schon zweimal mit 'nem selbstverfaßte Humoriste 'neingefalle. Wenn Sie auch nix könne, könne'se einpacke!« Mit dieser düsteren Aussicht trat Reutter auf die hell erleuchtete Bühne. Als er nach seinem Auftritt zurückkam, sagte der Direktor beiläufig und mürrisch: »Se könne bleibe!«

Sächsische Liebenswürdigkeit von besonderem Schlage begegnete ihm in Chemnitz, wo der Direktor ihm nach seinem ersten Auftritt sagte: »Also, das war ja werklich großartig heite Abend. Sie sinn werklich ä bedeitender Günstler – sagen'se mal, mei Lieber, singen'se morgen abend dasselbe wieder?« Als Reutter diese außerordentlich liebenswürdige Frage freudig bejahte, sagte sein Gegenüber mit unverbindlichstem Lächeln: »Da will ich Ihnen nur sagen, wenn Sie denselben Dreck nochemal bringen, fliegen'se 'naus bei mir!«

Reutter flog nicht. Er stellte sein Repertoire um, was ihm bei seiner Vielseitigkeit und der Menge seines Coupletvorrats nicht schwerfiel. Damit war der Sachse versöhnt. Nach 1896 mußte sich Reutter solche »Liebenswürdigkeiten« nicht mehr anhören. Sein Ruf war inzwischen so gut, daß er Verträge auf zwei Jahre im voraus abschließen konnte. 1896 schreibt er aus Bremen, wo er am Tivoli gastierte, an eine befreundete Familie: »Wenn ich denke, daß ich vor acht Monaten noch 120 Mark monatlich bekam, so komme ich mir jetzt ordentlich wohlhabend vor, denn meine Gage beträgt 1500 Mark im Monat. Der Kölner Direktor war gestern hier und hat einen Kontrakt für Mai mit 2000 Mark gemacht.«

Die hohe Gage, die er mit noch nicht dreißig Jahren bereits bekam, hat ihn keineswegs übermütig werden lassen. Leichtsinn oder gar Verschwendungssucht waren dem Naturell des Altmärkers völlig fremd. Freunde und Kollegen, die ihn aus jenen Jahren kannten, haben übereinstimmend berichtet, daß er keine Bohemeallüren an sich hatte, Kneipen mit Geselligkeiten und Herrenstammtischrunden mied und zurückgezogen ausschließlich seiner Arbeit zugewandt lebte. Humorist am Varieté zu sein hieß ständig Neues bringen, das Repertoire ergänzen, das Aktuelle glossieren und besser sein als die Konkurrenz. Wo nahm er die Anregungen dazu her? Überwiegend aus der Presse, den Tageszeitungen wie den Lokalblättern, aber auch aus den führenden politischen Wochenschriften wie Maximilian Hardens Blatt »Die Zukunft«, das die Skandalaffären bei Hofe aufdeckte und ein Spiegel der politischen wie literarischen Debatten in Deutschland war. Zu Reutters Lektüre, beruflich obligat, zählte selbstverständlich auch der sozialdemokratische, politisch-satirische »Wahre Jacob« und das humoristisch-satirische Wochenblatt »Kladderadatsch«.

Durch Erfolge nicht übermütig werden! Ein Erlebnis, das sich in Leipzig zugetragen haben soll, hat er damals sich und anderen zur Beherzigung ins Poesiealbum geschrieben.

Einst – mit einem Konkurrenten –
sang ich in der gleichen Stadt,
die zwei schöne, riesengroße
Varieté-Theater hat.

Er sang in dem *einen* Hause,
ich im Konkurrenzlokal.

Und ich dachte selbstverständlich:
Mein Erfolg wird kolossal!

Ging am Tage meiner Ankunft
noch am späten Nachmittag
schlendernd in der Stadt spazieren
bis zum siebten Glockenschlag.

Halt! dacht' ich – die Glocke mahnt dich,
daß du an die Rückkehr denkst
und die Schritte in die gänzlich
ausverkauften Räume lenkst.

Doch ich hatte mich verlaufen,
und ich wußt' den Weg nicht mehr.
Keine Straßenbahn zu sehen!
Keine Droschke ringsumher!

Doch ich wußte mir zu helfen,
blieb nicht lange ratlos steh'n,
und ich dacht': Du gehst *die* Strecke,
die die meisten Leute geh'n.

Denn es war mir zweifelsohne:
Heut', wo Reutter debutiert,
geh'n die meisten Leut' des Weges,
der in *sein* Theater führt.

Und das stimmte – auf der Straße
gingen Leute – äußerst viel –
mit erwartungsfrohen Mienen
alle zu dem gleichen Ziel.

Ich – triumphgeschwellt – dahinter,
ich, der Sänger und Poet!
Dachte: Hätten die 'ne Ahnung,
wer jetzt hinter ihnen geht.

Immer größer das Gedränge,
immer froher ward die Schar –
endlich stand ich mit der Menge
dort, wo das Theater war.

Doch es war nicht *mein* Theater –
Hölle, Teufel, Pestilenz!
Nein – dort sang – gerechter Vater! –
meine liebe Konkurrenz!

Die guten Einnahmen, vor allem der Direktoren, und die wirkungsvolle Reklame in den artistischen Fachblättern veranlaßten den Berliner Unternehmer vom Apollo-Theater, Jacques Glück, Reutter von Köln aus für den September 1896 an sein Haus zu verpflichten. Glück, der einstige Sekretär des Apollo, führte dieses Unternehmen in der südlichen Friedrichstraße als Varieté erst seit dem Herbst 1893. Durch Herabsetzung der früheren hohen Eintrittspreise sowie durch ein gut durchdachtes Nummernprogramm mit überdurchschnittlichen Spezialitäten, wie man artistische Darbietungen mit Profil nannte, war es ihm gelungen, die 1400 Plätze des Theaters allabendlich wieder zu füllen. Sein Glück verdankte Glück weitgehend seinem Kapellmeister Paul Lincke, der als Dirigent des Hauses tätig war und schon eine Menge Schlager geschrieben hatte, die weit über Berlin hinaus bekannt waren, wie die »Gigerlkönigin« mit dem Refrain: »Sehn'se, das ist ein Geschäft, / das bringt noch was ein! / 'ne jede aber kann das nicht, das muß verstanden sein!«

Da Jacques Glück Reutter noch nicht auf seiner Bühne gehabt hatte, wollte er sichergehen und ließ seinen Namen in den Annoncen der Zeitungen und auf den Plakaten nur klein drucken. Falls der Neue doch nichts war, würde niemand das Verschwinden seines Namens bemerken. Zu dem Komiker, dessen Engagement abgelaufen war, sagte er am Vorabend von Reutters Auftritt: »Sie haben doch noch keinen Anschluß, bitte bleiben Sie doch bis morgen, denn es kommt ein Komiker, den ich noch nicht kenne. Sie könnten dann eventuell übermorgen gleich weiterarbeiten.« Am nächsten Abend sagte Glück, als er nach Reutters drittem Couplet den orkanartigen Beifall im Saal hörte, zu

Eingang zum Apollo-Theater in der Friedrichstraße.

seinem Komiker: »Jetzt könn'se Ihre Klamotten packen, der Mann bleibt hier!«

Am zweiten Abend erhielt Reutter die beste Nummer im zweiten Teil des Programms, und die Inserate bestanden nur noch aus einer Großzeile »Otto Reutter« mit einer klein gedruckten Unterzeile: »Und das große Septemberprogramm«.

Das war 1896.

Es blieb nicht bei dem einen Gastspiel im Apollo, da Glück ihn gleich auf mehrere Jahre verpflichtete. »Sie sollen durch mich in Berlin bekannt werden!« Durch die Starreklame, die Glück für sein Zugpferd und damit für sein eigenes Haus machte, wurde Reutters Name für Berlin tatsächlich zu einem Begriff.

»Wir Artisten prahlen oft damit, daß wir viel Geld verdienen; dabei kriegen wir oft nur viel Geld, ohne es – verdient zu haben.« Ein Aphorismus aus Otto Reutters gesammelten Werken, der selbstverständlich nur für die anderen galt. Wenn in den Erinnerungsartikeln von Freunden und Kollegen immer wieder versichert wurde, es sei nicht Otto Reutter gewesen, der die Gagen in die Höhe getrieben habe, so ist das nur die halbe Wahrheit. Er brauchte das gar nicht zu tun; um einen vorteilhaften Vertrag auszuhandeln, gab es längst feinere Methoden, in denen es Reutter mit der Zeit auch zu einer beachtlichen Perfektion brachte. Er wußte sehr gut, wie es vor und hinter den Kulissen zuging, daß mancher Komiker als »Tagesgespräch« angekündigt wurde und am Abend kein Mensch von ihm sprach. Von Reutter hingegen sprach man. Um so weniger brauchte *er* bei den Verhandlungen über die Gage zu reden.

Ein wirkungsvolles Mittel, die eigene Bedeutung ins rechte Licht zu rücken, war die Untertreibung, die bei Direktoren immer einen guten Eindruck hinterließ. Diese »Masche« probierte er mit Erfolg schon 1898 in Elberfeld aus, wo er zum Monatsersten sein Engagement antreten sollte – in der Nachfolge Karl Maxstadts. Um sich ins Bild zu setzen, was die Konkurrenz bot, fuhr Reutter einen Tag früher aus seinem Engagement in Frankfurt/Main ab und kaufte sich ein Billett für den Salamander, wie das Etablissement des Direktors Hensler in Elberfeld hieß, ließ aber sein Gepäck aus Berechnung auf dem Bahnhof. Nach Ende der Vorstellung wollte er rasch verschwinden, lief dabei dem Direktor in die Arme, der sich vorstellte – »Sie gestatten, Direktor Hensler!« – und ihn fragte, warum er es so eilig habe. Reutter spielte den Zerknirschten und stammelte: »Sehr erfreut, Herr Hensler, aber ich möchte doch lieber wieder abfahren. Das hat hier keinen Zweck für mich. Denn Sie müssen doch hier einen Ersatz für Herrn Maxstadt haben, jemanden, der besser ist und einen noch größeren Erfolg erzielt – und das bin ich nicht, und das kann ich auch nicht, und deshalb . . .«

Dem Direktor war nicht ganz wohl. Die unveränderte Mimik Reutters deutete nicht auf einen Scherz hin. Ein neues Programm – und keinen Komiker drin! Wenn er nun tatsächlich wieder abreisen würde! Dem Direktor blieb nichts weiter übrig, als auf Reutter einzureden, er möchte doch bleiben. »Woll'n wir's doch morgen erst mal probieren. Wenn es nicht gehen sollte, können'se ja noch immer abreisen.« Reutter ließ sich mit gespieltem Gleichmut darauf ein und ging anschließend höchst vergnügt zum Bahnhof, um sein Gepäck abzuholen. Schließlich wußte er schon vorher, daß er nicht die Absicht hatte abzureisen. Der Applaus der Elberfelder war schon am ersten Abend stürmischer als bei Maxstadt, und das war genau das, was er gewollt hatte.

Ansonsten hatten die Direktoren in ihm einen zähen, selbstbewußten Verhandlungspartner, der genau wußte, was er wert war. In Hannover gab es ein Varieté, das von einem Magier namens Mellini eigens für die neue Muse des Varietés erbaut worden war. Es galt als eines der vornehmsten Etablissements in Deutschland und eine der feinsten Adressen in der Artistenwelt. Bei Mellini engagiert zu werden galt als Ehre, auch aus der Sicht des Direktors, der der Meinung war, diese Ehre mit in den Vertrag hineinaddieren zu können. Zwischen ihm und Reutter gab es über ein halbes Jahr hin Korrespondenz wegen eines Engagements. Die Vorstellungen betreffs der Höhe der Gage gingen allerdings auseinander. Jedesmal, wenn sie sich einig zu werden schienen, war Reutter schon wieder etwas teurer geworden. Schließlich schickte Mellini, nachdem Reutter ihm den neuesten Verhandlungsstand genannt hatte, seine Unterschrift per Eilbrief, dazu die Bemerkung: »Hoffentlich erreicht Sie dieser Brief noch bei der letztgenannten Summe!«

Für Reutter als reisenden Artisten waren die Verpflichtungen ans Apollo zwischen 1896 und 1899 die alljährlichen Höhepunkte seines Berufslebens. Er befand sich auf dem Weg nach oben. Die Vorstellung begannen jeweils um acht Uhr. Die Leute standen aber schon halb sechs, als die Kasse des Apollo öffnete, an, um ein Billett für Otto Reutter zu bekommen, denn: Die Artistengruppen der »Sisters« und »Brothers«, die zum Programm gehörten, konnte man woanders in Berlin auch sehen, nicht aber den einzigen Otto Reutter. Auch in Gardelegen war es inzwischen zu einem Meinungsumschwung gekommen, dank Onkel Fischer, der Vater Pfützenreuter davon zu überzeugen vermochte, seinen alten Groll aufzugeben, mit dem Argument, daß in der Kaiserstadt Berlin für einen unbedeutenden Mann bestimmt keine Reklame gemacht würde und Geld auch dort nur für solide Leistung zu erhalten war. Er könne doch eigentlich stolz auf einen so bedeutenden Sohn sein.

Sein Vater und sein Onkel reisten also aus Gardelegen an, um das Wunderkind der Familie nach langer Zeit wiederzusehen. Sie kauften sich heimlich für die Vorstellung eine Eintrittskarte. In dem Programm trat auch der damals sehr bekannte Tierforscher und Dresseur Ernst Perzina auf, der mit seiner Schimpansin eine große Sensation der Fachwelt war. Seine Vorführung folgte unmittelbar auf Otto Reutter. Nach der Vorstellung begaben sich Vater und Onkel zum Bühneneingang und warteten auf Otto, der auch bald erschien, sichtlich erfreut, die Lieben nach langer Zeit wiederzusehen. Er lud beide in das gegenüberliegende Restaurant »Friedrichshof« ein. Nachdem sie dort eine Weile zusammengesessen, getrunken und geplaudert hatten, wollte Reutter nun auch wissen, wie er ihnen gefallen habe. Wie aus einem Munde bekam er von den beiden zur Antwort: »Großartig hast du uns gefallen, aber der Affe, der nach dir drankam, der war glänzend!«

Im Restaurant kam auch die Rede darauf, daß es doch schön wäre, wenn Otto einmal nach Gardelegen zu einem Auftritt käme. Bei den langfristigen Verträgen und Vorverträgen, die er hatte, ließ sich das kurzfristig nicht machen. Reutter fuhr 1898 erst einmal auf Besuch nach Gardelegen, und bei dieser Gelegenheit wurde ein öffentliches Auftreten fürs kommende Jahr vereinbart.

Salonhumorist in Berlin.

Am 25. April 1899, einem Tag nach seinem Geburtstag, war es dann soweit. Die Zeitungen kündigten groß an: »Extra-Konzert und Vortragsabend Kapelle Heß – Otto Reutter zum Besten der hiesigen Denkmäler.« Ort des Auftritts war der Saal des Gardelegener Schützenhauses, wo Schuljunge Pfützenreuter ehedem bei der Theatergesellschaft Kneisel auf der Bühne herumgehüpft war. Dem Kreisanzeiger war zu entnehmen, daß die Einnahmen des Konzerts vor allem für die Erhaltung des Denkmals Kaiser Wilhelms I. vor dem Rathaus bestimmt waren. Die Zeitung machte die Besucher gleichzeitig darauf aufmerksam, daß die Kellner angewiesen seien, während des Vortrags nicht zu servieren. Eine solche Klausel hatte Reutter längst in seinen Verträgen, und was für Berlin galt, galt erst recht für Gardelegen.

Das Auftreten Reutters in seiner Heimatstadt war so etwas wie eine Sensation, ganz Gardelegen fand sich ein. Die Kapelle des königlichen Musikmeisters Heß eröffnete den Abend mit einigen Orchesterstücken, danach trug ein Bariton Lieder vor, darunter zwei von Otto Reutter. Der Glanzpunkt des Konzerts war er selbst. »Die von ihm vorgetragenen Soloszenen und Couplets wurden mit derart stürmischem, nicht enden wollendem Beifall von der Zuhörerschaft aufgenommen«, berichtete der Kreisanzeiger, »daß Reutter sich immer wieder zu neuen Zugaben veranlaßt sah.« Ganz besonderen Anklang hätten die »auf unsere Stadt Gardelegen und ihre lokalen Vorgänge gewürzten Vorträge« gefunden. Der damalige Bürgermeister der Stadt, Beck, ließ folgende »Danksagung« im Kreis-Anzeiger veröffentlichen:

Von Herrn Otto Reutter sind mir heute als Ertrag seines Vortragsabends 1000 Mark zum Besten unserer Denkmäler ausgehändigt. Für diese hochherzige, von seltener Liebe zur Vaterstadt zeugende Zuwendung danke ich Herrn Reutter von ganzem Herzen.

Außer der lobenden öffentlichen Anerkennung der Stadtväter und einer überschwenglichen Kritik in der Lokalzeitung erhielt Reutter noch ein Dankgedicht eines seiner Verehrer aus Gardelegen, das veröffentlicht wurde:

An Otto Reutter

Wie die Humoristen alle
heißen mögen, die wir kennen,
ob sie Max sich oder Moritz,
August oder Hannes nennen –
Gott, was sind sie gegen Deine
kecken, witzbeschwingten Reden,
die sich mit der Zeit befassen
und mit ihren vielen Schäden.

Alles, was die andern bringen,
sag' ich, Otto, unverhohlen,
ist sehr häufig nicht gemauset,
aber meistens doch gestohlen.
Wenn sie auch die Dummen glauben
machen wollten, ihre Sachen
täten sie sich mit dem Bleistift
und der Feder selber machen.

Als Du noch ein unbekannter,
neuer Humorist gewesen,
hab' aus Deinem Horoskop ich
Deine Zukunft schon gelesen.
Und ich schrieb, der Otto Reutter
zählet zu den geist'gen Recken.
Wird in Sand die andern alle
bald mit seinem Witze strecken.

Walle glücklich Deine Wege,
doch verschwinde nicht zu plötzlich;
Bleibe noch recht viele Jahre,
Freund, so witzreich und ergötzlich!
Denn Dich hat der Gott des Scherzes
zu den Menschen hergesendet,
daß durch Dich ihr Kampf ums Leben
auf 'ne kurze Zeit mal endet!

Die Altmark blieb die Heimat: Landschaft bei Gardelegen.

Dieses Konzert sollte der einzige Auftritt Otto Reutters in seiner Heimatstadt bleiben. Seinem Vater war es nicht vergönnt, unter den Besuchern des Abends zu sein. Er lag schon viele Wochen auf dem Krankenbett und ist einen Monat später, im Mai 1899, gestorben. Als Ulanen-Veteran und ehemaliger Kriegsteilnehmer von 1870/71 wurde er mit militärischen Ehren auf dem Friedhof von Gardelegen beigesetzt.

Als kleiner Nachtrag zu diesem Kapitel soll noch erwähnt werden, daß Reutter, der sich in seinen Anfängerjahren nur mit einem »t« schrieb, seinem Namen am Varieté ein zweites »t« einfügte. Es gab damals einen rheinischen Humoristen mit Namen Martin Reuter[1], der den Aufstieg seines Namensvetters mit einigem Neid verfolgte und Otto Reutter ständig grobe Briefe schrieb, er solle seinen Namen ändern, weil er, Martin Reuter, sich durch ihn geschädigt fühle. Als er gar mit Klage drohte, schickte ihm Otto Reutter aus dem Engagement am Leipziger Krystallpalast kurzerhand folgenden Brief:

»Sehr geehrter Herr Reuter!

Erstens habe ich meinen Namen, wie Sie aus den Reklamen ersehen können, längst geändert. Ich schreibe mich mit zwei ›t‹. Zweitens habe ich an meiner Tagesgage zwei Nullen . . .«

---

[1] Martin Reuter ließ seine Original-Couplets, genau wie Otto Reutter, im Musikverlag Otto Teich in Leipzig erscheinen. Einige seiner Titel: »Der schöne Lindemann«, »Der Mensch ist ein Mensch – weiter nichts!«, »Da muß ich wirklich drüber lachen!«, Parodie auf »Hab' ich nur Deine Liebe!«, »Guten Appetit!«, »Verrückt!«, »Unsere Männer zwischen 15 und 30«.

Parodie und Potpourri

Was machte Otto Reutter in den Jahren vor der Jahrhundertwende, als er quer durch Deutschland zog, für die Varietédirektoren so interessant? Im Verhältnis zu den gestandenen Vierzig- und Fünfzigjährigen unter den Humoristen war er ja noch immer ein Anfänger und trotzdem schon ein Souverän auf seinem Terrain. »Man war einfach sprachlos über das neue Genre, das Otto Reutter der Coupletdichtung abzuringen wußte«, stellte die »Düsseldorfer Theaterwoche« fest. »Er gab seinem unerhört zündenden und originellen Witz eine so verblüffende Form, daß jede Strophe laut belacht wurde. Ein Talent sprach zu uns, wie wir es in solcher Urwüchsigkeit noch nicht erlebt hatten. Die ätzende Schärfe seines Witzes wurde durch die Liebenswürdigkeit des Vortrags gemildert. Seinen beißenden Spott, der sich oft genug mutig an gefürchtete Persönlichkeiten heranwagte, linderte ein frohes Lächeln oder ein vielsagender Blick aus den ewig heiteren Augen.«

Zu seinem Repertoire gehörten damals schon rund 200 Couplets, durchweg Erfolgsnummern, die es auch gedruckt zu kaufen gab. Er glossierte darin in starkem Maße die Tagespolitik, wie sie die Zeitungen offerierten. Themen seiner aktuellen Betrachtungen waren die Lostrennung Kretas von der Türkei, der Russisch-Japanische Krieg, die Balkanländer und ihre Politik, Reisen der Staatsmänner, diplomatische Händel, Reichstagsdebatten, Steuergesetze und was sonst noch Schlagzeilen machte. Daneben reimte er weiterhin harmlos-lustige Verse auf den angejahrten Ballettschwärmer mit Zylinder und Monokel, die Spreewälder Amme und andere Typen der Zeit, die er in Kostümszenen auf der Bühne darstellte, wie sie bei den humoristischen Herrensängergesellschaften üblich waren. Dort aber ohne kritischen oder satirischen Impetus. Die bei Reutter stark ausgeprägte Begabung für Mimik, Maske und komödiantische Verstellung gab seinem Auftreten einen schauspielerischen Akzent. Er erschien, komisch verkleidet, als Mona Lisa, als die Meldung vom Raub dieses weltberühmten Gemäldes durch die Presse ging, und hatte schon Applaus, bevor er mit dem Vortrag überhaupt begonnen hatte. Auf diese Weise spielte er auch den Mucker, mimte den erzkon-

Die Politik des Tages war sein Thema.

servativen Abgeordneten oder gab in der Maske Fritz Reuters plattdeutsche Vorträge zum besten, in der Sprache vollendet, denn Reutter beherrschte das Plattdeutsche von Haus aus. Komisch gar, wie er als »abgerüsteter Rekrut«, vernehmlich ins Taschentuch schluchzend, sich der schönen Zeiten beim Militär erinnerte. Die Haager Friedenskonferenz von 1899, die den Staaten allgemeine Empfehlungen zur Abrüstung gab, war gerade zu Ende gegangen.

Kein Unt'roffizier sagt mehr zu mir: Du Vieh!
Du bist der Dümmste von der Kompagnie!
Auch kein Sergeant gibt heimlich mir 'nen Knuff –
die Zärtlichkeit, die hört jetzt leider uff!
Auch das Kommißbrot, das man stets erhält
und jeden zehnten Tag das viele Geld!
Es ist vorbei! Mir ist ums Herz so weh!
Was fang' ich an? Ich habe 'ne Idee!
(*Vergnügt:*) Ich bleib' Soldat, ich geh' zur Heilsarmee!

Wer in die Vorstellung zu Otto Reutter ging, konnte sicher sein, das Neuste von ihm auf der Bühne glossiert zu bekommen und sich dabei gut zu amüsieren. Was die öffentliche Meinung bewegte, waren ausnahmslos auch seine Themen, in diesem Sinne verstand er sich als aktueller Chansonnier und wollte es auch sein. Damit waren die Themen des Abends vorgegeben: der Neun-Uhr-Ladenschluß und die Debatten drumherum, die Pariser Weltausstellung, die vielbewitzelten Zustände bei der preußischen Eisenbahn, die Ballonfahrt Andrées[1], Professor Schenks[2] oder Professor Hirschfelds[3] neuste medizinische Theorien, dazu Theaterpremieren, Kriminalaffären

[1] Der schwedische Polarforscher Salomon Andrée, geb. 1854, brach im Juli 1897 mit zwei Begleitern im Freiballon von Spitzbergen aus, um den Nordpol zu erreichen. Die Besatzung ist auf dieser Fahrt verschollen.
[2] Prof. Schenk: Wiener Medizinprofessor, der in den neunziger Jahren des vorigen Jahrhunderts mit der neuen wissenschaftlichen These in die Öffentlichkeit trat, nach der sich das Geschlecht eines noch ungeborenen Kindes mit annähernder Sicherheit voraussagen lasse.
[3] Prof. Hirschfeld: Magnus Hirschfeld (1868–1935), Arzt, Begründer der modernen, wissenschaftlich begründeten Sexualkunde.

und das ergiebige, jederzeit aktuelle Thema: die Frauen und die Mode, die Liebe und die Ehe.

Reutter hatte begriffen, daß nur durch die Modernisierung des Couplets die Chance bestand, diese Form der Unterhaltung mit in das neue Jahrhundert hinüberzunehmen. Die Inhalte mußten intensiver mit dem Leben verbunden werden und die Darstellung selbst eine solche Form annehmen, die dem fortschreitenden Leben entsprach. Die bloße Aneinanderreihung von Banalitäten, die weiter nichts konstatierten, als daß etwas so ist, wie es ist – ob mieses Wetter oder Rheuma –, wollte niemand mehr hören. Das ging bestenfalls noch in den kleinen Schützenhaussälen in der Provinz beim Feuerwehrball oder Vereinsabend. Ansonsten war die Ära biedermeierlichen Humors zu Ende. An den großen Bühnen in Berlin und den Städten des Reichs waren Heilsarmee-Verse nicht mehr gefragt. Varieté – das hieß eben Tempo, Schwungkraft, Überraschungseffekt und Höchstleistung und entsprechend für einen Coupletkünstler Witz, Sarkasmus, Ironie, kritisches Räsonnement. Schließlich sollten die Komiker und Humoristen der Varietébranche das Einkommen sichern, das Publikum in die Vorstellung holen und soviel an Realität und Amüsement wie möglich mit ihrem Liedervortrag bieten. Anlaß und Stoff gab es dafür genug.

Das letzte Halbjahrzehnt vor der Jahrhundertwende war gekennzeichnet von epochalen Erfindungen und Entdeckungen, die alle Zweige der Technik, der Medizin, der Physik, der Chemie, der Forschung generell revolutionierten. Es wurden lebenssteuernde Hormone und Vitamine entdeckt, Medikamente und Impfstoffe eingesetzt, von denen zuvor niemand etwas geahnt hatte. Es begann der Siegeszug der Röntgenstrahlen und die Erforschung der Radioaktivität; die experimentellen Grundlagen für die Quantentheorie, die Atomkernphysik, die Konstruktion von Flugkörpern, die Ultraschallerzeugung, die Kältetechnik sowie die Telegraphie wurden geschaffen. In allen Bereichen der Industrie – das hieß auch in allen Teilen des Reichs – ging es voran. Es wurde verdient, gut oder weniger gut, und im Ergebnis des wachsenden Wohlstandes gingen die bis dahin hohen jährlichen Auswandererzahlen spürbar zurück. Innerhalb von zehn Jahren – zwischen 1885 und 1895 – hatte sich die Bevölkerungszahl in Deutschland von 47 auf 52 Millionen erhöht. Einen ganz wesentlichen Teil dieses Industrie- und Bevölkerungspotentials bildete die Arbeiterschaft, für die mit dem Fall des Sozialistengesetzes die Vereinigungsfreiheit wiederhergestellt und die in die ungestüme technisch-industrielle Entwicklung eingebunden war. Sie machte einen nicht unerheblichen Teil des Varietébesucherpublikums aus, das für sein schwerverdientes Geld auf der Bühne reelle Leistung sehen wollte.

Das war mehr als berechtigt. Der beruflich gut gebildete und politisch interessierte Teil der Bevölkerung war mit den Fragen der Zeit vertraut, man fühlte sich auch längst nicht mehr als Angehöriger des Königreichs Sachsen oder Württemberg, vielmehr patriotisch als Bürger des Reichs mit einem größeren Blickfeld und mehr oder weniger kompetenter Meinung für Qualität auch in der Branche der Unterhaltungskünste. Man wollte nach angestrengter Arbeitswoche in der Fabrik und im Comptoire, wenn man ausging, vom Humoristen etwas annähernd Geistvolles hören, wie man es aus den satirisch-humoristischen Zeitschriften, dem »Kladderadatsch«, dem »Wahren Jacob«, dem »Simplicissimus« oder dem »Ulk« kannte. Wer von den Unterhaltungskünstlern nicht dem Zug der Zeit zu folgen vermochte, war im modernen Varieté der deutschen Großstädte an der Jahrhundertwende zum Anachronismus geworden. Der Frack konnte ihm da wenig nützen.

Das Leben außerhalb von Bühne und Vorhang brachte täglich neue Veränderungen. 1895 wurde der Kaiser-Wilhelm-Kanal zwischen Nord- und Ostsee fertiggestellt. Deutschland hatte zu diesem Zeitpunkt Großbritannien in der Industrieproduktion überholt, Firmennamen wie Siemens, AEG, Krupp und Schwarzkopff waren Weltbegriffe. Das Jahr 1900 brachte neue Rekorde: die erste Zeppelinfahrt, die Borsig-Dampfmaschine mit 100 000 PS, die Osmium-Glühlampe, die Knorr-Luftdruckbremse und die erste Autodroschke in Berlin. Die Schneekoppe und die Zugspitze erhielten ihre erste Wetterstation. Forscherexpeditionen rüsteten zum Aufbruch in die arktischen Gefilde Amerikas, nach Tibet und Innerasien sowie zum Nordpol. Die Deutsche Orientgesellschaft begann mit der Ausgrabung der alten Perserstadt Babylon, die Kaukasus-Forschung veröffentliche erste Ergebnisse, und auf

Neustes Künstlerfoto von 1910.

Kreta wurde die minoische Kultur ausgegraben. Im Sport sprach man jetzt von Alpinismus, Olympischen Spielen, Tennissport, Frauenturnen und Sechstagerennen. Kein Gebiet des wissenschaftlichen und gesellschaftlichen Lebens, das vom Fortschritt unberührt blieb.

Der allgemeine Wissenschafts- und Fortschrittsglaube sowie das Dynamische im Wirtschaftswachstum erzeugten in allen Schichten der Gesellschaft jenes optimistische Lebensgefühl, wie es sich auch im Schaffen Otto Reutters widerspiegelte. Auch er wurde getragen von den allgemeinen Strömungen und Stimmungen, Meinungen und Vorbehalten, also von dem, was man den Zeitgeist nannte. Mit seinem Repertoire erbrachte er den Beweis, daß sein eigentliches Thema die Zeitgeschichte war und das jeweils Heutige. Er ließ die anderen weiter ihren »Lehmann« absingen oder ihren »Leberecht Bemmchen« auf die Nordpolreise schicken, um sich selbst dem Allerneusten zuzuwenden.

Das Allerneuste war 1896 die Große Gewerbeausstellung in Berlin-Treptow. Es war ein Ereignis von Rang, das vor den Augen der Welt die Wirtschaftskraft des Deutschen Reichs demonstrieren sollte, eine Schau der Superlative mit 3900 Ausstellern und fünf Millionen Besuchern. Dieses Deutschland-Ereignis des Jahres war von einer Riesenreklame begleitet, die sich in groß aufgemachten Annoncen und entsprechender Berichterstattung in der gesamten Presse niederschlug. Die Werbefeldzüge verschlangen allein schon einen Großteil des Etats. Die Gewerbeausstellung war aber, wie selbst die Berliner Börsen-Zeitung mehrfach feststellte, infolge ihrer »Übergröße« oft schlecht oder nur mäßig besucht. In den Hallen gingen abends schon halb neun die Lichter aus. Die Veranstalter hatten sich viele, fast zu viele Attraktionen zur Anlockung der Besuchermassen ausgedacht. Aufgeboten wurde eine »Special-Ausstellung Kairo« mit einer Massenschaustellung von 400 Beduinen, Arabern und Fellachen mit Pferden, Eseln und Dromedaren. Doch weder diese orientalische Tier- und Völkerschau noch die Illuminationsabende oder die Vorführung von Beduinen-Reiterkunststücken in einer eigens dafür errichteten Arena zum Eintritt von einer Mark beziehungsweise fünfzig Pfennige, Kinder die Hälfte, vermochten die Einnahmen nicht

»Ein Zivilist! Ein Zivilist!« Karikatur aus dem »Ulk« 1914.

über das Ausgabenbudget hinaus zu steigern. Trotz des gigantischen Aufgebots – oder gerade deswegen – war die Ausstellungsgesellschaft pleite gegangen.

Das war ein Thema für Otto Reutter. Als Reisender mit einem Köfferchen in der Hand ließ er das spektakuläre Ereignis im Bänkelsängerstil auf der Bühne noch einmal Revue passieren:

Strömt herbei, ihr Völkerscharen!
Säumet nicht und rüstet euch,
ob ihr jung, ob alt an Jahren,
ob ihr arm seid oder reich!
Länger dürft ihr hier nicht weilen,
alle müßt ihr mit mir zieh'n,
müßt mit mir zur Hauptstadt eilen,
nach der schönen Stadt Berlin.

Auf dieses euphorische Auftrittslied folgte der prosaische Teil. »Ja, meine Herrschaften! Die Berliner Ausstellung ist zwar verkracht, und das ist ganz natürlich – denn sobald mehr ausgegeben als eingenommen wird, gibt es ein Defizit. Das konnte nicht einmal die Volksernährung verhindern. Aber haben Sie Geduld, meine Herrschaften! Berlin wird gerächt – ich werde ein glänzendes Geschäft machen. Jetzt reise ich nach Berlin und werde dort diese Sachen ausstellen, an denen Sie nichts auszustellen haben!«

Er beginnt nun seinen Koffer auszupacken, holt zuerst ein großes Fragezeichen aus Pappe heraus, danach einen leeren Geldbeutel, den er vor sich herschwenkt. »Hier sieht man: Alles auf der Welt ist eitel. / Das Geld ist futsch, drum zeig' ich nur den Beutel.«

Mit »futsch« waren die viereinhalb Millionen Goldmark, der Garantiefonds für die Ausstellungsgesellschaft, gemeint, zur Schadenfreude sämtlicher anderer Großstädte des Reichs. Zum finanziellen Desaster kam noch harsche Kritik in der Öffentlichkeit an der Konzeption der Gewerbe-Ausstellung. Man hatte wohl die modernsten Exponate aller Industriezweige wirkungsvoll präsentiert, jedoch einen wesentlichen Faktor des imposanten wirtschaftlichen Aufschwungs in Deutschland völlig ignoriert, nämlich den Menschen in seiner Arbeitswelt. In der demokratischen Presse gab es darüber heftige Debatten. Der christlich-soziale Politiker Friedrich Naumann[1] rügte in seinen »Ausstellungsbriefen«, die in verschiedenen Tageszeitungen und anschließend auch als Buch erschienen sind, daß die Ausstellung in diesem Punkt nicht auf der Höhe der Zeit gewesen sei. »Es ist eigentlich unerhört, daß man sich auf einer Gewerbeausstellung so wenig um den Arbeiter kümmert wie in Berlin. Man hat Augen für alles, aber nicht für den Menschen.«

Wie sah Reutters Kommentar dazu aus? Er griff das in seinem Koffer mitgeführte Fragezeichen und hielt es hoch, zum Publikum hin.

Was Sie hier sehen, find't nicht seinesgleichen,
's ist, wie Sie seh'n, ein großes Fragezeichen.
Zur Antwort ist wohl niemand in der Lage –
das ist und bleibt – die soziale Frage!

Reutter nahm in seinem Ausstellungs-Couplet noch ein anderes aktuelles Ereignis, die Entfernung des damaligen Reichskommissars Carl Peters[2] aus dem Kolonialdienst, zum Anlaß, dessen Willkürregime in Deutsch-Ostafrika, das zu seiner Entlassung geführt hatte, anzuprangern. Peters war berüchtigt für seine Kolonialherrenmethoden, ließ Eingeborene bei geringsten Anlässen kurzerhand aufhängen. Reutter hielt jetzt den Strick aus dem Reisekoffer hoch. Die Verse, die er deutlich akzentuiert dazu vortrug, waren mit dem Begriff humoristisch nicht mehr abzutun:

[1] Friedrich Naumann (1860–1919), bedeutender Politiker innerhalb der christlich-sozialen Bewegung in Deutschland. Mitglied des Reichstags. Gründete 1896 den Nationalsozialen Verein, der sich die Umgestaltung von Staat und Wirtschaft auf sozialer und demokratischer Basis sowie die Gewinnung der Arbeiterschaft für Staat, Nation und ein »soziales Kaisertum« zum Ziel setzte. Stand damit auf dem Flügel der »Jungen« gegen die streng Konservativen um Hof- und Domprediger Stoecker. Naumann ist in den Couplets von Otto Reutter verschiedentlich erwähnt.
[2] Carl Peters (1856–1918), Kolonialpolitiker, Gründer der Kolonie Deutsch-Ostafrika, war der Reichskommissar für dieses Gebiet, wurde 1897 im Ergebnis einer Reichstagsdebatte seiner Ämter enthoben.

An diesem Strick, da hat – ich sag's mit Bangen –
der Peters einst die Schwarzen aufgehangen.
Drum wünsche ich, es könnte mir gelingen,
mit diesem Strick auch Peters umzubringen.

Was das spöttisch bis sarkastisch zugespitzte Ausstellungs-Couplet
für die Innenpolitik, das war sein »Li-Hung-Tschang« für die
Außenpolitik. Worum ging es? Ein chinesischer Staatsmann dieses Namens bereiste in jenen Jahren Europa, darunter auch
Deutschland, um auf eigenmächtige Weise – er war bekannt für
seine diplomatischen Machenschaften – für das Reich in Fernost
industriell und kapitalmäßig interessierte Partner zu gewinnen.
Der bezopfte Chinese zieht in Reutters Potpourri von Bismarcks
Sitz in Friedrichsruh bis hin zu Krupp nach Essen und läßt ihn zu
beschwingter Marschmusik ein Liedchen singen:

So zieh' ich durch die ganze Welt,
so weit die Sonne scheint.
Und wer mir Geld für China pumpt,
das ist mein bester Freund.

Und wenn er nach der Rückkehr von seinem Kaiser gefragt würde,
in welchem Land Sitte und Kultur herrsche, würde er antworten:
»Majestät, da kenn' ich eines nur: Deutschland, Deutschland,
über alles, über alles in der Welt! / Überall herrscht großer Dalles,
nur in Deutschland hat man Geld. / Deutschland hat die meisten
Steuern und das meiste Militär, / Deutschland soll mein Kaiser sehen, nächstens kommt er selber her!«
    Reutter hatte mit diesem Vierzeiler komplizierte Zusammen-
hänge der Diplomatie lustig reimend auf den Punkt gebracht und
scheinbar ganz nebenbei die offiziell beschworene »Größe«
Deutschlands mit dem ostentativen Hinweis auf das Unmaß von
Steuern und Militär witzig-kritisch definiert. Das Allerheiligste
der Nation, das Deutschland-Lied, mußte dafür herhalten. Das alles mag auf den ersten Blick harmlos erscheinen, ist es aber unter
den damaligen Verhältnissen in Anbetracht der in der Öffentlichkeit vorherrschenden Aufwärts- und Vorwärtsparolen nicht
gewesen, eher ein kecker Seitenhieb auf die nationale Phrase, mit

SPIELPLAN DES
APOLLO-THEATERS

DIREKTION J. GLÜCK

Orch.-Dirigent Kapellmeister Paul Kraneis

Bühnen-Dirigent Albert Jaeger

Vom 1. bis 15. März 1911

Mary Dillon
engl. Gesang und Tanz

The 3 Stewards,
Equilibristen

Rudi und Fredi Walker
Neger-Gesang- und Tanz-Duett

Luigi Marabini
Eismodelleur

Agda
excentrische Akrobaten

Bellatzer Sisters
gymnast. Potpourri

Otto Reutter
Humorist

Bros. Identos
komischer Jonglier-Akt

Oscar Coppées
„Rund ums Jahr"

Der Kosmograph
mit neuen Bildern

13

Im Engagement in Düsseldorf.

gefälligem Schmunzeln vorgebracht. Dieses Schmunzeln konnte heißen: Ich meine es nicht so! – Es konnte aber auch, einvernehmlich mit dem steuerzahlenden Publikum sprich der *vox populi* auch heißen und sollte es auch: Hab' ich nicht recht? Ist es nicht so? Der Applaus des Publikums war die zustimmende Antwort auf eine nicht gestellte Frage. Das eben meinte die eingangs zitierte »Düsseldorfer Theaterwoche«, wenn sie von dem »neuen Genre« sprach, das Reutter in die Coupletdichtung eingebracht habe.

Das neue Genre betraf auch die Form und die Art, wie er den Auftritt insgesamt gestaltete. Um von den Zeitereignissen möglichst viele Seiten zu erfassen und zum Kern der Sache vorzudringen, weitete Reutter seine Vortragsnummern zu humoristischen Szenen, sogenannten Original-Kostümszenen, sowie zu humoristischen Potpourris aus. In seinen Programmen der frühen Berliner Jahre finden sich viele solcher Vortragsstücke, die sich mit Ereignissen des öffentlichen Lebens in Deutschland sowie der europäischen und internationalen Politik befassen – mit Anspielungen, Sentenzen und Pointen, die ein informiertes Publikum voraussetzten. Daß Reutter tatsächlich neue Wege ging, erkennt man auch daran, daß seine Couplets nicht mehr im Titel nach der Refrainzeile benannt sind, sondern daß er umgekehrt verfährt und dort, wo er größere Themen oder Aktualitäten vom Tage behandelt, diese bereits in der Überschrift ankündigt. Die besagte Refrainzeile gibt es nicht mehr, dafür gibt es thematisch strukturierte Auftrittsszenen mit bereits programmierten Titeln wie »Ausstellungs-Couplet«, »Li-Hung-Tschang«, »Vom Nordpol zurück«, »Sultan Abdul Hamid« oder »Ferdinand und Boris« – eine Anspielung auf die seit Jahrzehnten anhaltenden Balkankonflikte.

Bei Otto Reutter entsteht im Einklang mit dem fortschreitenden Leben eine neue, moderne Art Gesangshumor, ein größerer Gesamttext mit Untergliederungen; das Couplet ist nur noch ein Teil davon, eingefügt in eine größere Auftrittsszene. Vorherrschend ist die Dreiteilung, das heißt, es gibt ein »Auftrittslied« als Einleitung, einen gesprochenen Teil als »Prosa« und schließlich als dritten Teil das »Couplet«. In dieser Form erscheinen die Stücke auch gedruckt. Es gibt dazu von Reutter sogar noch Regieanweisungen. Die alte Form mit den allzu kurzen Strophen und dem immergleichen Refrain gab für Reutter nichts mehr her. Jedenfalls reichte sie für die Abhandlung großer Themen nicht mehr aus. Zu kurzatmig wäre alles geraten, zu viele Möglichkeiten witzig-amüsanter Schilderung wären verschenkt worden. Indem Reutter jetzt ausholt, entsteht eine freiere, unvergleichlich farbigere Gestaltung des Refrains, jedesmal anders, wie es sich aus dem Ablauf der Strophe sinnfällig ergibt, wobei er sie gleichzeitig gedanklich ausweitet. Vorstellungskraft und Gestaltungsvermögen des kleinen Dicken aus der Altmark haben die frühere Form umgemodelt, er paßt die Formen jetzt den Inhalten an. Die Strophenform nähert sich stark dem satirischen Gedicht, und Reutter selbst beginnt »Geschichten« zu erzählen, produziert sich schauspielerisch als Sänger von humoristischen Bänkelballaden und aufsehenerregenden Begebenheiten wie der Berliner Ausstellungspleite. Diese Geschichte hat ihm seinerzeit besonders in Hamburg, Hannover, Dresden und Leipzig Sonderapplaus eingebracht, wie er in den Jahren darauf nur noch durch seine »Räuberballade« vom Hauptmann von Köpenick überboten wurde.

Unter den aktuellen Titeln neuer Bauart, zuerst vorgetragen am Apollo, befanden sich zwei Erfolgsstücke, die Reutter von hier aus auf alle seine Tourneen durch die Städte des Reichs mitnahm. Das eine hieß »John Bull«[1], das andere »Der Traumdeuter«. Sie lassen beide die neue poetische Verfahrensweise des Zeitbetrachters Reutter erkennen.

»John Bull« ist eine auf gängige Melodien gereimte England-Satire, die den Eroberungskrieg der Briten gegen die unabhängigen Burenrepubliken Transvaal und Oranje-Freistaat zum Inhalt hat. Der historische Hintergrund dazu ist folgender: Die Engländer wollten sich mit Gewalt in den Besitz dieser an Diamantenfeldern und Goldminen reichen Gebiete bringen und führten von 1899 bis 1902 einen sich drei Jahre hinziehenden Krieg, der sich auch auf die schutzlose Burenbevölkerung erstreckte. Es gab eine weltweite Empörung über die vom Empire praktizierte Annexionspolitik gegen das kleine Volk der Buren, die mit einer 60 000

---

[1] John Bull: humoristische Personifikation des britischen Nationalcharakters, geht auf die Satire des englischen Arztes und Schriftstellers John Arbuthnot, »The History of John Bull«, von 1712 zurück.

Mann starken Armee gegen 450 000 Mann der englischen Truppen standen.

Reutter beleuchtete die Vorgänge in genau umgekehrter Optik. Seinem John Bull legte er folgende Worte in den Mund:

Ja, wir sind in der Tat
der wahre Musterstaat.
Wir kennen weder Haß noch Neid,
wir lieben die Bescheidenheit –
und unser Wahlspruch ist und bleibt:
Üb immer Treu und Redlichkeit
bis an dein kühles Grab
und schneide keinen Finger breit
von fremden Ländern ab!

– um nach dieser Einleitung das Kriegsgeschehen zu persiflieren:

Eine Kugel kam geflogen,
die Buren fingen an,
sie wollen uns verderben,
woll'n England sich erwerben,
und Krüger[1] möchte gern
König von England werd'n.

Wie Reutter mit John Bull verfuhr und mit der Politik Englands ins Gericht ging, so gab er seinen humoristischen Kommentar auch zu Wilhelm II. und dessen im Jahre 1898 veranstalteten Palästina-Reise zur Stärkung deutscher Wirtschaftsinteressen im Vorderen Orient ab. Der Vortragende, in ein phantasievolles orientalisches Kostüm gehüllt und ein Traumbuch in der Hand, trat als

---

[1] Ohm Krüger (1825–1904), Präsident der Südafrikanischen Republik Transvaal, weigerte sich gegen den massiven Druck Englands, die Unabhängigkeit der Burenstaaten aufzugeben. Mit Ausbruch des Krieges ging er nach Europa, wo er bei Deutschland und anderen europäischen Mächten vergebens um Hilfe für die Buren und deren Unabhängigkeitskampf nachsuchte. 1902 wurden die besiegten Burenstaaten dem Empire angeschlossen. Die Buren, Nachfahren der im 17. und 18. Jahrhundert ins Kapland eingewanderten Holländer, wurden britische Untertanen.

Traumdeuter mit spitzem Tütenhut, in langsamen, gemessenen Schritten aus den Kulissen, sich dabei tief verbeugend. In den fünfzehn langen Strophen seiner Kostümszene kommen die verschiedensten Personen vor – eine Köchin, eine polnische Gräfin, ein Bankier, ein Sozialdemokrat, eine Spiritistin, der notleidende Landwirt, ein zum Kriegsminister ernannter Politiker, deren Träume von Reutter jeweils individuell entschlüsselt werden. Als Nummer zehn ist Wilhelm II. an der Reihe:

> 's will nach der Sahara ein Kaiser jetzt geh'n,
> der hat eine Fata Morgana geseh'n.
> Er war in der Wüste – und um ihn herum
> war'n lauter Kamele – das war ihm zu dumm.
> Ich sagte: »Freund, der Traum ist gut –
> dich selbst als Kaiser siehste,
> und die Kamele sind dein Volk,
> dafür ist das 'ne Wüste.
> Drum tröste dich, so mancher Fürst,
> der seufzt aus tiefer Seele:
> Wär'n unter meinen Untertanen
> nur noch mehr Kamele!

Eine solche zweideutige Strophe war in Anbetracht der Anonymität der glossierten Person gerade an der Grenze dessen, was der Zensor noch durchgehen ließ. Ansonsten war Reutter nicht der Mann, der sein Publikum während seines Auftritts nur mit einseitig der Politik entnommenen Themen attackierte. Für Lachen war allemal gesorgt, ob es nun um China oder England, um einen von ihm gedichteten Küchenroman von »Martha« und ihrem Rekruten oder um ein Warenhändler-Couplet mit Betrachtungen über Damenstrümpfe ging, bei denen er mit Blick auf das männliche Publikum freizügig mit den Reimen verfuhr:

> Die Damenstrümpfe hier sind die mondänsten –
> grad wo sie aufhör'n, werden sie am schönsten!

Adresse: »Wintergarten« Berlin

1899 tritt im Leben Otto Reutters ein Ereignis ein, das seine berufliche Existenz in völlig neue Bahnen lenkte und ihn in wenigen Jahren dem Gipfel seiner Laufbahn entgegenführen sollte. Er erhält sein erstes Engagement am »Wintergarten«, dem Weltstadtvarieté der Reichshauptstadt. Hierher verpflichtet zu werden war der Traum aller Artisten, bedeutete es doch Anerkennung einer überragenden Leistung und mithin Empfehlung für alle Bühnen des Kontinents und darüber hinaus für Amerika.

Dieses Varieté am Bahnhof Friedrichstraße bestand seit 1887 und war ein Teil des Central-Hotels, das es – ursprünglich ein echter Wintergarten – vom Eingang Dorotheenstraße bis zur Bahnhofseite Georgenstraße in einer Länge von 75 Metern durchquerte. In seiner imposanten technischen Konstruktion wie seiner Ausstattung war es ein Abbild solidester Repräsentanz, das dem übrigen Reich, in erster Linie aber dem wilhelminischen Berlin und seinem zunehmenden Fremdenverkehr ein modernes, attraktives Gesicht geben sollte.

Seit Reutters Schulzeit hatten sich die Verhältnisse auch in Berlin von Grund auf verändert. An der Stelle, wo 1882 der heutige Bahnhof Friedrichstraße eröffnet wurde, befand sich 1875 noch der Holzbau des Zirkus Renz mit dem alten Stadtpark, unter dessen hohen Bäumen der Berliner seine Weiße trank. Innerhalb von drei Jahren hatte das Aktienkapital der Unternehmer mit dem ländlichen Aussehen der Berliner Innenstadt radikal Schluß gemacht. 1880 waren die grünen Bäume abgeholzt, die Eisenbahn-Hotel-Gesellschaft errichtete in nur zweijähriger Bauzeit den mächtigen Komplex des Central-Hotels, von dem man nun direkt in die City mit der Prachtstraße Unter den Linden gelangen konnte.

Das erste Bild des ursprünglichen Wintergartens, das in der »Leipziger Illustrirten Zeitung« vom 16. Oktober 1880 erschien, zeigt noch eine riesige, glasüberwölbte Halle, die mit ihrer 2300 Quadratmeter großen Fläche, den Palmen, Schlingpflanzen, Lorbeerbäumen, Blumenarrangements sowie Grotten und Nischen mit zierlichen Wasserspielen ganz den Eindruck eines botanischen

Gartens erweckte, weniger eines Varietés. Das ganze Jahr hindurch fanden hier Soireen, Bälle, die Festkommers der Berliner Studentenschaft, auch Ausstellungen sowie zur Unterhaltung der Hotelgäste Konzerte und Liederabende statt, bis 1886 der ungarische Theatermann Baron auf die Idee kam, in diesem Hotel-Wintergarten nach Wiener Muster allabendlich Varietévorstellungen zu geben. Er mietete das Etablissement, das bereits über ein kleines Podium verfügte, ließ einen passenden Bühnenrahmen herrichten und schloß sich mit dem Schauspieler Franz Dorn, der als Berliner die Konzession bekam, in Personalunion zur »Wintergarten«-Direktion Dorn und Baron zusammen.

In den Zeitungen konnte man nun Annoncen lesen, die das Publikum der verschiedenen anderen Spezialitätentheater, darunter Wallner-, Reichshallen- und Panopticum-Theater, in den »Wintergarten« locken sollten.

Wintergarten = Theater
Vornehmstes Etablissement Berlins
Täglich große Spezialitäten=Vorstellung
Auftritt nur Künstler allerersten Ranges

Entreé 1 Mark

Anfang an Wochentagen 7½ Uhr, an Sonn= und Feyertagen 6½ Uhr.   Ende gegen Mitternacht.

Berlin war die Stadt der Superlative, überall ging es vorwärts. Die von Dampf, Elektrizität, Unternehmerkapital und technischen Erfindungen rapide vorangetriebene wirtschaftliche Entwicklung der achtziger und neunziger Jahre, die Konzentration der Industrie, der Banken und des Finanzkapitals in Berlin blieb nicht ohne Auswirkung auf die technische und künstlerische Entwicklung des Varietés. Mit den alten Spezialitätentheatern ging es zu Ende. Was diese volkstümlichen Singspielhallen der Vorstädte jedoch an guten gesanglichen, tänzerischen und artistischen Darbietungen hervorgebracht hatten, fügte der »Wintergarten« nun

Der »Wintergarten« – Bühne und Zuschauerraum um
1900.

im großen Stil mit modernster Ausstattung und Bühnentechnik zu einer neuen Programmform zusammen. Ein Vergleich der Programmzettel von 1887 und 1905/06 macht deutlich, daß das anbrechende 20. Jahrhundert auch ein neues Jahrhundert für die Varietékunst war.

1887 bestand ein »Wintergarten«-Programm noch ausschließlich aus musikalischen Darbietungen, wie sie im folgenden aufgeführt sind:

»Fünf einleitende Orchesterpiecen, eine Liedersängerin, eine Opernsängerin, ein primo Tenore, ein provençalisches Quartett, ein spanisches Sextett, eine Salon-Jodlerin, ein Wiener Duettisten-Paar, drei kleine Xylophon-Virtuosen und Vorträge des Haus-Orchesters und der Magnaten-Kapelle des Vörös Miska.«

Die Saison 1905/06 weist dagegen schon eine repräsentative Liste erstrangiger artistischer »Specialitäten« auf, die das Wesen des Varietés ausmachen:

Loie Fuller, Tänzerin
Paul Spadoni, Jongleur
Otto Reutter, Humorist
Ernst Perzina, dressierte Affen
John Tiller, Ballett
Stein-Eretto, Handspringer
Otéro, Tänzerin
Mistinguett, Sängerin
Will Rogers, Lassowerfer
Patty-Frank-Truppe, Akrobaten
Saharet, australische Tänzerin
Miss Orford, dressierte Elefanten
Tortajada, spanische Tänzerin und Sängerin

Als Reutter im Silvesterprogramm 1899 sein Debüt im »Wintergarten« gab, hatte dieses Haus also schon den ersten Abschnitt seiner Geschichte hinter sich. Bei seinem zweiten Auftritt stand Reutter bereits auf der technisch modernisierten Bühne unter dem phantastischen Sternenhimmel, wie er im Mai 1900 erstmals angebracht worden war und über Jahrzehnte das strahlende Wahrzeichen dieses Theaters der leichten Muse bleiben sollte.

Der »Wintergarten« verhalf Reutter zu seinem einmaligen Aufstieg in die Sternenwelt der artistischen Künste, aber es ist auch umgekehrt richtig, daß Reutter mit seinem Repertoire und seinem Können den Ruf des »Wintergartens«, führend in der Welt zu sein, mitbegründete. Es war jetzt nicht mehr so, daß die Berliner Direktoren oder deren Agenten nach London und Paris fuhren, um Attraktionen an die Spree zu holen, sondern man kam aus dem Ausland nach Berlin, um hier an der Friedrichstraße Kontrakt zu machen, wie es damals hieß. Der »Wintergarten« war Artistenbörse, Maßstab für Spitzenleistung und Ausgangspunkt glänzender Karrieren.

Hieß es auf Ansichtspostkarten und in Stadtführern schon vom Central-Hotel »The Leading Hotel of Germany«, so traf dieses Prädikat erst recht auf seine hauseigene Varietébühne zu. Der »Wintergarten«, der ein internationales Publikum hatte, wurde von nun an für jeweils ein bis zwei Monate im Jahr Otto Reutters Arbeits- und Auftrittsort. Hier fand er die Stoffe für seine neuesten Couplets, hier studierte er den schlagkräftigen Berliner Witz, der seinen Strophen das unverwechselbare Kolorit gab, und hier lernte er auch viele Kollegen kennen, mit denen ihn manch heiteres und merkwürdiges Erlebnis verband.

Zwölf Jahre »Wintergarten« – das hieß, daß schon eine beachtliche Zahl von Varietégrößen auf dieser Bühne gestanden hatte.

Mit ihnen auf der Bühne: Die Original Five Sisters Barrison aus Amerika waren die erste Girltruppe auf dem
Kontinent.

Bevor Reutter die neuen Schlagzeilen für den »Wintergarten« lieferte, waren die puppig-blondgelockten angelsächsisch-dänischen »Five Sisters Barrison« die große Sensation gewesen. Sie brachten schon für damaligen Geschmack reichlich alberne Songs nach Berlin und gefielen damit, besonders mit dem Schlager »Linger longer, longer linger, linger longer, Loo«.

Mochten die Texte der Liederchen auch weiter nichts bedeuten – es war Englisch, es war komisch, und die Sisters in ihrer Elfenhaftigkeit und mädchenhaften Erotik waren »entzückend«. Ihr Auftreten auf dem Kontinent bedeutete für Deutschland das Ende des Makart-Stils, der Tingeltangel-Heroine und den Durchbruch eines freieren, auf natürlicher Fröhlichkeit beruhenden Unterhaltungsstils. Außerdem ließen sich ihre Gesänge leicht kopieren oder nachplappern:

Papa, buy me a Wauwau!
I have a little cat,
I like her like a pet,
But I want to have a Wauwau wau.

Papa, kauf mir einen Wauwau!
Ich hab' ein kleines Kätzchen,
das lieb' ich wie mein Schätzchen,
doch möcht' ich einen Wauwau wau!

Die fünf Katzensisters – es sollen leibliche Schwestern gewesen sein, ob das tatsächlich stimmte, sei dahingestellt, fest steht dagegen, daß sie die erste Girltruppe auf der Bühne waren, denn sie tanzten auch zu ihrem Singsang – erschienen um 1895 als koloriertes Konterfei auf Aschenbechern, Gläsern, Vasen und sonstigen Souvenirartikeln. Man sah sie an den Litfaßsäulen, in den Zeitungen und als Schaufensterdekoration, so daß der Berliner Volksmund – Was zuviel ist ist zuviel! – die Sisters von jenseits des großen Teichs, die für den Berliner Geschmack etwas zu dünne Beinchen hatten, bald mit dem drastischen Vers verulkte:

Ob Hammelkotlett, ob Schweinekotlett –
Die Beene der Sisters werden nich fett!

Filmreklame für den »Wintergarten« bereits 1895.

Fast genausogut wie die neckisch-modischen Liederchen der Barrisons gefiel den Berlinern der »Rixdorfer«, der von Littke-Carlsen, einem Tanz-Caricateur mit überlangen Beinen und Offizierstaille, auf der Bühne des »Wintergartens« kreiert wurde. »In Rixdorf is Musike – Musike – Musike« – ein Evergreen unter den Altberliner Polkaweisen – ist bis heute populär geblieben.

An das Varieté am Central-Bahnhof Friedrichstraße kam aus Paris auch die *grande dame* des Chansons mit den langen schwarzen Handschuhen und brandrotem Haarschopf, Yvette Guilbert. Sie brachte die neue Kunstform Chanson nach Deutschland, die man hier zuvor nicht kannte, und wurde mit ihrem künstlerisch vollendeten Stil, das heißt einem schauspielerisch hochkultivierten Lied- und Chansonvortrag, das Vorbild für eine gesamte Generation Berliner Diseusen, unter ihnen Fritzi Massary, Marlene Dietrich und Trude Hesterberg.

Eine weitere Sensation für dieses Haus war 1895 die Welturaufführung der neuen Kunstform Film. Ihre Erfinder, die Brüder Skladanowsky, zeigten im »Wintergarten« zum ersten Mal ihre »lebenden Bilder«, Bioscop genannt, die von da an als letzte Programmnummer zu einer ständigen Einrichtung der »Wintergarten«-Vorstellungen und des Varietés generell wurden. Wo Otto Reutter auftrat, gab es immer auch Kintopp. Nicht zu vergessen, daß die von Exotik und Erotik umgebenen tänzerischen Schönheiten – die Saharet, die Fuller oder die Otéro mit den beiden Worten *La belle* im Namen – Magnete für den »Wintergarten« waren, die mit ihren Amouren und Affären die Spalten der Zeitungen füllten, weil sie auch die Kreise des Hofes tangierten und natürlich von Otto Reutter im Couplet apostrophiert wurden:

Hat die Otéro Wiegenfest,
will ich dies Album geben.
Da sind die ganzen Männer drin,
die sie gekannt im Leben.
»Ach«, sagt sie, »jeden einzelnen
behalt' ich als Vermächtnis.«
»Was?« sagt' ich, »alle kennst du noch?
Was hast du für'n Gedächtnis!!!«

Reutters Karikatur aus dem Album des amerikanischen
Zeichners Peter Richards, entstanden 1909.

Reutter ließ sich gern mit diesen Schönheiten zusammen fotografieren. Zum Karneval 1908 erschien er auf der Titelseite der »Berliner Illustrirten Zeitung« zusammen mit der Saharet, dem Cancan-Idol der Zeit, das viele Jahre lang als Königin dieses aus Frankreich stammenden furiosen Tanzes mit Reutter in den Programmen auftrat. Sie wurde von berühmten Malern porträtiert, hat die Plakatmaler zu Kunstwerken inspiriert und den Lyriker Otto Julius Bierbaum, einen der geistigen Väter der neuen Varieté- und Brettlmuse, zu einer charakteristischen Bemerkung veranlaßt, in der sich die allgemeine Stimmung der Zeit ausdrückte:

»Die Linien, Farben, Bewegungen, die mir die Saharet, die Loie Fuller zeigten, sind mir ein schöneres Schauspiel als ein gut Teil dessen, was mir die große Oper, das große Drama beschert, denn sie sind in ihrer Art vollendet ... während ich dort für eine schöne Stimme, für eine starke Darstellungskraft allerhand ästhetische Unzulänglichkeiten mit in Kauf nehmen muß.«

Das Einmalige am »Wintergarten« aber waren und blieben die glanzvollen artistischen Nummern, Darbietungen von zirzensisch zauberhaftem Reiz. Zu solchen Vorführungen allerersten Ranges gehörten die Schwerelosigkeitskunststücke des Exzentrikclowns Little Tich und Woodwards Seelöwen, die mit Reutter am Silvesterabend im »Wintergarten« debütierten.

Der historische »Wintergarten« war das Herzstück weltstädtischer Abendunterhaltung, mit einem internationalen Publikum, aber auch einem Stammpublikum aus allen Schichten der Bevölkerung. Frank Wedekind mit seiner Tilly kam ebenso hierher wie Kurt Tucholsky mit seiner Claire; für den Diplomaten, den italienischen Gasttenor oder den Redakteur hatte dieses Theater im privaten Leben die gleiche Bedeutung wie für den Bierwagenkutscher, die Portiersfamilie Kulicke oder Onkel Fritz aus Neuruppin. Den billigsten Entréeplatz von einer Mark konnte sich jeder leisten.

Bei der allgemeinen Beliebtheit und dem Rang, den diese Bühne im gesellschaftlichen Leben der Kaiserstadt Berlin einnahm, wundert es nicht, daß in den Jahreskalendern, die in Buchform vom Großkaufhaus Hertzog mit Sitz Breite Straße und Brüderstraße für jedes neue Geschäftsjahr unter die Kunden gebracht wurden, dem »Wintergarten« ein eigener Abschnitt vorbehalten war. Die Agenda[1] Rudolph Hertzog 1904: »Den Platz eines großen oder, um in der Bühnensprache zu reden, ›erstklassigen‹ Spezialitäten-Theaters nimmt der Wintergarten ein, dessen effektvoller Sternenhimmel von der hochgewölbten Decke herniederscheint auf des Abends stets dichtgefüllten, weiten Saal. Häufig strafen die Darbietungen auf der Bühne das bekannte Wort Ben Akibas:[2] ›Alles ist schon dagewesen‹ Lügen, denn was hier oft in Turn-, Jonglier-, Exzentrik- und sonstigen Sachen geboten wird in stetig wachsendem Wettbewerb, Neues und Ungewohntes zu zeigen, ist erstaunlich. Von ›brotlosen Künsten‹ kann man hierbei nicht sprechen, denn diese Vorführungen ernähren nicht nur ihre Veranstalter sehr gut, sondern ermöglichen es ihnen auch, ein beträchtliches Vermögen zu sammeln, wenn sie dazu Neigung haben.«

Ein Satz, der auch für die Humoristen und für Otto Reutter galt.

[1] Agenda: nach dem Lateinischen: was anliegt, zu erledigen ist. Alte Bezeichnung für Geschäftskalender, Merkbuch oder Preisliste.

[2] Ben Akiba: jüdischer Schriftgelehrter des klassischen Altertums, dessen Ausspruch »Alles ist schon dagewesen« bis in die zwanziger Jahre eine häufig zitierte Redewendung war.

Der Apollo von der Friedrichstraße

Die »Wintergarten«-Direktion Dorn und Baron hatte seit längerem ein Auge auf den Kassenschlager Otto Reutter, der drei Droschkenhaltestellen weiter an der unteren Friedrichstraße sang. Dort, im Apollo-Theater, gab es mit Paul Lincke, Robert Steidl und Otto Reutter ein glänzendes Dreigestirn der vom Gott Apollo inspirierten Muse, während im »Wintergarten« eine Zugnummer dieser Art fehlte. Hier mußte einige Monate lang die Schauspielerin Josefine Dora diese Lücke füllen, eine Wienerin, prädestiniert für die leichte Muse und von Haus aus ein echtes Theaterkind. Über sie war Reutter indirekt schon mit dem »Wintergarten« verbunden, denn der Text ihres Schlagers, der ihr den großen Erfolg und für acht Monate ständige Verlängerung des Engagements sicherte, stammte von ihm, die Musik von Wilhelm Aletter: »Ich bin eine Witwe, eine kleine Witwe, bin das Küssen so gewöhnt, daß ich's nicht lassen kann. Ich bin eine Witwe, eine kleine Witwe, und wer Courage hat, das wird mein dritter Mann.«

Die so offenherzige Beichte einer liebesbedürftigen Person mit nicht unerheblichen weiblichen Reizen – »Bin einundzwanzig, fesch und patent« – war für Berlin ein neuer Ton im Zeichen der gerade aufkommenden Operette an der Spree. Reutter hatte es wieder einmal genau getroffen, galant und pikant. Den Verfasser der schönen jungen Witwe mußte man fürs eigene Haus gewinnen, denn wenn die kleine Witwe einmal keine Witwe mehr sein würde, stand es schlecht um den »Wintergarten«. Wer sollte ihr Nachfolger sein? Die Witwe zum Preis von einer Mark fünfzig wurde 1898 als Notendruck mit der Aufschrift »Josephine Doras neustes Sensations-Couplet« vom Musikverlag Bosworth & Co. mit Sitz in Leipzig, London, Paris und Wien in vielerlei Bearbeitung als Rheinländer für Klavier, Orchester, Pariser Besetzung sowie Militärmusik und sogar als Militärmarsch in der Bearbeitung von Ziehrer vertrieben. Ein Varietéunternehmen konnte davon nur profitieren.

Durch Theateragenten ließ man bei Reutter zunächst vorfühlen, ob Chancen für den »Wintergarten« bestünden. Als es schließlich zu persönlichen Verhandlungen kam, zögerte er, seine Zusage zu geben. Es sah so aus, als ob die Gespräche im Sande ver-

Das berühmte Kopf-Plakat.

liefen, Reutter wollte schon gehen. In diesem Moment soll Direktor Baron zu ihm gesagt haben: »Ich bin noch nie einem Artisten nachgelaufen, aber ich bitte Sie, Herr Reutter, jetzt hierzubleiben!« Reutter überdachte blitzschnell die ungeahnten kommerziellen Chancen aller seiner kleinen und großen »Witwen« einschließlich der »Li Hung Tschangs« und willigte in den Vertrag ein. Das Dableiben bedeutete für ihn die Summe von sechstausend Goldmark im Monat – eine Gage von traumhafter Höhe.

Obwohl Reutter in den Annoncen des »Apollo« schon hervorgehoben war, erschien er in den Anzeigen des »Wintergartens« für den 31. Dezember 1899 überhaupt nicht als Name. Direktor Baron versteckte seine Neuerwerbung, mit der er ins neue Jahrhundert gehen wollte, vielsagend unter der Ankündigung »10 Debüts«, sicherlich in der Berechnung, daß er mit dieser Silvesterrakete um so mehr für Überraschung sorgen würde. Für Reutter erforderte das Debüt am neuen Haus besonders sorgfältige Überlegung für die Zusammenstellung des Programms. Die Novitäten mußten vornean stehen, dazu aktualisierte Erfolgsnummern mit Berlinischer Note, von denen er sich besonderen Effekt versprach. Jedermann kam schon in Silvestervorstimmung ins Theater, was lag da näher als ein humoristischer Ausblick unter der Schlagzeile »Ach, wie fein wird's in hundert Jahren sein!«. Da würde es keine Zivilisten mehr in Deutschland geben, verkündete er dem erstaunt lauschenden Publikum. Wieso? Ganz einfach, das hatte ja der Kaiser selbst verlautbart, als er, ein Jahr war's gerade her – vor Marinerekruten in Wilhelmshaven seine machtbetonte Rede hielt mit den Worten: »Denn wo der deutsche Aar Besitz ergriffen und die Krallen in das Land hineingesetzt hat, das ist und wird deutsch bleiben!« Überhaupt sehe es auf der Welt ganz anders aus, wie sich jedermann denken könne, schlußfolgerte Reutter.

Deutschland, Deutschland über alles, heißt es dann.
Ja, in Asien, in Australien und Amerika
spricht man deutsch, denn es sind deutsche Kolonien da.
Dazu braucht man selbstverständlich eine Menge Militär.
Zivilisten gibt's dann überhaupt nicht mehr!

Zur nächsten Frage: Wie würde in hundert Jahren die Architektur

Berlins aussehen? Selbstverständlich ebenfalls in majestätisch kaiserlichen Größenordnungen. Kein Haus unter zwölf Etagen, jedes ein Palast, über jeder Straße ein Dach aus Glas. »Wenn's dann regnet oder schneit, dann wird kein Mensch mehr naß.« Wundervoll.

In den Zeitungen hatte man es ja gerade gelesen, daß sich vorausschauende Architekten mit der glasüberdachten Stadt als Zukunftsmodell beschäftigten. »Und des Nachts, wenn's dunkel wird, da ist vor jedem Haus ein Licht. Das brennt mal elektrisch – und mal brennt's auch nicht!« Genau so war's! Im kalten Winter 1899 fiel die elektrische Straßenbeleuchtung Berlins ständig aus. In den Straßen war es dunkel, die Straßenbahnen standen still. Es gab Unmut und laute öffentliche Kritik an den Zuständen. Für Reutter kein Grund zur Aufregung, weil in hundert Jahren sowieso kein Mensch mehr zu Fuß gehe, Verkehr wie bisher gebe es nicht mehr – »Nur per Luftballon fährt jeder dann umher.«

Ach, wie fein wird's in hundert Jahren sein! Immer neue Varianten findet er auf seinen Reim:

In 'nem einz'gen Laden kauft man alles ein
(weil es keine Spezialgeschäfte mehr gibt)
Eine neue Mode ist dann allgemein
(die Frauen tragen Herrenkleider, der Mann hingegen
steckt in Unterrock, Korsett und Kleid)

Phonographen gibt es dann bei Groß und Klein
(Was man spricht, nimmt der gleich auf, und der Kinematograph bringt's Bild darauf)

In Berlin, da ist es dann besonders fein
('s gibt, manch neue Gegend hat's, 'ne Bebelstraße und 'nen Liebknechtplatz)

Und schließlich regierten die Frauen auf der Welt allein, meinte Reutter mit der Warnung an die Männer, die dann nichts mehr zu lachen hätten.

Und will dann mal der Mann des Abends aus dem Haus –
ohne Dam'nbegleitung darf er gar nicht raus.

Zwei Prominente: Otto Reutter mit der Tänzerin Saharet als Karnevalspaar.

Ja, der Mann, der zieht die Kinder groß – das ist doch hart!
Sie bekomm'n von ihm die Milch – der frommen Denkungsart.
Doch daß der Mann die Kinder großzieht – das genügt der Frau
    noch nicht,
nein, sie hätt's am liebsten, wenn er sie gleich *kriegt!*

Nach elf Strophen humoristischer Zukunftsmalerei hielt Reutter
in seinem Singsang einen Moment inne und ließ seine kugelrun-
den Augen vielsagend auf den Zuschauerreihen ruhen, um seinen
Jahrhundertausblick mit einem Tusch zu beenden:

Was in hundert Jahren alles noch passieren kann,
das geht uns, wenn ich es recht bedenke, gar nichts an.
Diese Sorge überlassen wir dem kommenden Geschlecht.
Hoch die Gegenwart! Der Lebende hat recht!

Zur Zeit seines »Wintergarten«-Debüts hatte Reutter schon damit
begonnen, Parodien auf das Berliner Theaterleben zu verfassen,
die seinem Repertoire neue Farbtupfer hinzufügten. Sein Parade-
stück auf diesem Feld war »Die versunkene Glocke« nach dem
gleichnamigen Bühnenstück von Gerhart Hauptmann, das an allen Theatern en vogue war. Hauptmann stand mit seinen großen
Bühnenerfolgen – den »Webern«, dem »Biberpelz«, »Hanneles
Himmelfahrt« und »Florian Geyer« – bereits auf olympischen
Höhen, als die Besucher des »Wintergartens« die Geschichte von
der »Versunkenen Glocke« noch einmal von der Bühne herab zu
hören bekamen. Diesmal als Lachstück.
    Bei Hauptmann handelte es sich um eine im Zeichen der Neu-
romantik stehende Märchendichtung um den Glockengießer
Heinrich, der als Symbol für die Existenz- und Schaffenskrise einer Künstlernatur steht. Böse Mächte, Berggeister, haben seine
Glocke in den See hinabgestoßen. Er ist darüber verzweifelt, verläßt Weib und Kind, um mit Hilfe des Rautendeleins, einer ihm in
Liebe zugeneigten Elfe, eine neue Glocke zu erschaffen. Doch zer-
bricht sie ihm, er vermag die Erdenschwere nicht zu bezwingen.
Ein letzter Versuch, mittels Zaubertrank seine Schöpferkraft
zurückzugewinnen, endet damit, daß er den Tod findet. Die Uner-
lösbarkeit der Künstlerseele – ein höher waltendes Gesetz.

Humorist Reutter wendet die komplizierten Innenwelten der Hauptmannschen Dichtung um und verwendet die Fabel zur derb-fröhlichen Verspottung der Bohemewelt und der bürgerlichen Versorgungsehe. Die Elfe ist bei ihm ein ehrgeiziges, berechnendes Wesen, das seinen Heinrich von Erfolg gekrönt sehen möchte und ihn zur Arbeit antreibt.

»Gieße, Heinrich, gieße!«
Sprach sie zum Heinerich.
»Von der Stirne heiß
rinnen muß der Schweiß!
Gieße zu mit Fleiß –
du kriegst den ersten Preis!«

Bis Heinrich eines Tages alles satt hat, verlockt vom Tingelinge-ling[1] verschwindet und Rautendelein einfach sitzenläßt. Diese be-sinnt sich jetzt auf einen Alten, den Nickelmann, der am Wasser wohnt und den sie früher hat abblitzen lassen. Den will sie nun nehmen, damit ihr Kindchen einen Vater hat und sie selbst ver-sorgt ist. Ihre Tante findet den Plan grandios, mit dem Wortspiel »Der Alte sitzt im Wasser und hat die Hand voll Moos«. Rauten-delein flüstert dem Alten zuvor etwas ins Ohr, ein Geständnis, worauf der Alte nur abwinkt:

Schad't nichts, macht nichts, ist mir einerlei!
Schad't nichts, macht nichts, was ist denn auch dabei!
Glücklich ist, wer vergißt,
was einmal nicht zu ändern ist.

– um sie anschließend beim Wickel zu nehmen und mit ihr im Brunnen zu verschwinden. Alles Profane des Lebens und der Liebe endet wie im richtigen Märchen:

[1] Das Tingelingeling: Couplet, wurde durch Robert Steidl vom Apollo-Theater zu einem Modeschlager der Zeit, schildert ein komisch amouröses Erlebnis mit ei-ner von der Damenkapelle im Tingeltangel zu dem Refrain: »Sie spielte da das Tingelingeling von sieben bis um eins, und hat mit ihrem Tingelingeling mein Herz geknickt wie keins.«

In einem kühlen Grunde
sind sie im Brunnenloch.
Und wenn sie nicht gestorben sind,
dann leb'n sie heute noch.

Das Originelle an diesem Potpourri Reutters war, daß er sein
»Stück« weitgehend aus Zitaten von Volksliedern, Schlagern,
Schiller-Versen und sonstigem populären Liedgut zusammen-
baute, ohne scheinbar die Dichtung Hauptmanns in Frage zu stellen. Letzten Endes tat er es doch, indem er mit seiner Interpreta-
tion der »Versunkenen Glocke« aus der Distanz der Ironisierung
das »höhere Geschehen« auf die Erde zurückholte und auf die
Realitäten des Lebens verwies.

Eine literarische Satire im streng literaturwissenschaftlichen
Sinne war das Reuttersche Opus wohl nicht. Darin hat Max Herrmann-Neisse mit seinem Urteil recht. Das konnte es gar nicht
sein, da diese Verse fürs Ohr bestimmt waren und im Vortragsstil,
halb singend, halb sprechend, der Melodie der verwendeten Lied-
zeilen folgen mußte, aber als eine Verssatire auf ein Werk der
Literatur kann man es durchaus bezeichnen. Reutter machte 1899
nichts anderes als Max Reinhardt, der als junger Schauspieler
1901 in seinem Parodientheater »Schall und Rauch«, einige
Häuser weiter Unter den Linden, in der Vermischung von Schil-
lerschen und Hauptmannschen Stilmerkmalen die »Weber«
kabarettistisch verulkte, mit dem gleichen Ziel, die Zuschauer
amüsant zu unterhalten. Diese Theaterparodien sind nicht deshalb literarischer, weil sie von Reinhardt stammen. Sie sind nur
anders. Reutter wie Reinhardt haben die Gesetze des Genres be-
achtet und jeder auf seine Weise etwas Gelungenes geschaffen. Bei
Reutter kommt noch hinzu, daß er bereits vor 1900 auf der Bühne
vorgemacht hat, was Schriftsteller und Schauspieler nach 1900 als
neu fürs Brettl entdeckten.

Im Falle Reutters kommt noch eine weitere Überlegung hinzu.
Er steht mit seiner Art in der Tradition der Volkssänger und zugleich auch in der Tradition der spöttischen Volksdichtung, die sich
vornehmlich des Knittelverses bediente und immer neben der
Kunstdichtung einherging, für sie ein Reservoir bildend, was Ursprünglichkeit und Bildhaftigkeit der Sprache betraf. Diese ele-

mentare Spottdichtung hat dem Volk auf der Gasse schon immer nähergestanden als der Gelehrtenstube, aus der man oft auf sie herabsah, obwohl Goethe in seinem »Faust« dem Knittelvers wieder Heimatrecht in der Literatur verschaffte, Schiller und Uhland von diesem Versmaß Gebrauch machten und in neuerer Zeit Frank Wedekind mit seinen Bänkelballaden, desgleichen die »Simplicissimus«-Satiriker um Ludwig Thoma.

Volksdichtung derb naiver Art war zu jeder Zeit auch Volksvergnügen, das sich um Wertung oder Einordnung vom Standpunkt des Katheders nie geschert hat, eher noch lustig gemacht, jedenfalls die Objekte seiner Spottlust nie hat vorschreiben lassen, noch weniger die Form. Es galt nur ein einziger Maßstab: Erlaubt ist alles, was gefällt, und Reutter mit seiner Grazie und seiner Haartolle gefiel eben den Leuten, gerade wie er in seiner spitzbübischen Art ein gedankenschweres Drama von der entgegengesetzten Seite her betrachtete und »demontierte«. Die Elfen und Waldgeister der schlesischen Sagenwelt, die bei Hauptmann weben und streben, haben dem Parodisten Reutter die Arbeit sicher leichtgemacht. Wiederum paßte das Heitere und Übermütige im Witz mit dem Erscheinungsbild des Vortragenden zusammen, so daß Max Herrmann-Neisse als Kabarettkritiker in der Betrachtung der »Versunkenen Glocke« und der sprachkünstlerischen Leistung Reutters sagen konnte: »Reich an intellektuellem und lautlichem (Mutter)Witz.«

Die Zweckheirat sprich Versorgungsehe zwischen dem betagtbemoosten Alten und der jungen Elfe mit ihrem in Nickelmanns Ohr geflüsterten Geheimnis aus der Liebesbeziehung zu dem »sanften Heinerich«[1] war der Grund, warum die »Versunkene Glocke« von der Zensur seinerzeit beanstandet wurde, so daß eine Wiederaufführung erst nach langwierigen Auseinandersetzungen und von Reutter angebrachten Korrekturen gestattet wurde. Es ging den Behörden wie immer um die Frage, inwieweit die Grenzen des Schicklichen gewahrt blieben oder Anlaß gegeben war,

[1] Sanfter Heinrich: Altberliner, seit der Biedermeierzeit gebräuchlicher Ausdruck für Rum mit Kirschbranntwein, kam zu literarischen Ehren in einem Tanzbodenlied, dem sogenannten Dischbraziohns- oder Sanfter-Heinrichs-Walzer, der den Alkohol als Therapie gegen Verzweiflung (disperazione) empfiehlt. War als koloriertes Flugblatt über ganz Deutschland verbreitet.

der geeignet erschienen wäre, als Verstoß gegen die Sittlichkeit angesehen zu werden. Welche Lächerlichkeiten die Zensur sich dabei leistete, hat Reutter mehrfach in seinen Couplets, Briefen und Betrachtungen geschildert.

Dem »Wintergarten«-Engagement Otto Reutters verdankte die Varieté-Geschichte noch ein weiteres klassisches Opus seiner Feder, das nahezu fünfzehn Jahre lang an der Spitze seines Repertoires gestanden hat und ebenso lange auf der Erfolgsliste der humoristischen Schlagerlieder – ein Couplet, das er zwar schon am Apollo-Theater aus der Taufe gehoben hatte, aber erst jetzt, mit seinem Wechsel an den »Wintergarten«, seinen Siegeszug durch alle Varietés, Konzertgärten, Caféhäuser und Familiencabarets antrat. Das war der »Onkel Fritz aus Neu-Ruppin«.

Der Name der brandenburgisch-preußischen Garnison- und Kleinstadt, gerade mal fünfzig Kilometer von Berlin entfernt, stand stellvertretend für Provinz und eine gewisse Weltferne seiner Bewohner. Moderato, fast gemütlich, beginnt seine nach dem Leben erzählte Geschichte.

Ich habe einen Onkel,
der wohnt in Neu-Ruppin.
Der war in seinem Leben
noch niemals in Berlin.
Drum schrieb ich ihm: »'s ist ganz egal,
Du kommst jetzt und besuchst mich mal!«
Da fuhr der gute Alte
hinaus aus Neu-Ruppin.
Nun sah mein lieber Onkel Fritz
zum ersten Mal Berlin.
    Onkel Fritz aus Neu-Ruppin
    ging spazieren in Berlin.

Der biedere Onkel ist für Reutter das poetische Vehikel, um das vielgepriesene Leben der Reichshauptstadt mit seinen preußischen Zügen etwas genauer unter die Lupe zu nehmen.

Er ging durch alle Straßen
und sah sich alles an.

117

Notentitelblatt des Schlagers von 1905.

Er blieb auch manchmal stehen,
da kam ein Schutzmann ran.
Der sagte: »Bleib'n Se hier nich steh'n,
Sie müssen auseinandergeh'n!«
Da sprach mein lieber Onkel:
»'s herrscht Ordnung in Berlin –
wir machen auf der Straße
was wir woll'n in Neu-Ruppin.«

Onkel geht auch in eine moderne Kunstausstellung der Berliner Sezession mit Bildern, wie er sie noch nie gesehen hat. Die Bäume waren bläulich, der Himmel grün – »da lob' ich mir ein Bild von Gustav Kühn aus Neu-Ruppin«.[1]

Etliche Abenteuer erwarten den guten Alten auf dem großstädtischen Pflaster, dem er nie und nimmer gewachsen ist. In der Siegesallee im Tiergarten hinter dem Brandenburger Tor wollte er sich von den Strapazen bei einem Spaziergang etwas erholen. Gerade als er bei den fürstlichen Standbildern angekommen war, wurde ihm übel, drum spuckte er mal aus. Das hätte er nicht tun sollen, weil sofort ein Schutzmann auf ihn zukam. »Ich hab' geguckt, Sie hab'n ein Denkmal angespuckt!« – »Ich konnt' ja gar nicht anders«, hat Onkel da geschrien, »denn wo der Mensch auch hinspuckt, steht ein Denkmal in Berlin!«

Als er schließlich vom Tanzvergnügen im Ballhaus spät nachts nach Hause kam und feststellen mußte, daß ihm Uhr und Portemonnaie fehlten, hatte er genug vom Großstadtleben. Er pumpte sich zwei Taler, kaufte eine Fahrkarte und fuhr wieder heim.

»Und seit der Zeit war Onkel Fritz
nie wieder in Berlin.«

Mit dem »Onkel Fritz« gelang Otto Reutter ein großartiger Wurf. Eine stehende Figur war ins Leben getreten, die ihre Verwandt-

---

[1] Bei dem Buchdrucker und Verleger Gustav Kühn in Neuruppin erschienen die weithin verbreiteten und beliebten Neuruppiner Bilderbogen, auf denen das Weltgeschehen in Form von biedermeierlichen Bilderszenen koloriert dargestellt und ausgeschmückt war.

schaft zu Wilhelm Busch nicht verleugnete. Das Lied war meisterhaft gebaut, hatte nur sechs Strophen, diese waren aber so prägnant formuliert, trafen mit ihrem Witz den Nagel auf den Kopf, daß es zu einem »lachenden Baedeker« durch das Berlin der Jahrhundertwende wurde. Der lapidare Gassenhauer-Refrain »Onkel Fritz aus Neu-Ruppin / ging spazieren in Berlin« blieb für mehr als ein Jahrzehnt Berliner Redensart. Eine Generation lang wurde das Lied gesungen, zitiert, gepfiffen und getanzt. Sein Leipziger Verleger Otto Teich arrangierte es als Rheinländer für Klavier und für Streichmusik und verkaufte es in hohen Auflagen. Bald wurde es auch Nummer eins unter Reutters Schallplatten, die seit 1903 erschienen.

Das Berliner Friedrichstraßenpublikum war von den neuen Piecen so begeistert, daß die Direktion des »Wintergartens« Reutter für einen weiteren Monat prolongierte und für mehrere Jahre im voraus für die Silvestervorstellung und das anschließende Januarprogramm verpflichtete. Reutter hatte sich mit seinem grandiosen Debüt an die Spitze aller deutschen Bühnenhumoristen gesungen – gegen eine wahrlich nicht geringe Konkurrenz. Jetzt konnte man sagen, daß Apollo, der Gott der Dichtung, der Musik sowie Schutzherr aller Musen, von seinem Stammhaus im Apollo-Theater direkt ins Zentrum des pulsierenden Fremdenverkehrs der Kaiserstadt Berlin gezogen war.

Dreißigmal war Reutter von da ab im »Wintergarten« engagiert und feierte mit den Berlinern den Beginn des neuen Jahres. Dreißigmal »Wintergarten« – das hieß, daß ihn allein hier eine in die Millionen gehende Zahl von Menschen gesehen und gehört hatten. Man muß dazu wissen, daß die »Wintergarten«-Bühne für Sprech- und Gesangsdarbietungen nicht eingerichtet war, allein schon aufgrund ihrer Dimensionen. Für alle Humoristen ein schweres Pflaster, Mikrophontechnik gab es nicht. Reutter war allein auf seine Stimme gestellt. Während des Singens stand er ruhig da, verzichtete auf überflüssige und ablenkende Bewegungen. Aber – er hatte das gewisse Etwas. Was Heinrich Mann über das Vortragsgenie Roda Roda, auch im »Wintergarten« engagiert, sagte, daß er die Bühne füllen konnte und das Gesicht habe, das in der Ferne wirke, das genau traf auch auf Otto Reutter zu.

Worin ist nun der tiefere Grund zu suchen, daß Reutter, der

recht zugespitzt formulieren konnte und eine distanzierte Haltung zu vielen Ereignissen und Persönlichkeiten der Zeit zu erkennen gab, von dem Berliner Publikum, das als sehr kritisch, ja mäkelsüchtig mitunter galt, über die Jahre hinweg mit so einheliger Zustimmung aufgenommen wurde – einem Publikum, das sich aus allen Schichten der Bevölkerung zusammensetzte, bei unterschiedlichsten und gegensätzlichsten politischen Ansichten? Die Antwort auf diese Frage ist nicht allein mit dem Hinweis auf die Qualität gegeben, obschon er seinen frühen Ruhm unbestreitbar seinem überragenden Können verdankte. Es war noch etwas anderes. Die Couplets von ihm lassen eine Orientierung auf ein breites Publikum erkennen. Seine Strophen sind so angelegt, daß auf eine scharfe oder verfängliche Bemerkung versöhnliche Töne folgen, auf bissige Satire verständnisvoll einlenkender Humor. Kein Teil des Publikums sollte und durfte durch eine zu weitgehende Invektive verprellt werden. Der goldene Mittelweg war Reutters Straße zum Erfolg. In dieser Hinsicht hat er stets den Rat befolgt, den ihm gleich am Anfang sein Direktor für den »Wintergarten« gegeben hatte: »Sie müssen sich immer in der Mitte halten und nicht zu sehr nach rechts und nicht zu sehr nach links singen, denn wenn Sie zu sehr nach links singen, dann beschweren sich die von rechts – und wenn Sie zu sehr nach rechts singen, dann beschweren die sich von links. Dann sagen sie: Wir verstehen den Reutter nicht!«

Hinsichtlich der bemessenen Mittel zur Ironisierung, Karikierung oder Parodierung politischer Sachverhalte lehnte sich Reutter stark an den »Kladderadatsch«, die humoristisch-satirische Wochenzeitschrift aus den Tagen von 1848 an, die Wert darauf legte, ein Volksblatt zu sein und sich in der Frühzeit ihrer Existenz ganz dem Liberalismus verschrieben hatte; später jedoch, in den achtziger Jahren des 19. Jahrhunderts, sich hinter Bismarck und dessen Politik stellte, ohne ihre grundsätzlich liberale Position aufzugeben. Die Bismarckverehrung des »Kladderadatsch« wirkte maßgeblich auch in das Schaffen Otto Reutters hinein, wie sich an seinem Couplet »Germania« von 1908 ablesen läßt. Der Linie des »Kladderadatsch« folgte Reutter auch, als er 1910 dem konservativen Reichstagsabgeordneten Oldenburg-Januschau wegen des

Satzes vom »Leutnant und zehn Mann« einen witzigen Hieb verpaßte. Oldenburg-Januschau hatte in einer Rede im Parlament die
geltende Reichsverfassung in Frage gestellt mit ausdrücklicher Be-
jahung der kaiserlichen Kommandogewalt, des Offiziersstands und
der altpreußischen Traditionen: »Der König von Preußen und der
deutsche Kaiser muß jeden Moment imstande sein, zu einem Leutnant zu sagen: ›Nehmen Sie zehn Mann und schließen Sie den
Reichstag!‹«

Reutter reagierte darauf mit den Versen:

Wir werden's noch erleben:
Ein Leutnant und zehn Mann
komm'n in den nächsten Tagen
im Reichstag plötzlich an.
Hau'n Singern[1] auf die Finger,
vermöbeln Bebeln[2] dort
und kleben an die Türe
ein großes Schild sofort:
Zu Ende sind die Possen,
der Reichstag wird geschlossen!

Dennoch glückte auch Reutter die Balance zwischen den politischen Richtungen und Standesinteressen nicht immer. 1913
schrieb er an seinen Freund Adolf Neuburger, Inhaber einer Berliner Textilfirma, von einem Zwischenfall, der Beweis dafür war,
daß auch ein Otto Reutter es nicht allen unbedingt recht machen
konnte. »Gestern bin ich von einigen Militärenthusiasten hier
ausgezischt worden. ›Pfui! Reutter runter!‹ und ähnliche Kose-
worte ertönten aus dem Parkett.«

Für die einen war er also zu links, für die anderen zu rechts. Wo
war die richtige Mitte? Mit dem »Streik-Couplet« sicherlich
nicht, weil es die damals von den Gewerkschaften überreichlich
initiierten Streiks und Streikchen bewitzelte, quer durch alle Be-
rufsstände, einschließlich des eigenen. Er hatte eben »Ri-Ra-

---

[1] Paul Singer: sozialdemokratischer Politiker, Mitglied des Reichstags.
[2] August Bebel: Reichstagsabgeordneter seit 1867, Mitbegründer und Führer der
Sozialdemokratischen Partei Deutschlands.

Rücksichten« zu nehmen, wie das Tucholsky für die satirisch-kritische Berufsgilde in Deutschland einmal formulierte. In dieser Rücksichtnahme auf das Publikum des bürgerlich kommerziellen Varietés dürfte der Grund für jene Äußerung aus späteren Jahren zu suchen sein, daß seine besten Couplets diejenigen seien, die er *nicht* geschrieben habe.

Für das aber, was ankam, war der »Wintergarten« mit den jährlichen Engagements der Seismograph. Mit den hier kreierten neuen Nummern konnte er anschließend an allen großen und kleinen Unterhaltungsbühnen in Deutschland gastieren und sich des Erfolgs von vornherein sicher sein. »Wintergarten«-Verpflichtungen zu haben hieß aber auch dreißig Jahre lang die Saison am Bahnhof Friedrichstraße mit jedesmal brandaktuellen, künstlerisch vollendeten und dem unschlagbaren Berliner Volkswitz gegenüber konkurrenzfähigen Liedern zu eröffnen. Ein Zurück hinter das einmal Erreichte durfte es niemals geben!

Unter den Augen der Zensur

»Die versunkene Glocke« war, wie im vorangegangenen Kapitel schon gesagt, dem »Wintergarten« einige Tage nach der Aufführung von der Zensurbehörde untersagt worden. Erstens, weil sie von Reutter nicht wie vorgeschrieben vor der abendlichen Vorstellung bis Mittag eingereicht war, und zweitens, weil er während des Vortrags an verschiedenen Stellen so »verdächtig geschmunzelt« habe.

Eine derartige Begründung von einer Behörde, die Anspruch darauf erhob, ernst genommen zu werden, konnte bei Reutter nur auf Spott treffen. So unwillkommen war ihm der Zwischenfall gar nicht, denn alsbald konnte man einen vergnügten Reutter auf der Bühne erleben, der seinen Humoristenkollegen den Ratschlag gab: »Wenn du singst, zieh dein Gesicht in Runzeln, / deine Mienen sagen viel zuviel beim Schmunzeln!« Alle vom Bau wußten, wer gemeint war, und dem damaligen Polizeipräsidenten von Windheim blieb nur übrig, das Echo auf den Übereifer seiner Beamten zur Kenntnis zu nehmen.

Der Vorgang um die »Versunkene Glocke« war an sich nichts Besonderes. Es kam überall und immer wieder vor, daß Streichungen oder Beanstandungen durch die Behörden erfolgten. Reutter wäre aber nicht Reutter, wenn er nicht versucht hätte, sich auf seine Weise mit der Zensur anzulegen und auszuprobieren, wie weit er in dem betreffenden Fall gehen könne. Ein solches Versuchsstück war 1900 sein Couplet »Lex Heinze«.

Die Lex Heinze war eine zum Strafgesetzbuch eingebrachte Novelle, nach der die naturhafte Darstellung des menschlichen Körpers als unsittlich gebrandmarkt werden sollte, mit sinngemäßen Weiterungen auch für das Gebiet der Literatur. Gegen diesen Angriff auf die Freiheit des künstlerischen Schaffens, der einer Verfolgung progressiver Gedanken gleichkam, erhob sich in Künstlerkreisen von München bis Berlin einmütiger Protest. Die Lex Heinze und die dahinterstehenden Kreise des Zentrums wie der Konservativen wurden zur Zielscheibe saftigsten Spotts, vornehmlich in den satirischen Zeitschriften und auf der Bühne. Während in München die Gründer der »Elf Scharfrichter« zum

»Ihre Produktionen scheinen vom Standpunkt der Sittlichkeit sehr verwerflich. Bitte wollen Sie dieselben wiederholen!« – Karikatur von Ferdinand von Reznicek aus
dem alten »Simplicissimus«.

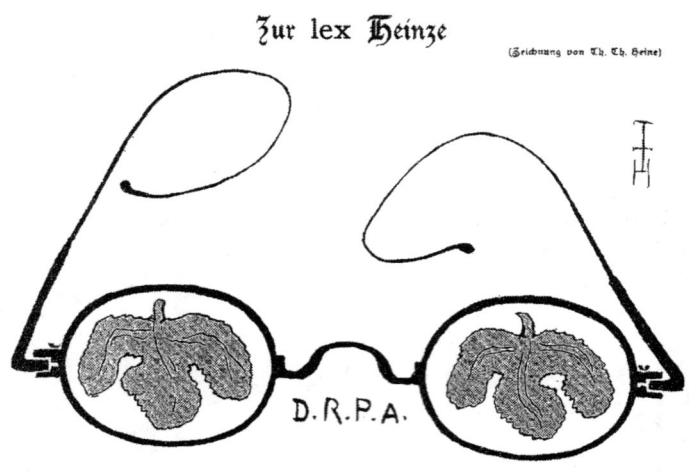

Zur lex Heinze

(Zeichnung von Th. Th. Heine)

D.R.P.A.

Schutzbrille
für Reichstagsabgeordnete mit leicht erregbarer Sinnlichkeit
(Deutsches Reichspatent angemeldet).

Die Sittlichkeitsbrille als Deutsches Reichspatent.

Fasching einen Lex-Heinze-Zug durch die Stadt veranstalteten und dazu ein frisch komponiertes Liedchen sangen, in dem sie allerhand Schandtaten androhten – »aber nacket, nacket, nacket geh'n wir nicht!« –, gab Otto Reutter im Varieté mit »verdächtigem Schmunzeln« diesen Kommentar dazu:

Jetzt besing' ich die »Lex Heinze«,
ihr hab' ich mein Lied geweiht.
Endlich durchgegangen scheint se,
darum hoch die Sittlichkeit!
Wer jetzt realistisch dichtet,
wird bestraft, wenn er nicht schweigt,
jeder Maler wird vernichtet,
wenn er uns die Eva zeigt!

Früher formte die Skulptur
nach Natura die Figur.
Die Modelle ebenfalls
waren barfuß – bis zum Hals.
Selbst ein Storch – wie unvernünftig! –
kam mit nackten Kindern an.
Nun erwägt man, ob man künftig
so was nicht verhindern kann.

Das war Volkshumor, wie ihn die Behörde fürs Varieté gerade noch erlaubte. Vielleicht betrachteten die Beamten, die die Zensur handhaben, Reutters Nummer zur Lex Heinze als nützliche Vorwarnung oder dienliche Auslegung des künftigen Gesetzes, mit der er weiter keinen Schaden anrichten konnte, außer daß die Leute über die Witze dieses Reutter lachten. Wie dem auch gewesen sein mag, harmlos war das Witzemachen in keinem Falle, denn sechs Jahre danach noch bekam der Münchner Redakteur und Schriftsteller Ludwig Thoma, ein studierter Jurist, sechs Wochen Haft wegen einer Satire auf den Präsidenten eines Sittlichkeitsvereins, dessen Mitglieder er respektlos porträtiert hatte als »Greise mit den Schnackelbeinen . . . alle, denen einzig blieb nur der Suff als Mannestrieb«.

Da war Reutter in seinen Ausdrücken doch weit vornehmer als

der Bayer, mußte trotzdem aber unter den Augen der Zensur sich etwas einfallen lassen, wie er den Behörden ein Schnippchen schlagen konnte. Wie er das machte, hat er selbst erzählt.

»Wenn ich abends auf der Bühne stehe und meine Couplets vortrage, denkt jeder Zuhörer, die schwerste mir obliegende Arbeit sei die Abfassung dieser Vorträge. Aber das stimmt nicht, denn am schwierigsten ist es, die fertigen Couplets der Zensur gegenüber zu verteidigen.« Es sei ihm wiederholt passiert, daß der Zensurbeamte lachend gesagt habe: »Das ist ja ein ausgezeichneter, ungewöhnlich treffender Witz!« – und ihn mit dem Rotstift durchgestrichen habe. Einmal hatte er ein Couplet verfaßt, das ihm ziemliches Kopfzerbrechen bereitet hatte. Es gipfelte in einer einzigen, spitzbübisch ausgetüftelten Pointe, und ausgerechnet diese Pointe wurde ihm vom Zensor gestrichen. Nur ein paar Worte waren es, doch fehlten sie. »Da habe ich es trotzdem riskiert! Ich sang das Couplet, Vers für Vers, fühlte, wie das Interesse im Publikum wuchs, ahnte, daß man auch ohne die Pointe diese Pointe verstehen würde – und als die gestrichene Stelle kam, habe ich mich im Takt der Musik darüber hinweggehustet und -geräuspert.« Rauschender Beifall sagte ihm, daß er sich nicht getäuscht hatte. Die gehustete Pointe war viel wirkungsvoller als die gesprochene. Der Zensor ermahnte ihn hinfort, wenn er wieder etwas strich: »Diese Stelle darf weder gesungen noch geräuspert werden!«

In anderen Fällen half sich Reutter über die Streichung hinweg, indem er an die Stelle der gestrichenen, »anstößigen« Formulierungen harmlose Zeilen setzte, die er einreichte und genehmigt bekam. Am Abend auf der Bühne »vergaß« er den neuen Text und sang unwillkürlich, wie er dem Zensor gegenüber erklärte, den alten Text.

Näheren Aufschluß über die Zensurverhältnisse, wie sie bis 1918 bestanden haben, gibt auch Reutters Korrespondenz mit seiner Verwandtschaft. An Onkel Fischer schrieb er in jenen Jahren nach Gardelegen: »Ihr fragt in Eurem letzten Briefe, was die Berliner zu meinem ›Leierkasten‹ sagen. Gar nichts sagen sie dazu, denn diese Glanznummer ist neben vielen anderen wirksamen Sachen von der Zensur verboten worden. Ich brauchte mir ja eigentlich nichts daraus zu machen, denn mein Geld bekomme ich trotzdem, und gefallen tue ich auch so leidlich. Das Ministerium (gemeint war das Preußische Ministerium des Innern, H. B.) hat bei der Zensurbehörde angeordnet, man möge auf mich ein besonders scharfes Auge haben, weil ich vor zwei Jahren der Polizei anläßlich meines Verbots viel zu schaffen gemacht habe. Ich habe auch jetzt wieder durch einen tüchtigen Rechtsanwalt Einspruch erhoben. Aber was nützt es? Desto mehr werde ich kujoniert.«

Das betreffende Couplet, das in monarchistischen Kreisen Anstoß erregt hatte, enthielt einen frechen Witz auf die brandenburgisch-preußischen Marmorfürsten der Siegesallee im Berliner Tiergarten, ein Heiligtum der Hohenzollern, und eine doppeldeutige Bemerkung in Richtung Thron, nachdem die Rechtschreibreform in Kraft getreten war.

Die neue Rechtschreibung ward eingeführt.
Hier steht, was ohne h geschrieben wird.
Der Thron allein steht unverändert da –
an dem Wort find't man nach wie vor ein h.

Die Leute mußten lachen, weil ihnen der Aberwitz der Sache eigentlich erst jetzt richtig zu Bewußtsein kam.

Zweifellos waren solche Witze auf öffentlicher Bühne dazu angetan, die Zensurbehörde zur Prüfung und gegebenenfalls zum »Einschreiten« zu veranlassen. Die Bestimmungen lauteten so, daß jeder Künstler sein Repertoire vor dem Auftritt zur Genehmigung bei der zuständigen Stelle im Polizeipräsidium einzureichen hatte. Auch Reutter. Es genügte nicht, daß die Vorträge einmal zensiert waren, sie mußten vielmehr für jede Stadt komplett und säuberlich in zwei Exemplaren neu zur Genehmigung vorgelegt werden. Die Zensurierung galt außerdem immer nur für das betreffende Etablissement. Wenn also ein Humorist beispielsweise einen Vortrag, den er im »Wintergarten« im Programm gehabt hatte, im Apollo-Theater bringen wollte, oder umgekehrt, so mußten seine Zensurexemplare wieder zur Genehmigung vorgelegt werden. Dabei konnte es passieren, daß der für das »Apollo« zuständige Beamte das verbot, was im Monat zuvor, unbeanstandet, im »Wintergarten« gesungen worden war. Das Argument, daß das betreffende Couplet noch nicht ein einziges Mal Anlaß für ein Verbot gewesen sei, interessierte nicht. Gestrichen war gestrichen.

Reutter wußte natürlich, daß dieser bürokratische Vorgang der Zensur mit seinen willkürlichen Entscheidungen keine Erfindung der Polizei war. In seinem Couplet »Nicht so laut!« artikuliert er seinen Unmut über die Schikaniererei auch nicht so sehr als Folge von Polizeimaßnahmen, vielmehr als Resultat der nicht verfassungsrechtlich garantierten Meinungsfreiheit und der Freiheit der Kunstausübung in der Reichsverfassung von 1871 wie auch in den Verfassungen der zum Reich gehörenden Königreiche und Fürstentümer.

In Deutschland gehe es bei allen Anlässen, meinte er, ziemlich laut zu, ob eine Schlacht gewonnen wurde oder ob man den Frieden feiere und dazu die Kanonen donnern ließe.

Doch in manchen Punkten sind wir,
wie man weiß, viel zu leis',
denn das Reden wäre manchmal zu riskant. –
Halt den Rand!
Mancherlei passiert in Deutschland,
manches Thema hätten wir,
doch man darf nicht alles sagen,
darum bitt' ich alle hier:
    Geb'n Se acht! – Pst! Pst!
    Immer sacht! – Pst! Pst!
Auch ich darf nicht alles singen,
die Gefahr, die ist enorm –
Sing' ich nur ein Wort zuviel,
dann sagt ein Mann in Uniform:
»Nicht so laut, nicht so laut,
nicht so laut mußt du sein!
Denken kannst du, was du willst,
aber denk's für dich allein!«
Nicht so laut, nicht so laut –
Willst du 'n guter Deutscher sein,
rückst du deine Steuern raus
und den Ärger schluckste rein!

Die Einschränkung der Meinungsfreiheit und der Freiheit der Kunst erfolgte auch um 1900 herum noch aufgrund von Verordnungen und Gesetzen, die aus den Jahren nach der bürgerlichen Revolution von 1848 stammten. Von daher trugen sie einen besonders restriktiven Charakter und boten den Polizeibehörden weiten Spielraum beziehungsweise Rückhalt für oft unsinnige Anordnungen und Verbote.

Solange diese Vorschriften bestanden, mußte Reutter zusehen, wie er damit zurechtkam. Mit der Zeit hatte er sich eine bestimmte Taktik zu eigen gemacht. »Damit mir der Zensor die kritischen Strophen gegen die Regierung, gegen Wilhelm II. und die Spitzen durchließ, hängte ich an die vier bis fünf bissigen Strophen immer einen versöhnlichen Vers an, der etwa sagte, daß trotz mancher Mißstände in Deutschland doch alles besser als anderswo sei. Das gefiel dem Zensor, er schloß daraus auf eine gesunde Grundtendenz des ganzen Couplets und strich somit nichts. Die Zensur war aber nicht darauf gekommen, den Sänger nun auch zu verpflichten, das ganze Couplet ohne jeden Strich zu singen. Da ließ ich nun die ›gesunde‹ Strophe, die Versöhnungsstrophe, weg, und es blieben bloß die kritischen Verse übrig.«

Nach 1908 hatte es Reutter etwas leichter. Die Polizeibehörden waren in Kenntnis davon, daß er in Potsdam im Palais des Kronprinzen gesungen hatte und im gleichen Jahr einer Einladung der Familie Krupp zu einem privaten Abend in die Villa Hügel gefolgt war. Unter den Anwesenden hatte sich auch Wilhelm II. befunden. Wen Majestät durch Allerhöchstes Wohlwollen auszeichnete, konnte nicht mehr von irgendwelchen Beamten beliebig traktiert werden. Man ließ sicherlich bei Reutter manches durchgehen, was anderen Humoristen nicht konzidiert wurde, um sich von oben keinen Verweis einzuhandeln.

Für Reutter war das kein Grund, das Thema Zensur in seinem Programm fortan zu streichen. Als man ihn 1908 irrtümlich totgesagt hatte, verfaßte er für eine Tageszeitung eine Satire unter der Überschrift »Mein Begräbnis«, in der er einen »finster dreinblickenden Herren« mit einem Paket unterm Arm an seinem Sarg erscheinen läßt, der mit strenger Amtsmiene und mit »scharfer weittönender Stimme« folgende Rede von sich gab:

»Herr Reutter, ich bin der Zensor. Ich habe Ihnen seit Jahren manchen Strich durch Ihre Rechnung gemacht; ich habe durch meine Streichungen unzählige Male die Moral, die öffentliche

Reklame für die neusten Produktionen.

Ordnung und den preußischen Staat vor dem sicheren Untergang gerettet, 139 höheren Töchtern aus der Berliner Friedrichstraße[1] habe ich durch Vorenthaltung Ihrer gemeingefährlichen Pointen den Glauben an den Klapperstorch bewahrt, 258 Rotstifte habe ich errötend über Ihre frivolen Zeilen dahingleiten lassen – es sei Ihnen heute vergessen und vergeben. Hier« – und dabei legte er ihm das dicke Paket in den Sarg – »hier gebe ich Ihnen die Duplikate von ›Reutters Werken‹, von mir durchgesehen und verbessert, mit auf den Weg. Nun können Sie sich mit Ihren Witzen begraben lassen!«

[1] Anspielung auf die Prostituierten, die in Berlin die Flaniermeile an der Friedrichstraße in der Höhe der Passage bevölkerten.

Alles weg'n de Leut'!

Zu Reutters Auftreten im Varieté gehörte lange vor dem »Wintergarten« schon eine »Besonderheit«, die heute niemanden mehr erstaunt, doch für die damalige Zeit war es ungewöhnlich, wenn ein Vortragskünstler während seines Auftritts nicht duldete, daß von Kellnern serviert wurde. Der Ausschank war ja bei allen Vorstellungen ein Teil des kalkulierten Umsatzes, den manche Direktoren höherstellten als das gesamte Programm auf ihrer Bühne. Reutter setzte durch, daß in seine Verträge ein spezieller Passus aufgenommen wurde: »Während des Vortrages darf nicht serviert werden.« Er kannte in diesem Punkt keine Nachsicht. Kam es zu Verletzungen dieser Vereinbarung, konnte für die Direktoren mitunter eine heikle Situation entstehen, wie am Breslauer Liebich-Theater 1908, von der Bruno Wiesner, ein Bühnenkollege von ihm, erzählt.

Eines Abends, als der Schauspieler Stein, mit dem er befreundet war, ihn nach der Vorstellung abholen will, ist Reutter nicht da. Stein fragt beim Portier: »Haben Sie Herrn Reutter nicht gesehen? Ist er denn noch nicht fertig?« – »Nein, der ist noch gar nicht aufgetreten.« Stein wundert sich, geht zum Bühneneingang und stößt dort auf den Direktor, der aufgeregt jammert: »Denken Sie, der Reutter ist weggerannt! Tun Sie mir doch den einzigsten Gefallen und kommen Sie mit, wir müssen ihn suchen. Die Leute . . . ich weiß gar nicht, was ich machen soll . . .« Beide begaben sich nun zuerst in das Hotel, wo Reutter wohnte. Stein ging als Diplomat voraus und klopfte an Reutters Zimmertür. Nichts rührte sich. Erst nach wiederholtem Klopfen ertönte es von drinnen: »Herein!« Stein trat ein. Reutter lag vollkommen angezogen, in Frack und Paletot, den Mantelkragen noch hochgeschlagen, den Zigarrenstummel im linken Mundwinkel, auf dem Bett. Als Stein fragte, was denn passiert sei, weshalb er nicht gesungen habe, erzählte Reutter, was vorgefallen war. Er sei aufgetreten und habe gerade sein erstes Couplet gesungen, als ein Kellner mitten im Saal ein Tablett mit Tassen habe fallen lassen. Er sei dadurch vollkommen aus dem Konzept gekommen und habe von der Bühne abgehen müssen. Der Regisseur, der hinter den Kulissen stand, habe zu ihm in ziemlich barschem Ton gesagt: »Herr Reutter, ich fordere Sie auf, sofort weiterzusingen!«, worauf er ihm in seiner Erregung die Aufforderung des »Götz von Berlichingen« zugeschleudert und stante pede das Theater verlassen habe.

Stein wandte nunmehr seine ganze Beredsamkeit auf, um Reutter zu veranlassen, wieder mit ins Theater zu kommen. »Du brauchst dich ja nur zu zeigen, mach doch keinen Unsinn«, redete er ihm zu. Schließlich gab Reutter nach: »Schön, ich komme, unter *einer* Bedingung: daß der Regisseur verschwindet.« Stein holte nun den Direktor ins Zimmer, informierte ihn kurz über die Lage, worauf der Direktor eilends ins Varieté zurücklief, um seinen Regisseur vor Reutter in Sicherheit zu bringen. Reutter folgte in kurzem Abstand. Als er auf die Bühne kam, lief schon die damals übliche letzte Nummer, ein Filmlustspiel. Man brach die Vorführung kurzerhand ab, und Reutter trat noch einmal auf.

Die Ruhe und Konzentration benötigte er, um seinen in der Regel 40 Minuten dauernden Vortrag ohne Stockung zu Ende zu bringen. Die mehr als tausend Couplets, die Reutter verfaßte, seine täglichen Auftritte mit acht bis zehn Couplets in meist wechselnder Reihenfolge, erforderten angestrengtes Arbeiten. Es ist bekannt, daß zu Reutters täglicher Arbeit neben der Zeitungslektüre das Formulieren, Diktieren, Redigieren und Umdiktieren seiner Texte gehörte, um aktuell zu bleiben, um abends auf der Bühne noch die neueste Strophe anzuhängen und so dem Witz »die Krone aufzusetzen«. Die Zuschauer wußten das zu schätzen, selten wußten sie aber, welche Arbeit an sich selbst und am Repertoire dahintersteckte, jeden Abend einen 40-Minuten-Auftritt allein zu bestreiten und zu einem populären Refrain immer neue, bessere Einfälle zu finden und die erreichte Leistung über Jahre und Jahrzehnte hinweg zu halten. Diese Leistung war eine schwere geistige und physische Arbeit. Aber von Arbeit wollten die Leute abends nichts wissen. Sie wollten lachen. Schließlich war er ja Humorist von Beruf, und man hatte an der Kasse nicht dafür bezahlt, daß er ihnen von Sorgen sang, die jeder selbst genug hatte. So war auch Reutters Bild in der Öffentlichkeit das des erfolg- und beifallgewohnten Stars, auf den die Kollegen teils mit Neid, teils mit Bewunderung blickten und von dem die Leute auch im privaten Leben nur Witze und Anekdoten hören wollten.

Künstlerpostkarte um 1910.

So sehr sich Reutter aus Gründen der Reklame diesem Image-zwang beugte – er bedichtete nicht nur Krügerol-Bonbons oder Zi-garrensorten –, so hatte er doch wie jeder Schauspieler und Büh-nenkünstler Stunden, da er sich die Frage vorlegte, wie lange er den physisch verschleißenden, aufreibenden Artistenberuf würde ausüben können – Stunden, da ihn die Sorge beschlich, daß er eines Tages auf der Bühne steckenbleiben oder die Strophen ver-wechseln könnte, daß sein Gedächtnis versagen oder er den An-forderungen einer neuen Zeit und eines neuen Publikumsge-schmacks nicht mehr gewachsen sein könnte. Noch zeigten ihn wohl die Bilder der Fotografen mit dem ewig strahlenden Büh-nenlächeln, kannten ihn Millionen in der Pose des temperament-vollen, vergötterten Volkshumoristen, der die Heiterkeit aus dem Ärmel schüttelte, schaute er aber nach dem Auftritt in seinen Garderobenspiegel, sah er oft ein anderes Bild.

Seiner Tante Fischer schrieb er 1907, also mit siebenunddreißig Jahren, einen sehr ehrlichen Brief, was seine Sorgen betraf: »Mein Beruf wird leider, je älter ich werde, um so aufreibender, und ich leide schon seit Monaten an der fixen, bisher gottlob unbegrün-deten Idee, es gehe bergab mit mir und ich könne den ständig ge-steigerten Ansprüchen des Publikums nicht mehr gerecht werden. Solange ich mich noch zu halten vermag, treibt mich ein Gemisch von Angst und Schwermut dazu, weiterzuarbeiten und die Zeit auszunützen. Wenn ich jetzt im Sommer pausiere, werde ich stets daran denken, ob ich mich auch im Herbst beim Beginn der Sai-son wieder behaupten werde, und dieser Gedanke ist nicht geeig-net, meine Ferien zu einer wahren Erholungszeit zu gestalten. Früher, als die Ansprüche und die Gagen kleiner waren, kannte ich dieses Verantwortungsgefühl nicht, aber heute, wo die Direk-toren weniger den größten Erfolg als die gefülltesten Häuser ver-langen, muß ich meinen komischen Beruf sehr ernst nehmen. Seit nahezu zehn Jahren beziehe ich nun die höchste Gage aller Hu-moristen – meine höchste Gage in der nächsten Saison beträgt 15 000 Mark monatlich! –, da ist es keine Kleinigkeit, den ande-ren, die sich ebenfalls verflucht anstrengen, immer noch um eine Nasenlänge vorauszubleiben. Rasten heißt bei mir rosten.«

Hinter Reutters Erfolgen stand also ein innerer Zwang, der es ihm nicht erlaubte, sich für kürzere oder längere Zeit aus dem En-

Reutter (Bildmitte) auf dem Winterfest der »Schlaraffia-Berolina« 1908.

gagement zurückzuziehen. Schon die Frage, was im Fall einer Erkrankung werden würde, war für ihn beängstigend. Für ihn gab es nur eine einzige Richtschnur: »Immer weiter! Immer weiter!«

Was kann schon viel dahinter sein, wenn man darüber lachen muß! Das war die landläufige Meinung vom Beruf des Humoristen. Seine lachenden Geschichten ließen sich keineswegs aus dem Ärmel schütteln; sie entstanden häufig in jenen ruhelosen, kleinen Hotelzimmern, auf ständigen Reisen an wechselnden Orten. Diese ihm fremde Umgebung und die knapp bemessene Zeit brachten es mit sich, daß Reutter seine heiteren Verse oft grübelnd und in durchaus nicht heiterer Stimmung abfaßte. Hatte er den Text, mußte noch die passende Melodie dazu gefunden werden. Das laufende Repertoire war ständig zu repetieren, jeder Auftritt neu vorzubereiten. Viele haben Reutter gesehen, wie er während des Mittagessens oder beim Bier abwesend vor sich ins Leere gestarrt und lautlos die Lippen bewegt hat. Training des Gedächtnisses, der Pointen, der richtigen Abfolge der Strophen, der Reime, der Betonung – das war die tägliche Arbeit, die hinter dem gewohnten präzisen und flüssigen Vortragsstil Reutters steckte. Alles weg'n de Leut'!

Unter diesen Leuten waren viele, allzu viele, die Otto Reutter im Restaurant gerade dann ansprachen, wenn er abgespannt war oder in Ruhe essen wollte. Einer dieser Ahnungslosen näherte sich einmal mit den Worten: »Entschuldigen Sie bitte, wenn ich Sie belästige.« Reutter darauf: »Sie wählten den richtigen Ausdruck.« Ähnlich erging es einem anderen Verehrer, der freudestrahlend auf Reutter zukam: »Dieses Glück! Ich hatte noch nie die Ehre, mit Ihnen an einem Tisch zu sitzen.« – und die Antwort bekam: »Dazu kommen Sie auch heute nicht, denn ich gehe gerade nach Hause . . .« Gern erzählten sich die Artisten des »Wintergartens« in ihrem Stammcafé auch die Geschichte von der nicht mehr ganz jungen Schulreiterin Mademoiselle X, die eines Tages an Reutter herantrat und auf ihn einredete. »Aber Herr Reutter, kennen Sie mich denn nicht mehr. Ich bin doch die Schulreiterin X, wir waren doch vor zwanzig Jahren gemeinsam engagiert! Erinnern Sie sich denn nicht mehr?« – »Jaaaa«, sagte Reutter, »jetzt fällt's mir ein. Aber sagen Sie mal, das Pferd, das lebt doch wohl nicht mehr . . .?«

Je berühmter, um so anstrengender wurde für ihn das Leben. In den Jahren unmittelbar vor dem Ersten Weltkrieg war Reutters Name jedermann ein Begriff. Neben Paul Lincke, Claire Waldoff, Walter Kollo und Rudolf Nelson wird er zur Spitzenklasse der Unterhaltungskunst gerechnet. Seine Gastspiele waren das Saisonereignis der großen Varietés und das Tagesgespräch in den betreffenden Orten. Zeitungen und Zeitschriften brachten zu jedem Geburtstag Bilder und Berichte über ihn, wenn er nicht selbst humoristische Beiträge dafür schrieb. Der Starrummel um ihn nahm häufig genug groteske Züge an. Selbst Markenartikel wurden mit seinem Namen in Verbindung gebracht. So gab es »Reutter-Zigarren« mit seinem Bild und folgendem Reklamevers dazu:

Ach, es gibt jetzt allerorten
viel zuviel Zigarrensorten.
Teuer sind sie, wenn sie echt sind,
bill'ger sind sie, wenn sie schlecht sind.
Drum, ihr Raucher, seid gescheuter,
raucht nur »Otto-Reutter-Kräuter«!
Erstens – jeder wird's entdecken –
weil sie ganz vorzüglich schmecken.
Zweitens wird alsdann mein Name
populär durch die Reklame.
Drittens – und aus diesem Grunde –
bin ich dann in *aller Munde*.

1910 erscheint von ihm ein Vortragsbuch, dem er die Einleitung voranstellte: »Wie wird man Humorist?« Dieses kleine Stück Prosa ist ein originelles Zeugnis Reutterscher Phantasie und Formulierungskunst. Mit kritischem Verstand gelang ihm eine Satire auf den üblichen Komikerstil. Nicht nur in dieser Skizze hat er sich mit der oft totalen Anspruchslosigkeit des Publikums auseinandergesetzt. Obwohl er selbst Kompromisse zu machen gezwungen war, forderte er vom Vortragenden wie vom Publikum gleichermaßen Niveau. Voll Ironie schreibt er: »Singe nichts Gemütvolles – und auch nichts Geistreiches. Das liebt man nicht. Gehe auch dem echten Humor möglichst aus dem Wege und halte es mit der platten Komik. Die Leute wollen lachen, nicht lächeln.

Siehst du, ich könnte vielleicht auch Couplets schreiben, die weniger auf der Oberfläche schwimmen; aber die Mehrzahl des Publikums mag das nicht. Darum unterlasse ich es. Ich glaube, meine besten sind *die*, die ich *nicht* geschrieben habe. – Suche daher vor allem einen recht großen Lacherfolg zu erzielen, und sei nicht zaghaft in der Auswahl deiner Mittel. Siehst du, ich hänge jetzt jeden Abend am Schluß meiner Vorträge, zum Zeichen, daß ich nichts mehr singen mag und bereits umgezogen bin, meine schwarzen Hosen aus der linken Kulisse – und die Leute lachen darüber mehr als bei meinen sämtlichen Vorträgen. Ich wollte diesen grandiosen Witz bereits vor Jahren machen, aber man braucht dazu *zwei* Hosen, und die hatte ich früher nicht.«

Musik: Otto Reutter

Reutters heitere Art, die Welt zu betrachten, die Zeitnähe seines Repertoires und die aus dem Alltag gefilterte Komik machten den Erfolg nicht allein. Die gereimten Strophen mußten sich auch gut vortragen lassen, mußten eingängig sein und eine dem Textablauf angeschmiegte Wortmusik haben. Die passende Gesangsform zu jedem Text neu zu finden war über vierzig Jahre lang ein Teil seiner Arbeit. Auch darin war Reutter ein Könner, der fürs Couplet Vorbildliches leistete, denn »er hatte gegen eine Sprache zu kämpfen, die schwerfällig ist, die man erst biegen und kneten muß, mit der man Jahre und Jahre zu üben hat, bis sie tanzt . . . bei ihm hopste sie«, bemerkte Kurt Tucholsky. »Massig, polternd, am besten und gemütlichsten im Dreiviertel-Takt, diesem deutschesten aller Rhythmen, lustig im Vierviertel-Takt, was bei uns immer wie ein beschleunigtes Marschtempo anmutet – diese beiden Rhythmen hatte er im Blut.«

Das musikalische Gedächtnis und Verständnis Reutters ist um so höher einzuschätzen, wenn man weiß, daß er in seinen Kinder- und Jugendjahren keine musikalische Ausbildung irgendwelcher Art gehabt hat, auch in späteren Jahren nicht. Seine musikalische Bildung bestand lediglich aus dem, was er in der Schule an Volks- und Kirchenliedern lernte und was er später aus seiner Umgebung an zeitgenössischem Melodien- und Liedgut aufnahm und selbständig verarbeitete. Er hörte als Kind sicher so manche Nacht unten in der Diele die Ulanen in ihrer Märkischen Bierstube, die auch seine Stube war, singen, bestaunte die Bänkelsänger, ging wie andere Kinder mit dem Vater oder dem Großvater ins Gardelegener Schützenhaus, wo an besonderen Tagen die Militärkapelle spielte, und ist als junger Mann mit Rheinländer-, Walzer- und Polkarhythmen auf den Tanzböden großgeworden. Natürlich hat auch seine Mutter die Schlager der Zeit gesungen und all die alten Küchenlieder von der holden Gärtnersfrau und Mariechen, weinend im Garten, doch auf den heranwachsenden, für Komik begabten Jungen blieb das sentimentale Genre ohne Einfluß. Er war mehr für die »lustigen Sachen«, machte dabei bald die Erfahrung, daß zwischen den Soldatenliedern der Garnison, den Marschmu-

Titelblatt eines seiner Bänkelsänger-Couplets.

si-

siken der Militärkapelle und den melodiefreudigen Opern- oder Operettenarien, die er bei einer seiner im Fach bewanderten Tanten hörte, eine Welt lag – und doch wieder nicht. Beides war ja populäres Liedgut, das sich das Volk unwiderruflich als »seine« Musik, nämlich als Gassenhauer, zu eigen machte, indem es bekannte Melodien mit schnoddrigen Texten versah. Nach dem »Petersburger Marsch« sang es »Denkste denn, denkste denn, du Berliner Pflanze«, nach einer Melodie von Suppé die unbekümmerte Weise »Du bist verrückt, mein Kind« und nach dem beliebten Gasparone-Walzer von Millöcker »Mutter, der Mann mit'm Koks ist da!«.

In den Reutterschen Vorträgen zwischen 1890 und 1910 sind viele solcher Gassenhauer wiederzufinden, teils original zitiert, teils mit aktuellen Pointen versehen, die die Leute zum Lachen brachten. Man verstand sehr gut, was er auf der Bühne vortrug, und man behielt es im Ohr, weil es irgendwie bekannt vorkam. Das stimmte ja auch. Reutter nahm seine musikalischen Anregungen aus dem gesamten populären Musikgut des späten 19. und frühen 20. Jahrhunderts. Seit der Zeit, da er als junger Mann mit den Volkssängern umherreiste, verwendete er Volkslieder, Salonpiecen, Kommersbuchlieder, humoristische Bänkelweisen, Operettenmelodien, Tanzmusiken, Marschmusiken und Bühnengesänge, wie sie in Form von Couplets und humoristischen Duetten in Possen und anderen Volksstücken üblich waren.

Musikalisch war Reutter stets auf dem laufenden, er sah sich gründlich die Neuheiten der Musikverlage an, kannte alle Operetten und Singspiele, wußte, was Claire Waldoff oder Robert Steidl sang und was die Konkurrenz anderswo an Neuem im Repertoire hatte. War zum Beispiel ein neuer Gesangswalzer im Musikalienhandel, wie Paul Linckes Opus 104 »Fritz, laß das Poussieren sein«, oder ein neuer Couplet-Marsch, wie Leskovkjans »Margarethe-Marsch« oder der seinerzeit viel gespielte »Junggesellen-Marsch« von Otto Teich, so hörten die Leute diese Melodien bald auch bei Reutter und lachten über die komischen Texte, die er auf diese Musik erfand.

Ein sehr anschauliches Beispiel für seinen musikalischen Erfindungsreichtum ist das parodistische Potpourri auf »Die versunkene Glocke«, das von dem gleichen Publikum belacht wurde, das bei Otto Brahm im Deutschen Theater der Originaldichtung von Gerhart Hauptmann Beifall gespendet hatte.

Für dieses Vortragsstück verwendete er ausschließlich Volksliedmelodien. Folgende Liedzitate sind unter anderem bei ihm verwendet:

Mein Herz, das ist ein Bie-nen - haus, ____

Im tie - fen Kel-ler sitz ich hier, ____
Im tie- fen Kel - ler sitz ich hier,

Auf der grü-nen Wie-se baut er 'ne Werk-statt sich.

Im Wald und auf der Hei - de sah
man sie al - le bei - de,

Weißt du, Mut-terl, was ich träumt hab'?

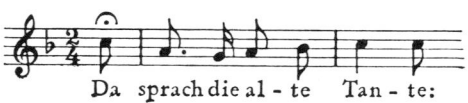

Da sprach die al - te Tan - te:

Schad't nichts, macht nichts, ist mir ei - ner - lei!

In ei - nem küh - len Grun - de sind sie im Brun-nen - loch

Und wenn sie nicht ge - stor-ben sind, dann le-ben sie heu - te noch.

Glück-lich ist, wer ver-gißt, was ein-mal nicht zu

än-dern ist.

Das musikalische Parodieverfahren im Gassenhauerstil, das Reutter häufig anwendete, gab seinen Vorträgen zur aktuellen Politik mitunter merkwürdige Wirkungen auf der Bühne. In dem »Original-Potpourri Li-Hung-Tschang« von 1895, das den Staatsbesuch des damaligen chinesischen Generalgouverneurs in Deutschland glossierte, sang er auf die Takte des Mittelteils des Chopinschen Trauermarschs:

Freu - et Euch, Ihr lie-ben Leu - te,

daß ich zu Euch kom - me heu - te.

Mei - ne Hei-mat liegt noch hin - ter Pa - lä -

sti - na: Denn ich bin der gro - ße

Li-Hung-Tschang aus Chi - na.

Einige brave Gardelegener, die Reutter mit diesem Lied in seiner Heimatstadt gehört hatten, nahmen diese Melodie für etwas Heiteres und bildeten, als Reutters Vater beigesetzt wurde, ein ungewollt lachendes Grabgeleit, als auf dem Friedhof der Trauermarsch von Chopin erklang.

Reutter machte noch andere musikalische Scherze mit diesem Li-Hung-Tschang. Im Schlußteil seines zeitsatirisch angelegten Potpourris läßt er den chinesischen Mandarin eine neue Hymne auf Deutschland anstimmen, mit der Melodie, die jeder Schuljunge kannte, aber mit einem neuen Wortlaut, zum erstenmal einem realistischen Text, wie man fand.

Deutsch-land, Deutsch-land ü-ber al-les, ü-ber al-les in der Welt. Deutsch-land hat die mei-sten Steu-ern und das mei-ste Mi-li-tär.

Für seine humoristischen Absichten nutzte Reutter, wie gesagt, ausnahmslos alle bekannten, gängigen Melodien, die ihm geeignet erschienen. Er verarbeitete Altes und Neues, mischte Klassisches von Schubert und Chopin mit Aktuellem aus dem Schlagerangebot der Musikverlage. Er strebte nicht nur gedankliche Aktualität an, sondern hatte auch das Ohr seines Publikums, wenn er Schlager von Paul Lincke, Zitate aus den Offenbach-Operetten, Oscar-Straus-Refrains vom Überbrettl oder Melodien der leichten Muse aus dem Repertoire der Salonkapellen übernahm.

In dem Maße, wie er die Potpourri-Form verläßt und sich dem reinen Coupletstil zuwendet, also Handlung oder eine Fabel in die

Strophe hineinnimmt, zeichnet sich bereits ein eigener musikalischer Stil ab. Der Vortragskünstler Otto Reutter setzt die Musik sparsam zur metrischen Gliederung der Zeile, zur Stützung und Vorbereitung der Wortpointe, zur Hervorhebung und Überleitung ein. Nirgends gibt es ein Beispiel, daß die Sing- oder Klavierstimme den Text verdeckt. Die besonderen Merkmale seiner Musiken sind kleingliedrige Melodik, enge Wort- und Tonbeziehung, variierte Wiederholung von Melodietakten, Verzicht auf komplizierte Rhythmik und Harmonik sowie Verwendung einfacher Tonfolgen mit kleinen Intervallen, wie beim Parlando-Vortrag üblich.

Parlando (ital. parlare = sprechen) ist die Fachbezeichnung für schnelles Singen mit leichter Tongebung, bei dem auf jede Note eine Silbe fällt und das damit dem Sprechgesang ähnlich wird. Es verlangt exakte Aussprache und rhythmische Genauigkeit. Bei Reutters vorzüglicher Sprechkunst ist tatsächlich jedes Wort bis in den einzelnen Vokal und Konsonanten hinein klar verständlich.

Seine Strophen hatten vom Text- wie vom Melodiegefüge her jene Eigenschaft, von der man sagte, daß sie gut »tragen«. Nur dadurch, daß seine Vortragsstücke eine so einfache metrische und musikalische Bauform hatten, war es möglich, daß auch ein Laie den »Überzieher« mit den trippelnden Achtelnoten, die über fünf Takte nicht über die Sekunde hinausgehen und einfacher nicht zu denken sind, vortragen konnte.

Daß Coupletmusik nicht primär zur Stimmungsmalerei da ist, sondern die Wortbindung beachten, die Strophe gewissermaßen im rhythmischen Gleichgewicht halten muß, stets also für die Klar-

In der Kostümrolle als Spreewälder Amme.

heit des deklamatorischen Ablaufs zu sorgen hat, das wußte Reutter sehr gut und hat es an jedem einzelnen Couplet, für das er ein rhythmisches Eigenleben fand, neu unter Beweis gestellt.

Was in den vorangegangenen Kapiteln über die Erneuerung der inhaltlichen Seite seines Repertoires festgestellt wurde, nämlich daß Reutter die populäre, aber durchs Tingeltangel in den Gründerjahren entwertete Form des Couplets wieder zu einer Form künstlerisch-unterhaltsamer Zeitbetrachtung mit aktuellem Wirklichkeitsbezug erhoben hat, kann auch hinsichtlich der musikalischen Seite gesagt werden. In einer Epoche zunehmender Verflachung der sogenannten leichten Musik im Unterhaltungsbereich, die spürbar nach 1870 einsetzte, ging er dem Klischee aus dem Wege und suchte stets nach originellen, prägnanten Wendungen, mit denen er einen Teil der Natürlichkeit des Volksliedes, seinen Lakonismus und seine vitale Rhythmik ins Couplet und damit auch in die Unterhaltungsmusik übertrug. In seinen klassisch gewordenen Stücken wie dem »Maurer« mit der Vortragsbezeichnung »Flott« im $3/8$-Takt, dem »Alten« (Allegretto im $2/4$-Takt), den »Fünfzig Jahren« (Vivace im $6/8$-Takt) und in seinem humoristisch-philosophischen Glanzstück »Bevor de sterbst« (Moderato im $2/4$-Takt!) hat er ein Höchstmaß an Nuancierung und Sinnfälligkeit erreicht.

Reutters musikalische Leistung bestand darin, daß er innerhalb der Textgebundenheit, die der Musik den Rahmen setzte, sehr vielfältige Möglichkeiten melodischer Wendungen fand. Sehr eingängige, von der Melodie her gefällige Lieder sind: »Ich lieb' Berlins diskrete Weise«, »Wie reizend sind die Frauen«, »Kinder, Kinder, was sind heut' für Zeiten« oder »'s ist doch schön bequem, 's ist doch riesig angenehm«. Besonders sorgfältig sind bei Reutter die Stellen ausgearbeitet, an denen die Spannung der Vorstrophe elegant und leicht in den Refrain übergeleitet wird, wie bei den folgenden Beispielen:

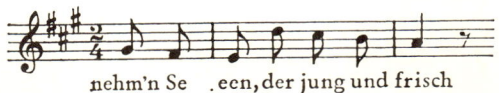

nehm'n Se   .een, der jung und frisch

was im-mer es sei: „In fünf-zig Jah-ren ist al-les vor-bei.“

– oder wie das Unabwendbare einer Situation wie im »Blusen-kauf« mit seinen verheerenden Folgen ins Notenbild gesetzt ist:

Und in den La-den starrt se: „Dann geb'n Sie mir 'ne schwar-ze.“

– oder wie Situationskomik sinnfällig durch alle Strophen im Re-frain wiederkehrt als gleichbleibendes Zitat:

Geh' ich weg von dem Fleck, ist der Ü-ber-zie-her weg.

»Er verstand sein Handwerk.« Diese Bemerkung Tucholskys gilt somit auch für die Musik. Es ist Otto Reutter gelungen, eine Menge frischer, zündender Melodien in die Coupletkunst einzu-bringen, die mit ihrer fröhlichen Beschwingtheit ins musikalische Gedächtnis von Generationen eingeprägt sind.

Die lieben Kollegen

In der Groteske über seine »Beerdigung« von 1908 ließ Reutter nicht nur den Zensor zu Worte kommen, auch die »lieben Kollegen« bekamen ihren Teil ab. In langer Reihe, frisch rasiert und die Stirn in ernste Falten gelegt, umstanden sie schmerzerfüllt seinen Sarg. So viele traurige Komiker habe er noch nie in seinem Leben gesehen. »Der arme Reutter«, seufzte der eine, »wer wird nun seine Gagen kriegen?« – »Ist gar nicht so schlimm gewesen«, belehrte ihn ein zweiter, »er war ja auch in letzter Zeit nicht mehr produktiv genug.« – »Sehr richtig«, flüsterte ein dritter, »vorigen Monat habe ich ein Couplet von ihm gehört, das ich ihm schon vor drei Jahren gestohlen habe.« – Ein junges Kerlchen, offenbar ein Neuling, der ihm besonders genügsam erschien, meinte: »Na, ich möchte jetzt ganz gerne sein Köpfchen haben.« – »Ausgerechnet wird er Sie zum ›Haupt‹-Erben einsetzen«, kalauerte ein besonders witziger Kollege. »Übrigens«, sagte ein anderer, »wer kann wissen, ob sich Reutter tatsächlich sein Repertoire selbst geschrieben hat? Er soll da in letzter Zeit jemand bei sich haben . . .« – »Ruhe!« gebot gravitätisch ein besonders selbstbewußt auftretender Kollege, »man soll einem Toten nichts Schlechtes nachsagen. Begraben wir mit ihm auch unsere Zweifel.« Der Redner stand jetzt dicht vor Reutter, langte unauffällig nach den neben ihm liegenden Coupletmanuskripten und fuhr fort: »Von mir kann ich allerdings mit größerer Bestimmtheit behaupten, daß ich«, dabei ließ er das Paket in seinen Rockschößen verschwinden, »ein Humorist mit selbstgefaßtem – pardon! – selbstverfaßtem Repertoire bin.«

Damit war das Verhältnis, das Otto Reutter seit den Tagen der Karlsruher Volkssänger zur Gilde der Tingeltangel-Humoristen hatte, von ihm selbst trefflich zur Sprache gebracht, samt Tratsch und Klatsch vor und hinter den Kulissen. In welchem Maße andere von seinen Werken »Gebrauch« machten und was ihm diesbezüglich sein Leben lang zugemutet wurde, kann man sich selbst dann nicht recht vorstellen, wenn man alle die Äußerungen zusammenzählen würde, die er dazu gemacht hat, in Vers wie in Prosa, im Brief wie im Buch.

Reutters Vorträge, die in der Mehrzahl gedruckt im Handel erhältlich waren, bildeten, sobald sie erschienen waren, mitunter leider eben auch das »Original«-Repertoire mancher Kollegen der Zunft, die, ohne das Aufführungsrecht zu erwerben, an Reutters Einfällen partizipierten. So waren neben dem Zensor Reutters ständiger Ärger die Kopisten, die ihm arg zu schaffen machten. Der damals noch ungenügende Rechtsschutz für Vortragsnummern am Varieté und die nicht geregelten Aufführungsrechte begünstigten den mitunter hemmungslosen Diebstahl. Nicht nur, wenn er in Berlin war, konnte Reutter das feststellen. Vor allem in kleineren Etablissements der Vorstädte und mehr noch in der Provinz mußte er trübe Erfahrungen machen. Eine Reihe solcher Erlebnisse sind von ihm selbst oder von Kollegen überliefert.

Es ereignete sich im Jahre 1908. Reutter war in Dresden im »Viktoria-Salon« engagiert und hatte einen Tag spielfrei. Da er sich immer wieder darüber ärgerte, daß man ihm seine Couplets komplett oder Strophen daraus einfach stahl und unberechtigt aufführte, kam er auf die Idee, diesen freien Tag zu benutzen, einmal nach Leipzig zu fahren, um in den dortigen Lokalen nach derartigen Piraten zu fahnden.

Gleich im ersten Lokal, einem Tingeltangel, hatte er Glück. Er saß noch gar nicht lange am Tisch, als ein »Kollege« von ihm in einem langen weißen Talar, mit ebensolchem Bart und hoher Tütenmütze als »Traumdeuter« – eine recht bekannte Nummer von Reutter – auf dem Podium erschien und mit dem Vortrag begann. Die zweite Strophe hatte die Anfangszeile: »Auch ich erhielt Besuch von 'nem älteren Herrn.« In diesem Moment sprang Reutter vom Stuhl auf und rief drohend zur Bühne hin: »Ich komme schon!« Wie ein Blitz war der Traumdeuter verschwunden. Reutter konnte ihn trotz intensiven Suchens nicht auffinden.

Im nächsten Lokal, in der Windmühlenstraße, hatte einer die Stirn, nicht nur Reutters Vorträge zu singen, vielmehr hinterher noch ins Publikum zu gehen und sie zu verkaufen. Er ging auch auf Reutter zu, den er nicht erkannte, und bot ihm dessen Texte zum Kauf an. Reutter fragte, mit Mühe an sich haltend: »Sind denn das wirklich Ihre eigenen Texte?« Als der Betreffende bejahte, schlug Reutter ihm zornig die Blätter aus der Hand und herrschte ihn an:

»Ich werde Ihnen heimleuchten! Wissen Sie, wer ich bin? – Otto Reutter!« – »Ach, du lieber Gott!« war alles, was der Ertappte hervorbringen konnte. Blitzschnell wandte er sich um und machte sich aus dem Staube, seine Ware am Boden verstreut zurücklassend.

Reutter ging nun in den »Krystall-Palast« und mußte dort mit anhören, wie ein Humorist ein Couplet von ihm sang, das er selbst in Leipzig noch nicht vorgetragen, aber für den nächsten Monat für das gleiche Haus vorgesehen hatte. Reutter sauste sofort nach dem Fallen des Vorhangs hinter die Bühne. Doch der »Täter«, der ihn bereits hatte kommen sehen, flüchtete nach hinten durch die Alberthalle, dann durch den Garten und schließlich über einen Zaun, der ihn in Sicherheit brachte, da Reutter infolge seiner Beleibtheit nicht in der Lage war, über den Zaun zu springen.

Von Otto Reutter lagen um 1910, nach rund fünfzehnjähriger Bühnentätigkeit, im Mühlhausener Theater- und Musikverlag Danner etwa 300 Couplets gedruckt vor – vollständiger Text einschließlich Musik, angekündigt als »glänzende, unübertreffliche, absolut selbstverfaßte Original-Vorträge«. Reutter empörte die Form des Diebstahls deswegen so sehr, weil seine Couplets ja rechtmäßig zu erwerben waren. Hinzu kam die meist jämmerliche Wiedergabe der Originale durch die Kopisten. Ein Theaterwitzblatt in Frankfurt am Main, das sich »Die Fackel« nannte, ersuchte Reutter in einem holzigen Vierzeiler, mit seinen »Verholzern« nicht so hart ins Gericht zu gehen, eher Nachsicht zu üben und den Schuldigen zu vergeben.

Mir ist's, ob du die Hände
aufs Haupt ihr legen sollst –
der Schar jener Humoristen,
die dich so gern verholzt.

Das war an Reutter der völlig falsche Appell. Wenn er sich bestohlen oder kopiert sah, gab es entsprechende Reaktionen von seiner Seite und nicht Vergebung. Er bemühte zwar gegen eine bestimmte Sorte von lokalen Tingeltangel-Kopisten keinen Anwalt, dies aber weniger aus Nachsicht als aus der Erkenntnis heraus, daß bei diesen Leuten nichts zu holen war.

Robert Steidl, beliebter humoristischer Bühnensänger und
Freund Otto Reutters.

Es wäre nun ungerecht, Reutters Beziehungen zu seinen Büh-
nenkollegen auf die hier beschriebene Sparte zu begrenzen. Es
wäre auch unzutreffend, ihn im Verkehr mit der Umwelt als
»wenig zugänglich«, »meist verschlossen« oder »so gut wie un-
nahbar« zu bezeichnen, wie man es hin und wieder in zeitgenössischen Berichten lesen kann. Für die Öffentlichkeit mag
das zutreffen und sogar verständlich sein, wenn man sich vor
Augen hält, daß sein Bühnenberuf mit den besonderen Anfor-
derungen und ständig wechselnden Orten einen haushälteri-
schen Umgang mit der Zeit erforderte und Vermeidung von
überflüssigen Belastungen, die völlig fremde Menschen für ihn
bedeuten konnten. So unwirsch er gegenüber Behelligungen und
Störungen reagierte und auf seine Ruhe als Privatperson in der
Öffentlichkeit bedacht war, wenn er im Zuge fuhr – er hatte
schon immer ein Abteil für sich – oder im Restaurant sein Essen einnehmen wollte, so liebenswürdig konnte er im privaten
Kreis oder als Gastgeber sein. Zu vielen Künstlern und Artisten
unterhielt er freundschaftliche Beziehungen, auch zur »lieben
Konkurrenz«, mit der er sich durchaus im Wettbewerb auf der
Bühne stehend begriff.

Der prominenteste unter seinen Duzfreunden war der Schauspieler Robert Steidl vom »Apollo-Theater«. Er galt als zweit-
größter Humorist des Berliner »Wintergartens« und damit als die
Nummer zwei in Deutschland in seinem Fach. Obwohl fünf Jahre
älter als Reutter, wurde er immer für den Jüngeren von beiden gehalten, aufgrund seiner schlanken, eleganten Erscheinung, mit der
Reutter nicht konkurrieren konnte.

Steidl stammte aus Hambug, war ein liebenswürdiger Charakter
und ein Vollblutkomödiant. Seine Eltern, Schauspieler, besaßen
ein eigenes Theater, wodurch dem Filius der Weg zur leichten
Muse vorgezeichnet war, jedenfalls um vieles leichter gemacht
wurde als dem jungen Reutter aus der Altmärkischen Bierstube.
Für den Erfolg, den sich Steidl mit seiner Paraderolle als Luftbal-
lon-Technikus Steppke in der Paul-Lincke-Operette »Frau Luna«
erspielte, hatte er gewissermaßen von Kindesbeinen an trainiert.

Als Vortragshumorist trat Steidl stets im tadellosen silbergrauen
Frack und Zylinder auf. »Immer gut gelaunt«, hieß es von ihm.
Machte ihn einer nach in seinem äußeren Auftreten, hieß es aus

dem Munde Otto Reutters: »Nicht so elegant und auch nicht so schön wie mein Freund Robert.«

Aus der gemeinsamen Arbeit mit Paul Lincke ergab sich, daß Steidl dessen Operettenschlager ins Repertoire nahm, damals das Allerneuste von Berlin; Lincke Paul war ja der Mann, der dem Schlager an der Jahrhundertwende die »Berliner Luft« einblies und ihm damit Weltgeltung verschaffte. Steidl verfügte auch über ein eigenes Repertoire an selbstverfaßten humoristischen Liedern, allerdings nicht so viele wie Otto Reutter, aber zumindest *einen* Schlager vom fidelen Robert kennt man heute noch – das ist der Inflationsjux von 1923: »Wir versaufen unser Oma ihr klein Häuschen.« Steidl hatte eine komisch-burleske, bezwingende Art, wenn er den Berliner und dessen Wochenendvergnügen parodierte – »Wenn Kalkulatorsch in de Boomblüte ziehn« –, den Kinderwagen mit dem Jüngsten über die Bühne schob, die Gören im Gänsemarsch hinterdrein, im Chorus den närrischen Refrain plärrend. Oder wenn Vater mit Familie zur Motorbootfahrt nach Grünau startete – »Muckepicke! Muckepicke! Muckepicke!«

Mit der »Muckepicke«, Urberliner Wortschöpfung für alles, was mit Motorgeräusch zu tun hat, beschäftigte sich 1920 sogar die »Weltbühne«, erstaunt darüber, daß ein Komiker die Leute damit so verhexen konnte. »Eine Seuche, die die Massen ergreift. Ein Komiker bringt's auf die Bühne, von dort gelangt es auf die Straße.« Diese Verbreitung hatten auch die von Steidl vorexerzierte »Parade der Zinnsoldaten« und sein Kinderlied »Eine Muh, eine Mäh, eine Täterätätä«. Ansonsten waren seine Themen die Liebe, Stichwort »Tingelingeling«, der Wein und dazu »Noch 'n Schnäpschen« nach der selbstgereimten Lebensmaxime:

In der Jugend tut es wohl,
im Alter tut's der Alkohol –
Jawoll, jawoll, jawoll!

Die vergnüglichen Lokalstücke Steidls, die teils an der Alster, teils an der Spree spielten, mehr ins Altdeutsche Ballhaus paßten als aufs kritische Brettl, sind ohne Schärfe oder satirische Ambition; die Politik war, ganz im Gegensatz zu Otto Reutter, nicht seine Passion. Die Biographien beider Künstler verband, daß sich

Paul Lincke schrieb die Schlager der Zeit.

ihr Aufstieg auf Berliner Boden vollzog, parallel mit dem Aufblühen der Berliner Operette, des Varietés und der damit einhergehenden Schlagerlied- und Coupletproduktion. Auch Steidl spielte anfänglich bei Sängergesellschaften, bevor er 1894 ans Berliner »Apollo-Theater« kam, wo ihn Reutter näher kennenlernte. Fast jedes Jahr führte sie ihr Engagement hier wieder zusammen. Reutter packte seinen Koffer ein, Steidl seinen aus. An solchen Tagen war in »Wedells Weinstuben« am Oranienburger Tor ein Tisch für sie reserviert. Paul Lincke kam nach der Vorstellung ebenfalls dazu, auch fand sich Ferdinand Meysel, der Direktor der Stettiner Sänger, deren Domizil das »Reichshallen-Theater« am Dönhoffplatz war, zum Skat an Reutters Stammtisch[1] ein. Von der Jahrhundertwende an bis in die Jahre des Ersten Weltkriegs hinein traf sich das berühmte Kleeblatt der heiteren Muse, sooft sich die Gelegenheit dazu ergab. Aus der Freundschaft zu Otto Reutter ist es denn auch zu erklären, daß Steidl von ihm manches Lied übernahm, wenn es ihm besonders gefiel, und es sogar auf Grammophonplatte sang, wie das »Automobil-Couplet«.

Seit der Jahrhundertwende bemühten sich nicht wenige Humoristen und Komiker um die Genehmigung, Reutter-Vorträge offiziell in ihr Repertoire zu übernehmen. Der bekannteste unter ihnen war Gustav Schönwald, geschätzt als »Spezialhumorist der Sprechmaschine«, dessen Lachstücke man in jeder Familie kannte. Schönwald war seit 1895 aufgrund einer ideal geeigneten Stimmlage für Berliner Firmen tätig, die Walzen für den Edison-Phonographen produzierten. Er selbst war Mitbegründer der Beka-Schallplattenfirma und hat insgesamt etwa zwanzig Reutter-Titel für Walze und Grammophon in den Trichter gesprochen, alle in solider künstlerischer Qualität, mit der Reutter zufrieden sein konnte. Ihm machte es sogar Vergnügen, seinen »Onkel Fritz aus Neu-Ruppin« einmal von einem anderen interpretiert zu hören.

---

[1] Davon berichtet Wilhelm Oppermann in seinem »Gedenkbuch« über Reutters Leben und Schaffen von 1931. Nach den biographischen Aufzeichnungen hingegen, die der Varieté-Humorist Bruno Wiesner, der Reutter noch persönlich gekannt hat, hinterlassen hat, soll Reutter keine Passion fürs Kartenspiel gehabt haben, lediglich für seine Zigarren.

Es waren überwiegend Berliner Künstler, die von Reutter genehmigte Nummern in ihre Programme einfügten, weniger für den Bühnenauftritt als für das neue Medium Platte. Bei Hermann Wehling ergab es sich aus seiner beruflichen Tätigkeit als Sänger und Sprecher der Columbia Phonograph Company und für die damals in Berlin tonangebenden Gesellschaften Beka, Zonophon und Homocord. Der Humorist und Operettensänger Georg Barsch, Jahrgang 1869, wiederum kam über den »Wintergarten« sowie über das »Apollo-Theater«, für das er als Schauspieler und Regisseur tätig war, mit Reutter in Verbindung. Unter seinen meistverkauften Reutter-Grammophonplatten befand sich die handfeste Satire auf die neuen Theorien des Sexualkundeprofessors Magnus Hirschfeld, die überall im Gespräch waren. »Der Hirschfeld kommt!« hieß es in humoristischer Vorwarnung bei Otto Reutter.

Ein jeder weiß, Herr Hirschfeld hat in vielen Punkten recht.
Jedoch mir scheint beinah' er glaubt, die ganze Welt sei
  schlecht.
Er wittert überall Skandal,
er hält fast keinen für normal.
Drum sieht man täglich in Berlin
Herrn Hirschfeld durch die Straßen zieh'n.
Ein jeder kriegt 'nen Schreck,
kommt Hirschfeld um die Eck.
»Der Hirschfeld kommt! Der Hirschfeld kommt!«
Dann rücken alle aus.
Der holt Verdachtsmomente aus allen Dingen raus.
Der Hirschfeld sagt: »Selbst die Natur
blamiert sich kolossal,
denkt an den letzten Sommer nur,
auch der war nicht normal!«

Mit Wehling und Barsch ist die Liste der frühesten zeitgenössischen Reutter-Interpreten nicht vollständig. Von den Herren müssen noch genannt werden: der in der Altwiener Tradition stehende Komiker Armin Berg (1884 in Brünn geboren), von dem es etwa ein Dutzend Reutter-Schlager auf Grammophonplatte gibt;

ferner der Tourneeschauspieler Hans Fredy (1861–1932) sowie der erste »Ringelringelrosenkranz«-Interpret am Berliner »Überbrettl« und spätere Rundfunk-Unterhaltungssänger Robert Koppel, Jahrgang 1874. Von den Damen sind zu erwähnen: Claire Waldoff mit dem Ulklied »Die Flundern, die Flundern, die werden sich wundern« und die Schauspielerin Gussy Holl, Diseuse am Berliner Nachkriegskabarett »Schall und Rauch« mit verfänglichen Betrachtungen über »Das gefährliche Alter« aus der Feder Otto Reutters.

Aus der Erteilung von Aufführungsrechten an Komiker, Humoristen und Sänger sowie an Plattenfirmen ergaben sich für Reutter nicht unbeträchtliche Tantiemen, desgleichen aus dem Verkauf seiner in hohen Auflagen gedruckten Bildpostkarten, die sein Porträt und drei bis vier Notenzeilen mit populären Refrains von ihm enthielten. Der Danner Verlag in Mühlhausen sorgte schließlich dafür, daß Reutter-Schlager in allen Musikalienhandlungen präsent waren. Es war also nicht so, daß Reutter generell etwas dagegen hatte, wenn andere Humoristen am Varieté mit Liedern von ihm auftraten oder sie auf Grammophonplatte sangen. Der Verbreitung seines Werkes wie seines Ruhmes konnte es nur dienlich sein, vorausgesetzt, die rechtlichen Fragen waren geregelt.

Über einen charakteristischen Zug im Wesen Otto Reutters gibt ein Vorfall Auskunft, der sich in den Jahren vor dem Ersten Weltkrieg ereignete: Reutter erhielt eines Tages von einem noch jungen Varieté-Humoristen, er hieß Friedo Kötter, ein Couplet zugeschickt, das den Titel »Denke daran!« hatte. Dazu ein Foto des Verfassers, das einen jüngeren Mann mit rundlichem Gesicht und Haartolle zeigte, Reutter nicht unähnlich. Kötter äußerte in seinem Brief den Wunsch, der berühmte Kollege möge ihm doch noch einige Verse hinzuschreiben. Die Antwort Otto Reutters, der sich mit seinem Couplet »Gräme dich nicht!« kopiert sah, fiel ernüchternd aus, aber nicht ohne Humor.

Denke daran, denke daran!
»Gräme dich nicht« ist ein Vortrag von Reutter.
Hättst' du ihn nicht benutzt, wäre gescheuter. –
Brauchst nicht Ideen und Rhythmus kopieren,
brauchst dich auch nicht à la Reutter frisieren.

Wenn du nichts kannst, fang was anderes an –
   Denke daran!

Friedo Kötter, noch immer stolz auf sein Opus, antwortete dem
»großen Otto« noch am selben Tage:

Gräme dich nicht, gräme dich nicht!
's fällt mir nicht ein, 'ne Idee zu kopieren
und mich sogar als à la Reutter frisieren.
's sagte mir mal ein Direktor in Sachsen:
»Haare sind grad wie bei Reutter gewachsen« –
Hab' grad wie du so'n dummes Gesicht.
   Gräme dich nicht!

Einige Jahre waren darauf vergangen. Der Zufall wollte es, daß
Kötter in Kolberg im Engagement war und hier im Strandschloß
mit Reutter zusammentraf, der nach ihm angereist war. Reutter
hatte ein phänomenales Gedächtnis. »Haben Sie mir seinerzeit
mal den Brief geschrieben?« fragte er Kötter. Als dieser etwas
bänglich bejahte, geschah etwas, womit der Briefschreiber von
ehedem nicht gerechnet hatte. Reutter klopfte ihm wohlwollend
auf die Schulter und sagte: »Das haben Sie fein gemacht. Jetzt sind
Sie mein Freund!«

Steuern, Orden, ein »Räuberhauptmann« und »Frau Schmidt«

1906 schrieb Otto Reutter in einem Aufsatz für den »Internationalen Artisten-Almanach«, daß er sein »Hauptgenre« darin sehe, »Zeitereignisse und Strömungen in möglichst drastischer Form, soweit das die Zensur zuläßt, zu glossieren«. Glossieren – das hieß in der ureigensten Bedeutung des Wortes spöttische Randbemerkungen zu etwas machen, um auf den Widersinn, das Anachronistische einer Sache hinzuweisen, mit mehr oder weniger liebenswürdigem Spott oder mit drastischeren Mitteln. Die Glosse kann sehr wohl in ihrer schärfsten Ausprägung eine Satire sein, da sie vom Standpunkt der Ablehnung, mindestens der kritischen Distanz gegenüber einer Sache oder Person ausgeht, ohne unbedingt die Gesamtheit der dahinterstehenden Staats- und Machtverhältnisse zu bekämpfen oder grundsätzlich in Frage zu stellen.

Reutter war – selbst unter Berücksichtigung seiner drastischsten Couplets – kein Satiriker im politischen Sinne, der mit radikaler Schärfe an die Wurzeln des Systems ging, doch auch kein Mucker oder gar ein ängstliches Gemüt. In seiner zupackenden Art und mit der ihm angeborenen ländlichen Nüchternheit im Blick auf Zeit und Umwelt hat er die Möglichkeiten, die ihm die Form des Varieté-Couplets bot, absolut ausgeschöpft. Die Bewertung, die der Lyriker und langjährige professionelle Kritiker der Kabarett- und Brettlkunst Max Herrmann-Neisse[1] zu Reutter vornahm, er sei »der Klassiker des aktuellen zeitkritischen Couplets der wilhelminischen Hochkonjunktur, der die politischen und literarischen Ereignisse gut pointierte, glossierte und parodierte«, ist präzise und zutreffend. Wenn er allerdings bemängelt, daß Reutter »keine

---

[1] Der Dichter Max Herrmann-Neisse (geboren 1886 in Neiße, gestorben 1941 im Exil in London) war von 1925 bis 1928 als Kabarettkritiker für das »Berliner Tageblatt« tätig, schrieb Brettl-Rezensionen aber schon seit 1922, unter anderem für die Zeitschrift »Der Kritiker«. Er versuchte sich gelegentlich selbst im Genre des satirischen Couplets, war mit vielen Künstlern der Kleinen Bühne befreundet und hat etliche von ihnen in literarischen Skizzen porträtiert (Claire

rücksichtslose Attacke« gewagt habe, geht er an der Sache vorbei
– aus zwei Gründen: Erstens weist Reutter selbst darauf hin, daß
die bestehende Zensur der Kritik Schranken setzte, und zweitens
hatte er auf die undifferenzierte Zusammensetzung des Publikums
Rücksicht zu nehmen. Die unten im Saal waren es schließlich, die
die Eintrittskarten kauften, nicht er. Und daher folgte seine Kritik
im großen und ganzen der allgemeinen liberalen und demokratischen Kritik an den Verhältnissen, worauf der Konsens mit den
Zensurbehörden wie mit dem Publikum beruhte. Im nachhinein
mehr von ihm zu verlangen, hieße, die historischen Realitäten
außer acht zu lassen. Die Frage kann nur lauten, welche Bedeutung ihm innerhalb *seines Fachs* und *seiner Zeit* zuzusprechen ist.
Die Antwort darauf fällt für Reutter günstig aus. Mit seinen gereimten Glossen zur Zeit und zur Politik war er in jener Epoche,
die Max Herrmann-Neisse als »wilhelminische Hochkonjunktur«
bezeichnet, der einzige Bühnenkünstler, der Massenwirkung
hatte.

In den Vorstellungen der Großvarietés und den Sälen großer
Häuser saßen am Abend meist mehrere tausend Besucher. Rech-
net man bei einem Jahresdurchschnitt von wenigstens 180 Spiel-
tagen mit häufig zwei Vorstellungen pro Tag die Besucher zusammen, so ist die Zahl von einer halben Million, die er pro Jahr
erreichte, noch knapp bemessen. In den damals modischen Kabaretts dagegen, »Überbrettl« genannt, erreichten aufmüpfige Lieder, die auch den Zensor zu passieren hatten, jeweils nur ein paar
hundert Besucher, vorwiegend Intellektuelle und Künstler, die unter sich blieben. Das »Boheme-Brettl«, auch wenn es sich rebel-
lisch gab, hat ein Massenpublikum aus breiten Schichten nie erreicht. Die verhältnismäßig wenigen satirischen Balladen und
Couplets, wie sie von Frank Wedekind, Alfred Kerr, Ludwig
Thoma oder Erich Mühsam für den Vortrag verfaßt wurden, än-
derten nichts an dem eng gezogenen Wirkungsradius dieser klei-

---

Waldoff, Karl Valentin) oder ihnen Gedichte gewidmet (Paul Nikolaus, Ringelnatz). Herrmann-Neisse hat Reutter in den zwanziger Jahren auf der Bühne
noch gesehen, dessen Vorkriegsrepertoire aber mit Sicherheit nicht gekannt.
Die einschränkende Bemerkung von 1926, daß Reutters politische Couplets
»die Bonhomie unverbindlicher Stammtischeckheit« gehabt hätten, ist aus
Max Herrmann-Neisses antibürgerlich radikalen Positionen zu erklären.

nen Bühnen, für die in der Mehrzahl ebenso kommerzielle Gesichtspunkte galten. Der Dicke aus Gardelegen mit seinen schlagenden Pointen und seinem kräftigen Wortwitz hat mit seinen Couplets unvergleichlich weit mehr bewirkt, wenn es darum ging, Dinge von öffentlichem Interesse witzig-kritisch zur Sprache zu bringen und die Nachdenklichkeit zu befördern.

Das anderthalbe Jahrzehnt nach dem »Wintergarten«-Debüt ist die Zeit seiner gesicherten beruflichen Karriere und zugleich die Zeit seiner besten politischen Couplets, die er vor 1914 geschrieben hat. Dazu gehören »Der General-Kunstmarschall«, »Die Lösung der Finanzreform«, »Herr ›Block‹ aus dem Reichstag«, »Der Ordensspender«, »Der Räuber-Hauptmann von Köpenick« und »Die echte deutsche Gründlichkeit«, ein Hymnus auf den Bürokratismus.

Im »General-Kunstmarschall« läßt er sechs prominente Künstler der Jahrhundertwende als Rekruten aufmarschieren. Es sind Siegfried Wagner, Max Klinger, Franz von Lenbach, Adolph Menzel, Gerhart Hauptmann und Hermann Sudermann, die sich auf Kommando »Augen rechts!« instruieren lassen müssen, denn

»So 'n Künstler macht oft, was er will,
da fehlt der militär'sche Drill.«
Doch alle Künstler kommen schnell
durch mich jetzt unter Kuratel.
Geb'n Sie acht – wie's gemacht,
wie ich die Leute instruier'.
Jeder tut als Rekrut,
was ich ihm kommandier'.
Ich bin der General-Kunstmarschall,
stets militärisch ist mein Fall.

Reutter erschien zu diesem Auftritt in friderizianischer Kostümierung, um die Bevormundung der Künste durch Wilhelm II. zu karikieren. Die abfällige Bemerkung des Kaisers von der »Rinnsteinkunst«, womit die Werke des sozialen Naturalismus gemeint waren, und der bei Reutter wörtlich zitierte Ausspruch Wilhelms gegen die moderne Malerei der Jahrhundertwende »Die ganze Richtung paßt mir nicht!« waren jedermann geläufig. Der »Sim-

Der »General-Kunstmarschall« – eine vielbelachte
Zeitsatire.

plicissimus« brachte schon 1900 eine Karikatur aufs Titelblatt, die die deutschen Professoren auf dem Kasernenhof vor einem preußischen Unteroffizier angetreten zeigt, und den Text dazu: »Euch Professorenbande will ich schleifen, bis ihr mich nicht mehr von einem Kultusminister unterscheiden könnt!« Diese Zeichnung von Thomas Theodor Heine hat Reutter wahrscheinlich zu seinem »General-Kunstmarschall« angeregt, dessen wirklich volkstümlicher, drastischer Witz die zeitgenössischen Kabarett-Couplets zum gleichen Thema weit übertraf.

Was *Ihr* malt, ist nicht interessant!
Da malt doch mal 'nen Leutenant,
'nen Oberst oder General.
Oder malt doch *mich* einmal.
Zivil zu malen ist nicht schwer.
Die Kunst beginnt beim Militär!

Satiriker und Humoristen brauchten sich im vierten Jahrzehnt nach der Reichsgründung um Stoffe keine Sorge zu machen. Im Hinblick auf das Reutter-Repertoire meinte der Redakteur der »Frankfurter Bürgerzeitung« im März 1914: »Allerdings, und ich sage das, ohne dem Witz und Humor Reutters zu nahe zu treten: Die Zeitverhältnisse bauen ihm das Piedestal seines Ruhms. Nie war die Tafel des Spötters reicher gedeckt als eben, da das politische Leben der Nation, sein kulturelles und gesellschaftliches Leben dem Humoristen eine Fülle ausgezeichneten Stoffs beschert, ihm sozusagen die Breitseiten der Lächerlichkeit zuwendet. Er braucht nur hineinzugreifen, und wo er's packt, da macht sein Witz es erst recht interessant.«

Einen ideal geeigneten Stoff lieferte ihm 1908 die Parteiendiskussion um die Behebung der wachsenden Reichsverschuldung, die von 1906 bis 1909 von 3,5 auf 4,5 Milliarden Mark angewachsen war. Regierung und Reichstag debattierten unausgesetzt Vorlagen und Vorschläge für eine tiefgreifende Finanzreform, um über Steuern, im Jahr mehr als 500 Millionen Mark hereinzuholen. In den Zeitungen las man jeden Tag eine neue Version zur »Stempelsteuer für Schecks und Talons«, zur »Erbschaftssteuer«, zur »Grundverkaufssteuer« und so fort. Otto Reutter über diese Plage:

Wo man hinkommt heutzutage,
redet man in einer Tour
von den neuen Steuern nur.
Alles, was es gibt auf Erden,
das muß jetzt besteuert werden.

Es fing beim persönlichen Besitz und den Erben an und endete beim trivialsten Gebrauchsgegenstand. Reutters 21 verrückte Strophen zur Lösung der Finanzreform waren ein Hieb auf den Wahnwitz der beabsichtigten Steuerregelung und Empfehlungen an den Fiskus, wo noch etwas zu holen ist.

Auch die Luft soll man berappen,
sonst gibt's keine Luft zu schnappen.
Zahl'n Sie nichts für das Vergnügen,
könn'n Sie keine Luft mehr kriegen.

Rauchen, Trinken, Schlafen, Essen,
gar nichts wurde jetzt vergessen.
Selbst das Licht ward nicht verschont,
man besteuert Sonn' und Mond.
Selbst die Dummheit kostet heute
Steuern – die zahl'n viele Leute –
Nur die Leute hier im Haus
schließ' ich selbstverständlich aus.

Jedes Denkmal kostet Standgeld.
Da kann man 'ne Menge Handgeld
schon allein aus Preußen zieh'n –
ganz besonders aus Berlin.
Jeder Orden kostet Preise.
Wer'n *verdient* hat – ausnahmsweise –
der bleibt frei, das ist doch klar,
na, das sind ja nur ein paar.

Die Kunst hätte sich ebenfalls auf die neue Lage einzurichten, denn Maler, Dichter und Komponisten würden im Zuge der Finanzreform ganz anders vorgenommen, bis auf eine Ausnahme.

Von der »Lust'gen Witwe« – schwapp! –
kriegt der Staat die Hälfte ab.
Jeder zahlt, wer schreibt und dichtet.
Nur auf Lyrik wird verzichtet,
da wird doch nichts bei erwischt,
denn die haben selber nischt.

Über der Steuerdebatte zerbrach der konservativ-liberale Block,
der die damalige Reichsregierung gestützt hatte, so daß es zu einem
neuen Bündnis von Konservativen und Zentrum kam, das die Finanzreform im Juli 1909 schließlich auf den Weg brachte. Seinen
spöttischen Kommentar zu dem Finanzwerk der neuen Mehrheit
des Reichstags verband Reutter in der darauffolgenden Nummer
seines Vortrags rückschauend mit einer höchst originellen Darstellung jener parlamentarischen »Kompromißgeburt« – dem aus
rechtskonservativen und linksliberalen Parteien gebildeten sogenannten Bülow-Block (nach dem Namen des Reichskanzlers[1]), der
infolge seiner unvereinbaren inneren Gegensätze zerbrach, als die
Reichsfinanzreform zur Lösung anstand.

»Herr ›Block‹ aus dem Reichstag« war eine der Glanznum-
mern unter den zeitkritischen Couplets Reutters vor dem Ersten
Weltkrieg und wurde von ihm auch schauspielerisch trefflich ze-
lebriert. Der Vortragende betrat in schwarzer Trauerkleidung, die
rechte Seite des Rockes voller Orden, die linke Seite leer, auf einen Stock gestützt, schwerfällig und nach dem Takte der Musik
hinkend, die Bühne, darauf achtgebend, daß der hohe Zylinder-
hut mit dem langen Trauerflor nicht vom Kopfe fiel. Herr
»Block« stellt sich vor.

Ein bißchen Landwirt und ein bißchen Börse,
ein bißchen Dalles und ein bißchen alles,
ein bißchen Wahlrecht und etwas Feudalrecht,

---

[1] Bernhard Fürst von Bülow: Reichskanzler und preußischer Ministerpräsident
von Oktober 1900 bis Juli 1909. Stützte sich seit 1907 auf eine junkerlich-bür-
gerliche Koalition deutsch-konservativer und freisinnig-liberaler Parteien, den
sogenannten »Bülow-Block«. Der Zerfall dieser Koalition bedeutete das Ende
der Kanzlerschaft Bülows.

Als »Herr ›Block‹ aus dem Reichstag«.

ein bißchen Fortschritt, etwas Reaktion,
ein bißchen bürgerlich, ein bißchen »von«,
ein bißchen Müller und ein bißchen Cohn –
Das war 'ne nette Konstitution.

Daß ein solcher Block nicht von Dauer sein konnte – »Block schlägt sich, Block verträgt sich« –, wurde von Reutter viel anschaulicher vermittelt, als es die Leitartikel der Tagespresse, zumeist eingefärbt vom politischen Standpunkt des Redakteurs, vermochten, wobei Reutter gleichzeitig den allgemeinen Mißmut über jene Politiker artikulierte, die mehr auf kurzlebige »Block«-Interessen als auf tragende langfristige Konzeptionen aus waren. Das Reichstagsleben stellte sich in der Sicht eines Varietéhumoristen so dar:

Wenig Müh' und Plag,
und zwanzig Mark den Tag.

Zu den Begleiterscheinungen im politischen Leben der Zeit gehörte als grassierende Modekrankheit die Ordenssucht. Irgendeinen Orden zu empfangen und zu tragen war der sehnlichste Wunsch von Militärs, Beamten, Wissenschaftlern, Künstlern und Kommerzienräten. Man wußte zwar, daß die Orden, gerade weil es so viele gab, nicht allzuviel wert waren, wußte aber auch, sofern man keinen besaß, daß man am Wert der eigenen Person Zweifel haben durfte. Kronenorden 3. Klasse für den Dichter Hermann Sudermann. Roter Adlerorden für Professor Becker von der Hochschule für Musik Berlin. Königlicher Kronenorden 4. Klasse für Reichsbahnobersekretär Albert Biber. Verdienstkreuz in Gold für Revierförster Christoph Jacobs. Ritterkreuz 1. Klasse des königlich sächsischen Albrechtsordens für Militärbaurat Machwerth. Hessisches Komturkreuz 2. Klasse für Oberst von Gayl. Endlos lang waren jede Woche die im »Reichsanzeiger« veröffentlichten Listen der Ausgezeichneten.

Orden als Bestätigung für eine Leistung? Für die Stellung einer Person im öffentlichen Leben? Oder nur praktizierte Servilität im Amt? Reutters Antwort darauf ist nachzulesen im »Ordens-Couplet«:

Wenn du einen Orden willst,
mußt du dich hübsch bücken,
was du auf die Brust bekommst,
verdienst du mit dem Rücken.
Darum bück dich, kluger Mann,
denn leicht stößt man oben an.

Zu seinem Vortrag hatte Reutter die Orden vor sich auf einem
Tisch sortiert. Zwei oder drei kleinere reservierte er für »die Kunst,
die Wissenschaft und für die geistigen Streiter«. Die wertvolleren
Adler-Orden dagegen waren für die Generäle und für die Feld-
marschälle in Deutschland, aber »hier diese großen, diese mächtigen, diese prächtigen, sind für die Kapitalisten – denn je größer der
Geldsack, um so größer der Vogel«.

Den gedruckten Noten ließ er schließlich gesonderte Blätter
mit vorgedruckten Orden anfügen, so daß sich jedermann zum
Preise von zwei Reichsmark Orden in beliebiger Zahl selbst aus-
schneiden und anheften konnte.

Die erheiternde Wirkung seiner orientalischen Kostümszene
verstärkte Reutter noch, indem er spitzbübisch betonte, in
Deutschland würde so was ja nicht gemacht, drum hätt' er alles
mitgebracht. Er käm' direkt vom schönen Persien. Während seines Vortrages versäumte er nicht, seinem Publikum die Leute mit
Stand und Titel zu nennen, die die meisten Orden tragen, so wie
es fünfzig Jahre zuvor sein Vorbild Adolf Glaßbrenner getan hatte.
Bei Glaßbrenner lauten einzelne Zeilen in dem Bänkellied »Die
alte Leier«:

Edel-, Wohl- und Hochgeboren,
Gnaden- und Hochwohlgeboren,
Frau Major und Exzellenzen,
Euer Durchlaucht, Eminenzen –
geht die alte Leier.
Titel sind nicht teuer!

Reutter beantwortete die Frage, wer die meisten Orden hatte, in
Anlehnung an sein Vorbild folgendermaßen:

Diplomaten, die stets nicken,
Professoren, die sich bücken,
Sittenpred'ger, die recht heucheln,
Journalisten, die recht schmeicheln,
Photographen, die gut knipsen,
Modelleure, die gut gipsen.

Ähnliche Töne waren zu jener Zeit nur noch in den streitbaren kleinen Münchner und Berliner literarischen Kabaretts zu hören. Für sie schrieb Alfred Kerr seinen »Bürger Schmidt« (»Keiner sah ihn je erbleichen; / und er trug das Ehrenzeichen. / Überm Vertiko hing stets / eine Schlacht bei Königgrätz«). Nach dem gleichen satirischen Muster porträtierte der Münchner Simplicissimus-Autor Ludwig Thoma die »feine Familie« der Jahrhundertwende (»Papa ist Geheimer Kommerzienrat, / mit vielen Orden für das, was er hat«). In der »Thronstütze«, einem seiner besten satirischen Couplets, skizzierte der bissige Bayer den Lebenslauf seiner Karriere-Kollegen von der Juristerei: »Bald 'nen Tritt und bald 'nen Orden, / mancher ist schon so geworden / Oberstaatsanwalte.«

Sehr früh schon zeigte sich bei Otto Reutter, gerade auf dem Felde der Zeitkritik, eine Besonderheit, die um 1910 endgültig zum Charakteristikum seines Repertoires geworden war. Er war der beste Geschichtenerzähler auf der Varietébühne, ein Meister im Aufbau der Spannung und der Steigerung der Komik. Es gab bei keinem Vortragskünstler Strophen von 32 Zeilen Länge wie in seiner Lachnummer von der Äppeltüte und der Frau Schmidt, hinter der sich ein kabarettistischer Einakter verbarg, der an Ludwig Thoma und dessen Beamtensatiren erinnerte.

Reutter nahm sich in diesem Couplet die »echte deutsche Gründlichkeit« vor und gelangte mit seiner harmlos-biederen Alltagsgeschichte zu einer satirischen Höhe, auf der er das preußisch-feudale Schlagwort »Immer korrekt! Immer korrekt!« ad absurdum führte. Diesen Text zu hören oder zu lesen ist ein Vergnügen. Immer dann, wenn man annimmt, daß er alles, was das Thema an Witz hergibt, ausgeschöpft hätte, sich der Spaß nicht mehr steigern ließe, schafft er es, zur Pointe noch eine und noch eine Pointe zu setzen, zu dieser die Überpointe und zu dieser eine noch bessere, so daß die Leute am Schluß ganz müde waren vom Lachen. Auf der Bühne wirkte es so, als seien ihm die Einfälle mitsamt den Formulierungen gerade in dem Moment zugeflogen, so leicht und mühelos wirkten seine Reime und sein Vortrag.

In der Straßenbahn saß Frau Schmidt vor'n paar Tag'n,
hat 'ne Tüte mit Äpfeln und vergißt sie im Wag'n.
Das Obst kommt aufs Fundbüro, das ist doch klar.
Dort erscheint bald Frau Schmidt und erzählt alles, wie's war.
»Aber liebe Frau Schmidt, die krieg'n Sie gleich wieder mit.
Hier hab'n Sie'n Papier, schreib'n Sie auf, bitte sehr,
wo sind Sie geboren, wie lang' ist das her?
Bitte nicht unterbrechen, hier wird nicht geschimpft.
Wo gingen Sie zur Schule? Wann sind Sie geimpft?
Wie alt ist die Mutter, wo wohnt der Papa?
Ach, der wohnt woanders? Dann lassen Sie'n da.
Hol'n Sie schnell Ihren Mann, der muß mit unterschreib'n.
Ach, Ihr Mann ist gestorben? Dann lassen Sie's bleib'n.
Sie hab'n wohl auch Kinder? Acht? Ist ein Malheur.
Sei'n Sie froh, daß er tot ist, sonst kriegt'n Sie noch mehr.

Aber nun gehn wir mal weiter. Das Obst, sagten Sie,
das lag in der Tüte. – Beschreiben Sie die,
beschreib'n Sie die Äpfel, schreib'n Sie ganz genau hin,
wie sahen sie aus? Wie lagen sie drin?
Bring'n Sie alle Papiere – vom Geburtsschein an,
und bring'n Sie den Äpfel-Verkäufer mit ran.
Der muß unterschreiben, hier auf dem Papier:
Die Äpfel, die Tüte sind beide von mir.
Aber für heut' ist's zu spät, wir schließen's Lokal,
und morgen ist Sonntag, komm'n Sie Montag noch mal.«

Und so kommt die Frau Montag, Dienstag, Mittwoch mit ran,
und am Donnerstag bring'n sie die Äpfel ihr an.
Sie schieb'n sie ihr hin – ohne Wort, ohne Gruß –
und sie guckt in die Tüte – und die Äpfel sind Mus.

1906 war die Geschichte in Köpenick passiert, über die die Welt lachte. Der Schuhmacher Wilhelm Voigt hatte sich, nachdem er

als ehemaliger Strafgefangener keine Arbeit mehr fand, beim Tröd-
ler eine Hauptmanns-Uniform ausgeliehen und in dieser Uniform
eine zehn Mann starke Garderegiments-Abteilung auf der Straße
angehalten, nach Köpenick zum Rathaus geführt, den Bürgermeister und den Kassendirektor verhaftet, das Rathaus eine Stunde
lang besetzt gehalten und sich dann mit dem Inhalt der Stadtkasse
abgesetzt. Eigentlich wollte er sich nur einen Paß beschaffen, den
es hier nicht gab. Zum Trost ließ er dafür die Stadtkasse mitgehen.

Über Nacht entstanden Dutzende von Reimen darauf, für die
»Berliner Illustrirte Zeitung«, fürs Varieté, für die humoristischen
Sängergesellschaften, die sich jetzt legitim einmal über höhere
Chargen, nicht immer nur den dummen Rekruten lustig machen
konnten, und man sah Künstlerinnen des artistischen Fachs, die
mit einem possierlichen Dressurtier oder einer Bauchrednerpuppe
»Hauptmann von Köpenick« mimten und garantiert Lacherfolge
hatten. Bedeutende Schriftsteller wie Carl Zuckmayer und Erich
Kästner haben sich in späteren Jahren mit diesem Thema für
Bühne, Film und Kabarett befaßt. Reutter war der erste, der dieses
Ereignis auf der Bühne glossiert hat. Er verfaßte noch am selben
Tage das Spottlied über den Räuberhauptmann von Köpenick, das
einem Bänkelsänger alle Ehre machte:

nicht ge-seh'n. Was rennt das Volk, was wälzt sich dort die
lan-gen Gas-sen brau-send fort? Vor-an die Gre-na-
die-re, des Kö-nigs Gre-na-die-re, auf
je-de Sei-te vie-re und der Ge-frei-te vorn.

Und die Moral von der Geschicht':
Die Hauptsach' ist der Hauptmann nicht.
Die *Uniform* verschafft Respekt,
ganz gleich, wer auch darinnen steckt.
Wo eine Uniform sich zeigt,
da wird man ängstlich, und man schweigt,
da wird nur noch »Hurra!« geschrien.
Ja, eine solche Disziplin,
die hab'n wir nur in Preußen,
in Preußen, in Preußen –
Wenn alle Stränge reißen –
Stramm hält die Disziplin!

Es ist übrigens die einzige echte Bänkelballade unter den
Repertoirestücken Otto Reutters geblieben. Für einen Va-
rietékünstler, der nie Anspruch auf literarische Bewertung erhoben hat, ist es eine gut erzählte und pointierte Geschichte,
mit der es obendrein gelang, den vom Wolzogenschen Überbrettl kreierten Schlager »Die Musik kommt« aus dem Felde
zu schlagen. Diese von Liliencrons gedichtete, mortialische
»Klingkling-Bumbum- und Tschingdada-Musik« in der Verto-

nung von Oscar Straus beherrschte über Jahre das offizielle Repertoire.

> Die Fahne kommt, den Hut nimm ab,
> der sind wir treu bis an das Grab . . .
> Und dann der Herre Hauptmann.

Es war das beliebteste Chanson der Epoche, das Standardlied aller Militär- und Salonkapellen. Reutter schrieb mit seinem »Räuber-Hauptmann von Köpenick« die Parodie darauf und verwies es endgültig ins Theatermuseum: »Vorbei ist die Musike.« Das Varieté übernahm – zumindest in den satirischen Couplets – eine Zeitlang die im offiziellen Kabarett verlorengegangene Funktion humoristisch-volkstümlicher Zeitkritik. Vom Publikum wurde Reutter auch so verstanden. Das bestätigen die Kritiken. Die »Frankfurter Bürgerzeitung« schrieb in ihrer Ausgabe vom 4. März 1914: »Ein Kerl . . . er kommt, singt und siegt auf der ganzen Linie, er wird jubelnd von dem Frankfurter Publikum begrüßt, und zwar ohne Unterschied der Konfession und der Partei. Die Sozialdemokraten lachen mit demselben Vergnügen und Behagen über den gesegneten Humor dieses Reutter wie die echtpreußischen Leute, die sich von ihm allerdings eine so witzige Behandlung gefallen lassen müssen, daß sie nichts Gescheiteres tun können, als gute Miene zum witzig-sarkastischen und humoristisch-satirischen Spiel zu machen.«

Auf Tournee – Abenteuer und Alltag

Die Tourneen sind ein besonderes Kapitel in der Biographie des reisenden Artisten Otto Reutter. Auf den Gastspielreisen, die er allein oder mit anderen unternahm, hatte er mitunter recht abenteuerliche Erlebnisse. 1901 war er mit etwa dreißig Mann sechs Wochen lang in 25 Städten unterwegs und gab jeden Abend Vorstellungen. »Ich hatte täglich etwa 500 Mark Unkosten«, schrieb er an seinen Onkel. »In ein paar Städtchen hatte ich Pech: In Bochum war irrtümlicherweise keine Reklame gemacht, weder Zeitungen noch Plakate hatten unser Eintreffen gemeldet. Ergebnis: gähnende Leere. Als wir morgens um drei Uhr zum Bahnhof gingen, wurden die Plakate angeklebt! In Mühlheim schlug während der Vorstellung der Blitz ins Lokal ein. Resultat: Panik und Spielverbot. In Aachen wurde ich heiser und konnte nicht singen. Resultat: Die Zeitungen schimpften, es kam keiner mehr. Diesen Fehlschlägen stehen allerdings glänzende Ergebnisse gegenüber. Wir haben in Mannheim, Koblenz, Darmstadt, Dortmund, Krefeld, Duisburg, besonders in Karlsruhe glänzende Geschäfte gemacht. Trotz tropischer Hitze waren die Vorstellungen überfüllt.«

Ungeachtet solcher Turbulenzen waren Reutters Künstlerjahre bis zum Ersten Weltkrieg gleichförmig ablaufende Jahre eines vielbeschäftigten Artisten. Alles wiederholte sich im Turnus. Er hatte anzureisen, aufzutreten, pünktlich, wie der Vertrag es vorsah, dann ging es weiter zum nächsten Ort, zur nächsten Bühne, zur nächsten Vorstellung. Da spielte selbst im heißesten Sommer die Temperatur keine Rolle. 1911, dem berühmten Rekordhitzejahr, gastierte er im Leipziger Krystall-Palast, einem der führenden Großvarietés in Deutschland. Nachmittags hatte er sich die Haare abschneiden lassen, weil die Julihitze unerträglich geworden war. Jedoch half das nur wenig. Er brachte die Vorstellung, schwitzend im Frack, zu Ende. Allerdings, dem Leipziger Publikum schien die Hitze weniger auszumachen. Man ließ ihn nicht von der Bühne und applaudierte so lange, bis er sich zu einer Zugabe bereit fand. Er gab dem Kapellmeister ein Zeichen und sang – aus dem Stegreif, wie es schien – zu dem eben beendeten Couplet »Na also!« eine neue Schlußstrophe.

Bei Reutter beliebt: Der alte Leipziger Krystall-Palast.

Sie riefen mich noch einmal raus,
drum steh' ich wieder hier.
Doch muß ich sagen frei heraus,
das macht mir kein Pläsier.
Die Hitze mag ich gar nicht leid'n,
die macht mich gar nicht froh.
Ich ließ mir schon die Haare schneiden
und schwitz' noch gradeso!

Neun Sachen sang hier oben ich,
das ist genug für Sie und mich.
Na also! Na also! – Was woll'n Se noch von mir?
Steh' ich noch länger oben, dann
bricht bald der nächste Tag heran.
Na also! Na also! – Na hör'n Se auf, ich bitt',
Sie hab'n doch bloß für heut' bezahlt
und nicht für morgen mit!

Das Publikum fand dieses Finale genial, so daß es abermals zu klatschen anfing und das schier Unmögliche von ihm erzwang: eine
weitere Zugabe.

Die Direktoren wußten schon, was sie an ihm hatten. In seinem
Falle gab es bei Vertragsabschluß schon längst keine Diskussion
mehr um die Höhe der Gage. Ab 1908 etwa bekam Reutter, der
von vornherein ausverkaufte Häuser garantierte, die Gage in
Form von Beteiligung pro verkaufter Eintrittskarte, was seine monatlichen Einkünfte beträchtlich erhöhte.

Ungeachtet seines hohen Einkommens und der Tatsache, daß
er in diesen Jahren bereits Millionär geworden war, änderte sich
am Lebensstil dieses eigenwilligen Komikers nichts. Im Umgang
mit Scheckbuch und Brieftasche blieb er reserviert wie eh und
je. Sein Impresario Robert Wilschke, der ihm auch persönlich na-
hestand, gibt folgendes Porträt von ihm: »Was seine Sparsamkeit
angeht, nun, die war altpreußisch-altmärkisch. Er hatte Respekt
vor dem Gelde, das sich schwer erarbeitete . . . Die Bohemege-
sinnung mancher Stars war dieser echten Preußenseele fremd. Er
legte keinen Wert auf Eleganz, wohnte auf seinen Engagements-
reisen in kleinen Hotelzimmern und fuhr nicht im Auto, sondern

mit der Straßenbahn abends ins Theater. Monatelang mußte er überredet werden, sich einen neuen Frack anmessen zu lassen – und dann zog er doch wieder den alten an, weil der ihm bequemer war.«

In Kollegenkreisen hielt man ihn für geizig. Das war auch der Hintergrund für jene Postanweisung, mit der sich ein Artist einen Scherz mit dem »alten Knauser« erlaubte. Reutter war damals am Dresdner »Central-Theater« engagiert, als eines Morgens der Geldbriefträger bei ihm an der Tür klopfte. Reutter erfreut: »Wieviel bringen Sie denn?« Der Briefträger: »Eine Anweisung über einen Pfennig. Absender ist Direktor Schieber.« Reutter, der Sache mißtrauend, machte die Tür gleich wieder zu. Nach Stunden trafen sich die beiden Herren auf der Straße wieder. Der Beamte, zur Zustellung verpflichtet, meinte zu ihm: »Verweigern Sie doch die Annahme, die Angelegenheit wäre damit erledigt.« Reutter unterschrieb die Verweigerungserklärung und gab einen Groschen Trinkgeld. Die Anweisung ging zurück nach Hannover. Dort wurde der Pfennig, da ein Direktor Schieber nicht zu ermitteln war, dem Fonds der Witwen- und Waisenkasse überwiesen.

Hinter »Direktor Schieber« verbarg sich, wie Reutter herausbekommen hatte, der Artist Mariani. Als er diesen nach längerer Zeit im Engagement wiedertraf, sprach er ihn daraufhin an: »Sie, Herr Direktor Schieber, von Ihnen kriege ich noch neun Pfennige rückständige Gage. Sie sollten sich schämen, Künstler zu engagieren, wenn Sie diese nicht bezahlen können!«

So wenig es unter seinen Direktoren und Kollegen lauter edle Menschen gab, so wenig war auch Reutter ein Musterknabe. Die Geschichte von der »verstorbenen Tante« ist das Beweisstück dafür. Als einmal eine Erledigung in Gardelegen anstand und eine Beurlaubung aus dem laufenden Engagement so gut wie ausgeschlossen war, ließ er den Direktor seines Gastvarietés wissen, daß in Gardelegen seine Tante gestorben sei. Sein Magdeburger Direktor war kein Unmensch und gewährte ihm den Tag Urlaub. Aus Gardelegen telegraphierte Reutter erneut nach Magdeburg, er müsse noch drei Tage bleiben, um die Beerdigungsangelegenheiten zu regeln. Auch das wurde ihm gewährt. »Am dritten Tag, dem angeblichen Beerdigungstag, saß ich gerade bei der bewußten Tante zum Kaffee, als ein umfangreiches Paket aus Magdeburg anlangte. Drinnen war ein Riesenkranz mit der Schleifenaufschrift ›Der lieben Tante als letzter Gruß – vom Direktor‹.«

Die so gemütliche Kaffeestunde nahm ein jähes Ende. Mit einem Trauerflor am Arm kehrte Reutter am nächsten Tag nach Magdeburg zurück und bedankte sich bei seinem Direktor mit bewegten Worten für dessen Anteilnahme. »Oh, keine Ursache, aber wir hatten hier leider viel zu tun, sonst wäre ich selbst zum Begräbnis gekommen.«

Von diesem einen Vorfall abgesehen, war Reutter in Geschäftsdingen von äußerster Korrektheit, wie auch in der Erfüllung seiner Verträge. Sein Privatleben, seine Freizeit, sein Urlaub, selbst seine Gesundheit standen dahinter zurück. Bekannt ist von ihm, daß er privat kaum größere Reisen unternommen hat. Zum einen erlaubte es ihm sein Terminkalender nicht, zum andern war ihm jede Reiserei berufsbedingt verleidet. Er meinte, er würde im Urlaub sowieso nur arbeiten. Arbeiten müssen! So kam es, daß er selbst in den heißesten Sommermonaten in große Kurbäder oder an die See fuhr, aber nicht, um Badeurlaub zu machen, sondern um Kurzauftritte von wenigen Tagen zu absolvieren. Was der Inhalt seiner auftrittsfreien Zeit war, steht in Form von handgeschriebenen Strophen in seinen Coupletbüchern, fortlaufend numeriert, manches durchgestrichen, die Zeilen in schwungvoller Kanzleischrift. Der Band Nummer 2, den er in jenen Jahren anlegte, führt auf der ersten Seite des Inhaltsverzeichnisses folgende Titel auf:

1. Immer korrekt
2. Der Geburtstagsonkel
3. Wissen Sie, was der geantwort't hat
4. Wir werden's noch erleben (Forts.)
5. Der Ordensspender (Forts.)
6. Wo war'n Sie denn so lange?
7. Man sagt
8. In dem Moment
9. Reutters Werke (Forts.)
10. Das macht uns Freude
11. Karline
12. Weil's einfach ist

13. Es war einmal
14. Der Gedankenleser
15. Die große Hitze vom Sommer 1911
16. Der tapfere Italiener

Die meisten dieser Titel nahm er auch in seine Vortragsbücher auf, die zwischen 1904 und 1910 in mehreren Ausgaben und Ausführungen im Verlag Otto Teich erschienen. Ein Heft mit 25 Couplets kostete eine Mark, für 40 Couplets mußte man 1,50 Mark bezahlen. Von seinen bis dahin schon mehr als tausend Couplets ließ er nur einen kleinen Teil drucken. Bis 1914 waren das etwa 300 Titel.

Weil Reutter jeden Monat Neues brachte, das Repertoire mitunter frisch auf den Tag, die Erwartungen des Publikums nie enttäuschte – eine wandelnde Familienzeitung auf der Bühne –, war er eine wahrhaft volkstümliche Erscheinung. Seine Popularität spiegelte sich auch in den Zeitungen, Zeitschriften, Bühnen- und Artistenfachblättern dieser Jahre, von denen einige zitiert werden sollen.

Düsseldorfer Theaterwoche (1911): »Er gab seinem unerhört zündenden und originalen Witz eine so verblüffende Form, daß jede Strophe laut belacht wurde. Ein Talent sprach zu uns, wie wir es in solcher Urwüchsigkeit noch nicht erlebt hatten. Die ätzende Schärfe seines Witzes wurde durch die Liebenswürdigkeit des Vortrags gemildert.«

BZ am Mittag, Berlin (1911): »Die Coupletdichtkunst Otto Reutters hat gestern im Lustspielhaus einen neuen und neuartigen Erfolg erzielt, der um so höher einzuschätzen ist, als er nicht auf dem Mienenspiel des sieggewohnten Brettlkomikers beruhte. Man hatte den ›Registrator auf Reisen‹ von L'Arronge und G. von Moser hervorgeholt, abgestaubt und neu inszeniert.«

Liegnitzer Tageblatt (1912): »Was Caruso unter den Sängern, ist Reutter unter den Humoristen. Den Titel ›König der Humoristen‹ verdient Reutter mit vollem Recht.«

Lokales

Otto Reutter in Liegnitz.

Als ein Ereignis für Liegnitz ist es wohl anzusprechen, wenn Otto Reutter hierselbst ein Gastspiel gibt. Was Caruso unter den Sängern, ist Reutter unter den Humoristen. Den Titel „König der Humoristen" verdient Reutter mit vollem Recht. Die Freunde des hiesigen Central-Theaters konnten Reutter bereits zweimal hören. Und die, die am Sonnabend wieder gekommen waren, um sich erneut an Reutters Muse zu ergötzen, mußten wieder zugestehen, daß Reutters Ruhm als der beste Humorist noch immer zu Recht besteht. Denn sein selbstverfaßtes Repertoire übertrifft nicht nur jedes andere an Humor, es wird auch allen anderen Humoristen vorbildlich sein. Und gar die Art von Reutters Vortragskunst! Wie er jede Pointe herauszuholen weiß! Wie er charakterisiert! Wie er Mimik, Geste und Sprache sparsam und wirksam gleichzeitig verwendet! Sein erster Vortrag am Sonnabend war „Gräme dich nicht", in dem er die neueren Ereignisse auf politischem und wirtschaftlichem Gebiet mit gutmütigem und auch ätzendem Spott übergoß. Zwei Verse waren es namentlich, nach denen der Beifall kein Ende nehmen wollte: als er aktuell das Hauptmannsche Festspiel behandelte und weiter auf den Domänenpächter von Cadinen zu sprechen kam. Ferner trug Reutter vor: „Wir werdens noch erleben" — eine heitere Perspektive in die Zukunft; ferner „Weiter, immer weiter", das witzsprühend den Lebenslauf eines Menschen behandelte. „Wie man alt wird" erzählte das nächste Kouplet. Eines der besten Vortragsstücke Reutters ist wohl sein „Allerweltsprofessor", das mit dem reizenden Refrain schließt „Michel hat schon wieder mal geträumt"; Speziell dieses Stück ist voll politischer Anspielungen. Der Beifall wollte schier kein Ende nehmen. Als sechster Vortrag folgte das bekannte „Wo hast Du denn dein Wehwechen." Auch das nächste Kouplet „Berlin ist ja so groß" sprühte von Humor. Neu und interessant war: „Es ist was eigenes mit der Liebe". Zum Schluß produzierte sich Reutter als Gedankenleser an einer Reihe Köpfe berühmter Persönlichkeiten, die eigens auf die Bühne gebracht worden waren. Natürlich war diese Nummer ebenso humorvoll wie satirisch. Es braucht nicht wiederholt zu werden, daß, wie nach jeder Piece so auch hier der Beifall kein Ende nehmen wollte. Besonders witzig ist und bleibt Reutters Abgang nach den vielen, vielen Hervorrufen. — In das Programm des Abends waren neu aufgenommen die beiden Akrobaten ſes Courageux. die in ihrem Fach recht tüchtiges leisten. Hand-auf-Hand- und Kopf-auf-Kopf-Stände führten sie sehr gut aus. Ja, einige Tricks, die in Verbindung mit **Apparaten** exzelliert wurden, brachten es in noch nie geschener Vollendung zur Darstellung. Auch das übrige Programm gefiel sehr gut. Der Besuch muß deshalb aufs Dringendste empfohlen werden, namentlich sollte kein Liegnitzer versäumen, Reutter zuzuhören.

Das Lob war spaltenlang.

Kasse: Tel. I. 4603. **Albert** Dir.: Tel. I. 13186

● Schumann=Theater ●

Dir. Jul. Seeth   Frankfurt a. M.   Bahnhofsplatz

Nur vom 1. bis 15. März 1914

Otto Reutter

Unwiderruflich nur 15 tägiges Gastspiel.

Zum ersten Male hier!	Zum ersten Male hier!
-- **5 Roms Girls** --	— **Lucie Gillett** —
Gesang und Tanz.	Jugendliche Jongleuse.

Zum ersten Male in Frankfurt am Main !

LA ARGENTINA

Brasilianische Castagnettenkönigin.

Zum ersten Male hier !	Zum ersten Male hier !
-- **Soléa & Partner** —	— **Gerhardi Mohr** —
Akrobatik.	Champion - Springer.

Zum ersten Male in Frankfurt am Main !

PARTHENON. altgriechische Friese

gestellt von dem Münchener Bildhauer L. ZACHERL.

Zum ersten Male hier !	Zum ersten Male hier !
— **2 Schäffer 2** —	**Claire und Gust. Bleckwenn**
Gladiatoren.	Kunstradfahrerpaar.

Die Theaterkasse ist von morgens 10 Uhr ab ununter-
brochen geöffnet. Telefonisch bestellte Billets werden
nur bis 7½ Uhr reserviert. Einlaß 7 Uhr. Anfang der
Vorstellung 8 Uhr. Billete haben nur an dem Tage Gültigkeit, dessen Datum sie tragen.

Im Weinrestaurant ab 10½ Uhr Lustige Unterhaltungs-
Abende mit Tanz bei freiem Eintritt nud Garderobe.

Im Biertunnel, Humor. Musik- und Possen-Ensemble „WILLY HOEFEL"

Zur gefl. Beachtung ! Die Nachmittags - Vorstellung an
Sonn- u. Feiertagen beginnen **punkt**
3½ Uhr.

Wenn Reutter auftrat, gab es abends in Frankfurt keine
Karten mehr.

Artistische Nachrichten des Hansa-Theaters Hamburg (1913): »Seine witzreichen Verse sind im Munde von Tausenden und Abertausenden, seine sprudelnde Laune ist stets von köstlich zündender Wirkung, und das Publikum läßt sich gern von dem Humor des großen Meisters gefangennehmen. Hier ist etwas Vollkommenes, Unerreichtes.«

Frankfurter Zeitung (1913): »Der Einzug des ungekrönten Königs des Varietés, des unvergleichlichen, unsterblichen und unvergeßlichen Otto Reutter gestaltete sich in Frankfurt im Riesenhaus des Schumann-Theaters wieder einmal zu einem Volksfest. Mehr an Wirkung, Witzworten und Wortwitzen, Steigerung und Dämpfung, an Beweglichkeit, Laune, Satire, Humor und lächelndem Ernst kann man nicht gut verlangen ... Zwölftausend klatschende Hände ergeben ein hübsches Sümmchen von Energie, die nicht nutzlos vergeudet ist.«

Ob es sich um das »Albert-Schumann-Theater« am Bahnhofsplatz in Frankfurt am Main mit 6000 Plätzen oder das »Central-Theater« in Magdeburg mit seinen 1800 Plätzen handelte – wenn Reutter kam, war ausverkauft. *Die* Direktoren konnten sich glücklich schätzen, die über Reutters Agentur eine Buchung im voraus erreichen konnten. In seinem Kalender standen nämlich jetzt schon Termine für das deutschsprachige Ausland, so in der Schweiz und in Österreich. In Wien konnte er 1909 besondere Triumphe feiern, als er die Bemühungen Österreich-Ungarns zur Stabilisierung der Verhältnisse auf dem Balkan mit einer aktuellen Strophe würdigte. Die Türkei hatte 1909, was Serbien mißfiel, die Souveränitätsrechte über Bosnien-Herzegowina gegen die Zahlung von 2,5 Millionen englische Pfund an Österreich abgetreten.
Die Berliner »Vossische Zeitung« brachte am nächsten Tag einen Sonderbericht ihres Korrespondenten aus Wien, daß es zu einer »politischen Kundgebung« im Kolosseum gekommen sei. »Otto Reutter hatte die Vorgänge des Tages zu einem Kuplet zusammengefaßt, das folgendermaßen ausklang: ›Und ich hoff'‹, in einigen Tagen werden die Österreicher sagen: Krieg gibt's nicht, das freut uns sehr. Wenn die Serben nochmals mucken, brauchen wir nicht auszurucken, hol'n wir bloß die Feuerwehr. Und ich

wünsch', daß Frieden bliebe. Denn des Kaisers Friedensliebe ist ja überall bekannt. Er ist Österreichs größte Stütze, Gott erhalte, Gott beschütze Österreichs Kaiser und sein Land!‹

Als Reutter geendet hatte, erhob sich ein Beifallssturm im Publikum. Die Leute erhoben sich in den Logen. Tücher wurden geschwenkt. Minutenlang brauste der Beifall durch den Saal.«

Der Bericht aus Wien besaß noch einen Nachsatz, daß Reutter übrigens polizeilich zur Verantwortung gezogen würde, weil er das Gedicht nicht vorher der Zensur unterbreitet hatte.

Obwohl Reutters Arbeitsalltag gleichförmig verlief, gab es gelegentlich doch Aufregung oder Unruhe. So 1908, als die Zeitungen meldeten, Reutter sei bei einem Eisenbahnunglück ums Leben gekommen. Der Totgemeldete sah sich veranlaßt, den Zeitungen ein Dementi zugehen zu lassen:

> Ich wäre zwischen Tür und Angel
> zu Tod gedrückt, so les' ich hier.
> O nein – ich ruf'
> mit Papa Wrangel:[1]
> »Ick dementiere mir!«

Für Aufregung sorgte 1908 eine Einladung des Kronprinzen zu einem Vortrag ins kronprinzliche Palais – an sich nichts Außergewöhnliches, da solche Einladungen auch an Sänger der Hofoper, an Pianisten wie auch an andere Prominente der leichten Muse ergingen. Die Hofbeamten, selbst hohe Militärs aus den Kreisen der Adjutanten gingen seit Jahren, in Zivil allerdings, samt Gattin in den »Wintergarten«, was für den Kaiser und den Kronprinzen entfiel. Sie mußten sich die betreffenden Künstler zur Privatvorstellung einladen. Bei Reutter wurde es unvorhergesehen zu einem unfreiwillig komischen Auftritt. Der ihn begleitende Pianist Gustav Wanda, Kapellmeister vom »Wintergarten«, war etwas nervös angesichts der hohen Herrschaften und vergaß, als er sich an den Flügel setzte, die weißen Handschuhe anzuziehen. Als Reut-

---

[1] »Papa Wrangel« war die Bezeichnung für den sehr populären preußischen Generalfeldmarschall Friedrich Graf Wrangel (1784–1877), dessen Aussprüche zu Reutters Zeit noch geläufig waren.

ter das bemerkte, gab er ihm, leicht preußisch, den Befehl: »Justav, zieh de Handchen aus!«, was alle Anwesenden zum Lachen brachte.

Eine Einladung an Reutter erging auch von der Familie Krupp von Bohlen und Halbach auf die »Villa Hügel«, unter deren Gästen sich an jenem Tag Kaiser Wilhelm befand, der sich über Reutters zupackende Pointen recht gut amüsiert haben soll. Während Reutter vom Kronprinzen eine wertvolle Brillantnadel erhielt, fiel das »Honorar« von Krupp ganz im Stil des Hauses aus: eine aus Edelstahl gefertigte Miniaturkanone.

Es geht die Legende, daß seinerzeit nur der König von Sachsen um das Vergnügen eines Reutter-Privatvortrags im Dresdner Schloß gekommen sei. Der Hofbeamte, der Reutter im Wagen abholte, begann sofort, als Reutter eingestiegen war, anhand der Texte den Künstler zu belehren. »Das hier dürfen Sie nicht bringen! Hier, diese Stelle, dürfen Sie auch nicht bringen!« Nachdem das noch zwei- oder dreimal so fortging, ließ Reutter den Wagen halten und verabschiedete sich kurz angebunden mit den Worten: »Mich dürfen Sie auch nicht bringen!« Und ging zu Fuß zurück in sein Hotel.

Reutter war der Varietéhumorist mit der höchsten Gage, er hatte Erfolg, war eine Persönlichkeit, genoß überall Ansehen, hatte aber kein Zuhause. Seit 1904 schon war er von seiner ersten Frau Olga Nock geschieden; es gab kein Ehepaar Reutter, nur Reutter Vater und Sohn. So feierte Reutter, wenn er sich nicht in Gardelegen aufhielt, seine Geburtstage in der Regel auf Tournee, meist im Kreise der Direktion, der Kollegen und Freunde am Ort. Sein 40. Geburtstag 1910 stand ganz im Zeichen seiner Bühnen- und Schallplattenerfolge. In Berlin wird in Castans Panoptikum in der Passage an der Friedrichstraße eine Reutter-Wachsfigur aufgestellt, Haltung genau wie auf der Bühne. Reutter meinte, es sei eine gute Reklame für ihn, denn um dahin zu kommen, müsse man entweder sehr bekannt oder ein großer Verbrecher sein.

Sein 40. Geburtstag war ihm Anlaß, in einem Gedicht Rückschau auf sein Leben zu halten und auszusprechen, daß das Spaßmacher-Handwerk auch seine Schattenseiten hat und *dem* ein gnadenloses Schicksal beschert, der sich eines Tages mit der eigenen schwindenden Lebenskraft oder der möglicherweise schwindenden Gunst des Publikums konfrontiert sieht. Sollte er noch länger den Narren spielen? Was scherten ihn die Leute. Dankbarkeit gibt es ohnehin keine. »Warst du nicht mehr lustig gestern, dann verlachen sie dich heute!« Um seufzend hinzuzufügen: »Machte oft die Leute lachen, die nur seichte Scherze lieben, drum sind meine besten Sachen jene, die ich *nicht* geschrieben.«

Das Resümee der vier Jahrzehnte sah für ihn privat ganz anders, viel nachdenklicher als auf der Bühne aus, wo es aus seinem Munde stets hieß, er sei »ein Optimiste, ein froher Humoriste«. Wie froh und wie wenig Optimist, bekannte er sich selbst gegenüber in einem privaten Gedicht »Vor meinem vierzigsten Geburtstag«:

Vierzig Jahre! Zwar kein Alter,
wie es die Psalmisten preisen,
doch man spürt es schon: Allmählich
kommt man nun zum alten Eisen.
Von des Lebens Mittagshöhe
steig' ich alter Grillenfänger,
und ich seh' die Sonne schwinden –
Und die Schatten werden länger – – –

Sein Schwerarbeiter-Bühnenberuf zehrte an seinen Kräften, mehr, als er sich selbst eingestehen wollte. Ein normales Leben, wie es andere Leute führten, die arbeiteten und regelmäßig auch Urlaub machten, gab es für ihn nicht. In einem Geburtstagsartikel für seinen Freund Otto schrieb der Schauspieler Max Reichardt im März 1910 für die Grammophon-Zeitschrift »Die Stimme seines Herrn«, daß Reutter ihm jeden Sommer erzähle, »Jetzt singe ich nur noch eine Saison«, solange seine Notizbücher aber noch mit Ideen und Refrains vollgepfropft seien, werde er es sich wohl noch ein paar Jährchen überlegen. Kurzum: »Obwohl er es zuzeiten leugnet: Sein ganzes Glück ruht in seinem Beruf, er hängt an dem Varieté mit allen Fasern.«

»Er hat nur gearbeitet«, sagte in späteren Jahren seine zweite Frau, als Reporter von der Zeitung nach seinem Hobby fragten. 1912 war der völlig überarbeitete Reutter gezwungen, einmal für längere Zeit auszuspannen. Er begab sich auf eine mehrmonatige Mittelmeerreise. In den Jahren zuvor war er lediglich einige Male auf ein paar Tage in Paris gewesen, um sich die Stadt und die Revuetheater mit ihren so gepriesenen Chansonniers anzusehen. Eigentlicher Urlaub aber war es nicht. Und sonst? Gab es mal einen oder mehrere freie Tage, dann unternahm er eine Dampferfahrt auf den Berliner Gewässern oder fuhr nach Gardelegen, wo sein Sohn Otto, den er nach dem Tode seiner von ihm geschiedenen Frau Olga bei Verwandten untergebracht hatte, die Realschule besuchte. Die Lokalpresse behandelte den Ankommenden, wenn sie davon erfuhr, jetzt wie eine hochgestellte Persönlichkeit mit Anspruch auf Hofberichterstattung. Am 8. Juni 1911 hieß es im Kreisanzeiger: »Otto Reutter, der bekannte Humorist, ein geborener Gardelegener, der sich im vorigen Jahr ein Halsleiden zugezogen hatte, weilt seit einigen Tagen in bester Gesundheit wieder in seiner Vaterstadt.«

Gardelegen war das traulich-gemächliche Städtchen seiner Kinderjahre geblieben, nur daß es jetzt Elektrizität und Wasserversorgung gab. Das Bier schmeckte wie ehedem in der Sandstraße in der Gastwirtschaft seiner Großeltern. Vom Schützenverein der Stadt war ihm die Mitgliedschaft angetragen worden, die Reutter, obwohl er vom Vereinswesen nichts hielt, annahm. Die Freunde und Bekannten aus den Tagen seiner Schulzeit, die am Ort wohnten, hätten es ihm wohl sonst sehr übelgenommen. In ihrem Kreis war der knorrige einsilbige Alte wieder ein geselliger, umgänglicher Gardelegener. Und 1911 war er wieder einmal Schützenkönig geworden. An Berliner Bekannte schrieb er zu dieser Ehre, daß er »an den Folgen dieser Tätigkeit noch heute zu leiden habe«, womit er sicherlich die beträchtlichen Ausgaben für die große Zecherschar meinte. Ob die gewitzten Altmärker sich nun absichtlich in der Trefferquote zurückhielten oder ob Reutter tatsächlich mit der Waffe so vorzüglich umzugehen verstand, muß dahingestellt bleiben.

Die neuen Medien: Phonograph und Kintopp

Zu den ständigen Besuchern Otto Reutters im »Wintergarten« gehörte um 1905/1906 auch Deutschlands damals viel diskutierter Dramatiker Frank Wedekind. Er war für den Herbst und Winter von München nach Berlin gekommen, wo vor dem Gericht in Moabit im Zusammenhang mit dem Bühnenstück »Die Büchse der Pandora« ein Prozeß gegen ihn wegen »Verbreitung unzüchtiger Schriften« stattfand. Die Sache ging glimpflich aus, weil sich Thomas Mann und Gerhart Hauptmann mit ihrem Gutachten hinter das Stück stellten und der Autor sich zu einigen Textänderungen am Buch bereit fand. Von seinem Logis am Schiffbauerdamm hatte es Wedekind nicht weit bis zum »Wintergarten«, nur über die Spree hinüber. Die Vorstellungen mit vollendeten musikalischen, akrobatischen und tänzerischen Darbietungen waren die ideale Abendentspannung. Am meisten aber amüsierte sich Wedekind über die trefflichen Witze Reutters auf den Zensor und den preußischen Maulkorb, die er selbst in seinen Bänkelliedern auf der Bühne der Münchner »Elf Scharfrichter« bissig attackiert hatte.

Zwischen der Familie Wedekind und der Kunst Otto Reutters bestanden Beziehungen besonderer Art; Kadidja Wedekind, die Tochter des Dramatikers, hat in späteren Jahren darüber berichtet: »Mit dem ›Wintergarten‹ war ich eigentlich schon befreundet, bevor ich geboren wurde. Damals wohnte mein Vater in Berlin. Meine Mutter war eine junge Schauspielerin. Sie waren noch nicht verheiratet. Mein Vater führte meine Mutter in Berlin herum, und abends gingen sie oft in den ›Wintergarten‹. Aufgewachsen bin ich sozusagen bei den Klängen der Grammophonplatten von Otto Reutter. Seine Stimme kenne ich ganz genau. Noch heute kann ich einige seiner herrlichen Couplets auswendig.«

Schon kurz nach seinem ersten Erfolgsauftritt im »Wintergarten« war Reutters Stimme in jedem Haushalt präsent, in dem ein Grammophon vorhanden war. Die Edinsonschen Phonographen waren anfangs noch eine sehr teure Angelegenheit, als aber die Preise der begehrten Apparate mit zunehmender Verbreitung der Grammophonplatte von ehemals 150 Mark auf 70 bis 80 Mark heruntergingen, konnten sich auch weniger bemittelte Haushalte dieses Vergnügen ins Haus holen. Reutter führte seit 1903/04 bereits die Liste der Humoristen an, was sich in der Grammophon-Zeitschrift »Die Stimme seines Herrn« entsprechend niederschlug. »Allen voran marschiert Otto Reutter, der König der Humoristen und des Varietés überhaupt. Erst danach kommen Robert Steidl, Martin Bendix und alle die vielen anderen.« Wurden um 1902/03 etwa 15 Couplets von ihm auf Rillen gepreßt, so waren es 1906/07 nach den Katalogen seiner Firmen schon über 20 und bis 1913 insgesamt 180 Titel. Man kann also sagen, daß Reutter nicht nur den Siegeszug des Varietés in Deutschland, sondern auch den der Grammophonplatte begleitet hat.

1912 veranstaltete die Deutsche Grammophon-Gesellschaft zusammen mit ihrer Zeitschrift ein großes Otto-Reutter-Preisausschreiben, an dem man den Grad der Bedeutung seiner Person für das neue Medium ablesen konnte. Folgende Aufgabe war zu lösen: Zu einem Reutter-Gedicht, Titel »Das Grammophon«, war eine neue Schlußstrophe zu schreiben. Gewinner sollte sein, wer die höchstmögliche Annäherung an das Original erreichte. Reutter selbst als Vordichter lieferte sechs komplette Strophen, die die Überallpräsenz der neuen Erfindung priesen, nach dem Motto: »Es dringt vom Stübchen bis zum Thron, selbst auf dem Nordpol klingt es schon.« Er selbst nehme das Ding auf Schritt und Tritt selbst hinter die Kulissen mit. Sollte ihm einmal eine Gedächtnisschwäche droh'n, dann hätte er ja – das Grammophon.

Die Reuttersche Schlußstrophe Nummer sieben war bei der Veröffentlichung des Preisausschreibens weggelassen. Das Lied sollte von den Lesern zu Ende gedichtet werden.

Die drei Juroren, prominente Autoren des heiter-musikalischen Bühnengenres, hatten soviel Einsendungen für würdig befunden, daß die 25 ausgesetzten Preise nicht annähernd ausreichten. Zu Jahresbeginn 1913 war die Arbeit der Preisrichter beendet, die Post von Ärzten, Oberleutnants, Ingenieuren, Amtsgerichtsräten, Doktoren der Philologie und Hausfrauen durchgesehen. Alle Schichten der Bevölkerung waren vertreten, so wie sie auch bei Reutter in der Vorstellung saßen. Einen höheren Grad an Popularität konnte man wohl nicht erreichen.

Den Vogel unter den Einsendern schoß Frau Emma Vogel aus

Kohlscheid bei Aachen, Roermonderstraße, ab, die das Preisgeld im Werte von 500 Mark gewann. Ihre Verse wurden in der Zeitschrift veröffentlicht, nicht weniger originell gereimt als bei Otto Reutter, in der Pointe fast gleich.

Bei Otto Reutter, dem Vater des Preisausschreibens, lautete die Schlußstrophe:

Ich nahm's und ging zur Bühne raus
und hatte riesigen Applaus.
Hab' meinen Mund nur aufgemacht,
da hat das Publikum gelacht.
Ich sang kein Wort – denn jeden Ton,
den bracht' für mich – das Grammophon.

Bei Tante Emma hieß es, preisgekrönt:

Stolz trat ich auf die Bühne raus,
begrüßt von mächtigem Applaus –
und hell und klar wie jemals kaum,
schallt' meine Stimme durch den Raum.
Ein Jubelsturm, das war mein Lohn,
gesungen hat – das Grammophon.

Die übrigen Gewinner erhielten Grammophone der Marke »Salon« oder »de Luxe«, gefertigt aus Eiche oder Mahagoni, oder Trostpreise in Form von wertvollen Schallplatten, die teuerste zu acht Mark. Das Preis-Couplet selbst war nun auch für alle, die gewonnen oder nicht gewonnen hatten, als Grammophon-Platte für 3,50 Mark im Laden zu kaufen.

Die Schallplattentantiemen wurden für Reutter, ebenso wie seine Beteiligung am Verkauf seiner Textbücher und Notendrucke, zu einer nicht unbeträchtlichen regelmäßigen Einnahmequelle. Seinen Bühnen- und Plattenruhm vermochte er allerdings nicht auf das Filmgeschäft auszudehnen. Diese neue Erfindung befand sich Anno 1910 noch in den Kinderschuhen, von ernsten Leuten nicht ernstgenommen und als Unkunst abgetan. Gleich dem allgegenwärtigen Kritikerpapst Alfred Kerr spottete auch Reutter, bevor er selber filmte, noch über die Bilderzappelei auf der Leinwand, der alsbald die Massen verfielen. Wenn Schiller und Goethe noch einmal auf die Erde kämen und die »Dichter unserer Zeit« sähen, meinte er, würden sie sich sehr wundern und sich schleunigst wieder auf den Olymp zurückziehen, um oben auch 'nen Kintopp aufzumachen, denn »die Dichter, die hier unten sind, schreib'n für den Kintopp nur. Verschwunden ist die Poesie. Wer *Geld* verdient, ist ein Genie.«

Damals ging man »in den Kino« wie auf den Rummelplatz, ausschließlich zum Zeitvertreib, um sich die »neuen Films« anzusehen. Die Schriftsteller wie die Gebildeten überhaupt hielten nichts von dieser neuen Erfindung, erklärten, daß sie der wahren Kunst abträglich sei und tunlichst zu meiden. Als sich die Meinung um 1912 zu ändern begann und große Firmen prominente deutsche Schriftsteller für eine Zusammenarbeit gewinnen konnten und von ihnen mit dem Versprechen »höchster Verkaufspreis – höchstmöglicher Tantiemenertrag« die Zustimmung zur Bearbeitung ihrer Bühnenstücke für das Kinotheater erhielten, mußten sich diese Schriftsteller noch von ihren Kollegen verspotten oder unkünstlerische Ziele unterstellen lassen.

Alfred Kerr verkündete in seiner Verssatire von 1912 süffisant den »Sieg des Lichtspiels«, indem er seine Pfeile gegen Gerhart Hauptmann und Arthur Schnitzler abschoß, die sich mit der »Nordischen Film Co« eingelassen hatten. Während die Genannten im Sinne der Kinogesellschaft dahin wirken wollten, der Filmbühne »einen reineren künstlerischen Inhalt« zu geben, wurden sie öffentlich von Herrn Kerr, der später ein passionierter Kinogänger war, wenn Marlene-Dietrich-Filme liefen, an den Pranger gestellt.

Nicht nur winzig schofle Kritzler!
Gerhart Hauptmann; Arthur Schnitzler;
Widerstreben eingestellt –
denn die Sache trägt a Geld!

Ja, Nietzsche selbst in Firnenpracht, meinte Kerr, hätte heut' Kontrakt gemacht. »Filmte in modernen Lustren, einsam hüpfend, Zarathustren.«

Reutter hatte gegenüber dem Kintopp, wie man die Vergnügungsstätten des Volkes in Abkürzung des Wortes Kinematograph nannte, keine Vorurteile, wie ihn überhaupt die modernen technischen Erfindungen, sei es Zeppelin oder Automobil, immer fasziniert haben. Von seinem Hotelzimmer fuhr er schon 1911 in die Chausseestraße im Berliner Norden, wo die »Bioscop« ihr Atelier hatte, um dort zu filmen. 1911 gab es in Alt-Berlin schon mehr als 150 Kinotheater mit immer größerem Zulauf, und die Firmen mußten zusehen, daß sie mit der Herstellung immer neuer »Films« nachkamen.

Als Reutter mit 41 Jahren ins Filmgeschäft einstieg, war das bereits ein Schritt weiter gegenüber den »Tonbildern«, bei denen er nicht in persona, aber mit seinen Couplets, gesprochen von anderen, auftauchte. Sein erstes Auftreten in einem Stummfilm war nach den Ermittlungen der Filmhistoriker 1911/12 in dem Streifen »Otto Reutter will Schauspieler werden«. Überliefert sind dazu nur spärliche Angaben: daß der Film von der »Bioscop« hergestellt wurde, die Länge 153 Meter betrug, die Uraufführung am 13. Januar 1912 und der Darsteller »Otto Reutter, der volkstümliche Humorist« war. Daß es sich hierbei nur um mimisch-komische Etüden und Extempores gehandelt haben kann, für die der komödiantische Altmärker keinen Regisseur gebraucht hätte, obwohl der Film einen hatte, ist als sicher anzunehmen. Otto spielte sich selbst.

Nach der »Bioscop« machte er Kontrakt mit der »Targa-Filmgesellschaft«, dem deutschen Ableger der »Gaumont«, der sein Atelier in Berlin-Steglitz hatte. Die Ergebnisse sah man alsbald auf der Leinwand unter dem Titel »Otto heiratet«, ein hanebüchener Schwank, man könnte auch Klamauk dazu sagen, der noch einmal all jene Stegreifeskapaden von Vorstadtmimen, wie Reutter sie in seinen Anfangsjahren am »American Theater« und bei den »Karlsruher Volkssängern« praktiziert hatte, kultivierte.

Man muß sich den Genuß eines Kintoppbesuchs vor 85 Jahren so vorstellen, wie der Schriftsteller Max Brod ihn als Zeitgenosse 1909 für die »Neue Rundschau« beschrieben hat – mit Cassa, Garderobe, Musik, Programm, Saaldiener und Sitzreihen. Alles wie in einem wirklichen Theater. Gespannte Unruhe im Publikum. Bald verfinsterte sich der Saal. Das leise Surren des Vorführapparats.

Ein einziger Lichtstreif als Verheißung kommender Mirakel, »urkomisch«, »sensationell«, »belehrend« oder »ergreifend«, je nachdem, ob das Gefilmte in Australien spielte, in Chikago auf der Eisenbahn, bei den Wilden im Busch oder als Brandkatastrophe mit Ausrücken der Feuerwehr. Immer die gleichen zuckenden Figuren, exotisches Milieu, fremde Gesichter.

Bei Reutters Hochzeit auf der Leinwand ging es urkomisch zu, vergleichbar mit Fredy Siegs drastischer Bänkelballade von »Zickenschulze aus Bernau«, nur daß die um Reutter herum agierenden Gestalten, die ihn zur Hochzeit zwingen wollen, rußgeschwärzte Gesichter haben. Reutter steht im Unterzeug da, die Arme mit einem dicken Strick an den Oberkörper gefesselt, mit einer Grimasse aus Trotz und Verzweiflung in den Kurbelkasten blickend, während links von ihm eine bettähnliche Lagerstatt mit einer stattlichen Samoaner-Schönheit und der aufgepinselten Bezeichnung »AMACONE« steht. In welchen Winkel des Schwarzen Kontinents hat man ihn verschleppt? Und warum? Eine Antwort darauf zu suchen, wäre töricht – das war eben das große Geheimnis des Kintopps.

Ottos »Heirat« lief im Oktober 1914 als Uraufführung am Nollendorfplatz. Zu diesem Zeitpunkt hatte der Erste Weltkrieg schon begonnen; die Ereignisse an den Fronten verdrängten die Premiere einer kleinen Filmkomödie aus dem Gesichtskreis der Öffentlichkeit, selbst wenn ihr Hauptdarsteller Otto Reutter hieß.

»Otto heiratet« war laut Entscheidung der Berliner Filmprüfungsstelle für Kinder verboten, wahrscheinlich wegen der Unterhosenszene. Die Bekanntmachung der Verbote erschien regelmäßig seit 1911, seit es die Filmzensur gab, im königlich-preußischen Zentral-Polizei-Blatt. Bei den Kinematographenbildern bezog sich das Verbot entweder auf den ganzen Film oder nur auf die Vorführung vor Kindern, in anderen Fällen lautete die Vorschrift: »Nur ohne Musik« oder »Nur mit einführendem Vortrag«. Das waren dann die »belehrenden« Stummfilme.

In Anbetracht der Zensur ist nicht auszuschließen, daß es unter den frühen Reutter-Stummfilmen auch schon verbotene Streifen gegeben haben kann, vom Standpunkt der sogenannten Sittlichkeit her bedenklich, in Anwendung der »Lex Heinze«. Da Reutters eigentliches Aktionsfeld aber nicht der Film war, sondern aus-

197

schließlich das Varieté, hätte das auf seine Berufsausübung keine weitere Auswirkung gehabt.

Es gab 1914 nachweislich noch einen zweiten Reutter-Stummfilm mit dem Titel »Otto als Dienstmann«, der ebenfalls von der »Targa-Filmgesellschaft« produziert wurde. Machart war immer die gleiche. Als Regisseur war wieder der Librettist der Paul-Lincke-Operetten, Heinrich Bolten-Baeckers, tätig, der Reutter vom Apollo-Theater her bestens kannte und dessen Talente für diesen Schwank in zwei Akten in der Tradition der Altberliner Nante-Gestalt wirkungsvoll in Szene setzen konnte.

Die hier aufgeführten drei Filme gelten als verschollen. Daß sie eines Tages in Archivbeständen außerhalb Deutschlands wieder auftauchen, ist nicht ausgeschlossen. Vorläufig gibt es nur drei Standfotos und Reutters gereimten Kommentar zu seiner Filmerei, der ehrlich sagt, wie es sich verhielt:

Hab' einst die Nase sehr gerümpft
als stolzer Humoriste,
hab' auf den Kintopp sehr geschimpft
und auf die Flimmerkiste.
Und jetzt – was ist mir nun passiert?
Beim Kino bin ich engagiert
und tingle auf der Leinwand.

Seine Rollen macht er in der Bedeutung nicht größer, als sie waren. »Ich spielt' die tollsten Chosen. Ich trat im Weiberrock heraus und kam in Unterhosen.«

Der Satz »Beim Kino bin ich engagiert« bezog sich auch auf seine Statistenrollen. Unter anderem hat er vor dem Ersten Weltkrieg in einem Film über den Hauptmann von Köpenick mitgewirkt, aber nicht in der Hauptrolle.

Die Filmepisode in der Biographie Otto Reutters wäre unvollständig geschildert, wenn nicht auch seine Tonbilder erwähnt würden, stumme Streifen, zu denen eine Schallplatte von ihm oder ein anderer mit seinen Couplets den Ton bei der Aufführung lieferte. In dieser Form soll Reutter um 1910 herum kinematographisch sogar einmal vor Reichskanzler Bülow gesungen haben, der sich im Beisein von Kabinettsmitgliedern und dem Polizeipräsidenten ein sogenanntes Meßtersches Tonbild zu Prüfungszwecken angesehen hatte. Reutter wurde hinter der Leinwand von einem Sänger kopiert, der mit der folgenden Strophe leichtes Schmunzeln in die amtliche Miene des obersten Zensors gezaubert haben soll.

Die Zensur – ich hab's erfahren,
ist sehr streng in dieser Stadt.
Jeder weiß es, daß vor Jahren
man mich schon verboten hat.
Doch heut' stehe ich hier oben,
und nun mag der Zensor toben,
denn er sieht zwar mein Gesicht,
doch mich fassen kann er nicht.

Siehste wohl, das kommt davon!
Hier gibt's keinen Einwand.
Willste was, so komm doch rauf
und hol mich von der Leinwand!

»Berlin ist ja so groß!«

Mehrere Monate im Jahr hielt sich Otto Reutter – gezwungenermaßen sozusagen – in Berlin auf. Nicht nur wegen seiner Auftritte im »Wintergarten«. Es lagen auch sonst allerlei Verpflichtungen an: Agenturverhandlungen, Termine bei der »Grammophon«, gelegentlich auch beim Film. Zum Repertoire gab es ständig etwas zu besprechen mit seinem Kapellmeister Benno Gieseke, der sein ständiger Begleiter am Flügel und musikalischer Beirat war. Reutter war somit oft für längere Zeit in der Metropole festgehalten. Aber war er deswegen schon ein Berliner? Sieht man seine Couplets daraufhin einmal genauer an, wird man zu dem Eindruck kommen, daß er zu dieser lauten, betriebsamen Riesenstadt und deren Bewohnern ein eher distanziertes Verhältnis gehabt hat, jedenfalls keine wesentlich andere Beziehung als zu Leipzig, Breslau oder Düsseldorf.

»Berlin, das ist die Residenz und auch die Stadt der Intell'jenz. Manches Denkmal gibt's zu schauen, mancher wird dort ausgehauen.« So hat er um die Jahrhundertwende den Ort beschrieben, von dem aus er seine »Coupletfabrik« lenkte. Und doch wäre gerade Reutter ohne Berlin und sein Berliner Stammpublikum nie zu dem geworden, was er war. Hier erhielt ja schließlich die Theaterleidenschaft des Achtzehnjährigen erste praktische und theoretische Fundierung.

Es lassen sich innerhalb seiner Biographie drei Berlin-Phasen unterscheiden: die erste, als er um 1887 als Bühnenstatist des »American Theaters« in Thaliens Reich Fuß faßte, die zweite, als er acht Jahre später, nachdem er in der Schweiz zum Varieté aufgestiegen war, wieder nach Berlin zurückkam, nicht wieder an eine Vorstadtbühne, sondern als gutbezahlter Humorist ans »Apollo-Theater«, eine der ersten Adressen für amüsante Abendunterhaltung mit weltstädtisch Berliner Note; die dritte Phase schließlich begann mit dem Tag, da er auf der Bühne des »Wintergartens« erschien, um von hier in einem grandiosen Siegeszug zum »König der Humoristen« aufzusteigen, wie er von der Berliner Presse immerfort genannt wurde.

Hätte er nicht allen Grund gehabt, dankbar zu sein? Undankbar ist er gewiß nicht gewesen, es finden sich aber auch keine überschwenglichen Bemerkungen, die sein Verhältnis zu Berlin betreffen. Dazu war Reutter eine viel zu nüchterne Natur, wie er überhaupt im privaten Leben dem Praktischen und Zweckmäßigen vor der Illusion immer den Vorrang gegeben hat. Nachdem seine Ehe mit Olga Nock geschieden war und Karlsruhe als Heimatanschrift keine Bedeutung mehr für ihn hatte, wurde nicht Berlin sein Hauptwohnsitz, sondern das altmärkische Gardelegen. Demzufolge haben seine Repertoirebücher jener Jahre, die seine handgeschriebenen Couplets enthalten, auf dem Innendeckel auch nicht den Vermerk »Otto Reutter, Berlin«, sondern »Otto Reutter, Gardelegen«. Dort gehörte er hin als private Existenz. Daneben unterhielt er in Berlin, berufsbedingt, immer eine ständige Adresse. Für die Jahre vor 1911 lautete sie Berlin N. W. 52, Thomasiusstraße 20.

In Gardelegen war er bei Verwandten polizeilich gemeldet, und hier zahlte er auch die Steuern. Aufgehalten hat er sich in seiner Heimat aber nur wenige Tage im Jahr, meist nur, um seinen Sohn zu besuchen. Gelegentlich kam er zum Schützenfest und vielleicht noch ein- oder zweimal an Wochenenden oder spielfreien Tagen, darüber hinaus war an Zeit nichts frei. Ganz anders lagen die Dinge in Berlin. Die Verhandlungen mit den Agenten der Varietébranche zogen sich oft Tage, manchmal Wochen hin. Für die Grammophon-Firma machten sich aus technischen Gründen Wiederholungen der Aufnahmen erforderlich, ein bis zwei Monate, mitunter auch vier wie 1906, war er im »Wintergarten« festgehalten, gelegentlich kamen noch ein paar Wochen an einer anderen Berliner Bühne hinzu. Die Zeit, die dann noch blieb, verwandte er fürs Repertoire, denn gerade Berlin war der Ort, an dem sich gut Couplets schreiben ließen. Es gab eine äußerst differenzierte politische Presse – vom »Berliner Tageblatt« bis zum »Vorwärts«, von der »Neuen Preußischen Zeitung« bis zum »Lokalanzeiger« – die ihn mit umfassenden Informationen versorgte, so daß er stets Anschluß an das Weltgeschehen hatte.

An spielfreien Tagen blieb Reutter nicht zu Hause, ging vielmehr wieder ins Theater, aber diesmal als Zuschauer. Berlin war die unbestrittene Theaterhauptstadt des Reiches mit Max Reinhardt, Otto Brahm und einer Schauspielerelite von Weltruf. Es gab hier 30 repräsentative Theater, davon allein sechs für Oper und Operette, 18 für Schau- und Lustspiel, fünf Volks- und sogenannte Spezialitätentheater, zu denen das »Apollo« und der »Wintergarten« zählten.

Ins Theater wurde Reutter häufig von dem Schriftsteller Max Reichardt, Autor vieler Bühnentextbücher, begleitet, der die Theaterleidenschaft seines Freundes teilte und in einem biographischen Porträt für die »Düsseldorfer Theaterwoche« gerade diesen Wesenszug an Reutter hervorhob. »Seine Leidenschaft ist das Theater. Als eifrigem Zeitungsleser entgeht ihm nichts. Und weil er von einem unglaublich guten Gedächtnis bedient wird, bleibt er ein nie versagender Chronist in der Theatergeschichte. Er kennt jede bedeutungsvolle Premiere und ihre Besetzung.« Was Reichardt für die Jahre vor dem Ersten Weltkrieg berichtet, hat Hans Albers für die zwanziger Jahre bestätigt. Unzählige Male hat er Reutter in der Vorstellung von der Bühne herab beobachten können, wie er die kleinste Nuance des Spiels mit höchster Aufmerksamkeit verfolgte. »Er saß in der ersten Parkettreihe, und es war für mich ein Fest, wenn ich von der Bühne das Spiel seiner großen blauen Augen beobachten konnte. Sie wurden noch größer und strahlten elektrisch, wenn mir etwas gelang. Der Alte tippte aber auch vielsagend an seine Schläfe, wenn ihm etwas besonders albern vorkam.«

Wie das Varieté und der Beruf des Humoristen in den Reutter-Liedern seinen Niederschlag fand, so gibt es etliche auch Couplets, die dem Theater gewidmet sind. Den Berliner Bühnen insbesondere hat er vor dem Ersten Weltkrieg schon mit einer vierteiligen Coupletfolge seine Reverenz erwiesen, die unter dem Titel »Berliner Theater-Revue« auch auf Schallplatte weite Verbreitung fand.

Berlin war außerdem die Stadt, wo bei den verschiedensten Theateragenturen die Anfragen aus allen deutschen Ländern eingingen, ob sie einen Reutter-Vertrag vermitteln könnten. Das war in der Regel aussichtslos, wenn sich die anfragenden Direktoren nicht gut mit Reutters langjährigem Agenten Robert Wilschke standen, der in der Friedrichstraße sein Büro hatte. Agenten waren ansonsten nicht so sehr Reutters Fall. Traf er gelegentlich einen von ihnen im Lokal, konnte es durchaus passieren, daß er sich mit dem Betreffenden einen lockeren Scherz erlaubte. Einen von ihnen, der bekannt dafür war, daß er nur selten einen Vertrag zustande brachte, dafür um so häufiger im Café anzutreffen war, grüßte er eines Tages mit der übertriebenen Anrede: »Guten Tag, Herr Marinelli!« Marinelli war in der Branche der Inbegriff für geschäftlichen Erfolg und Gediegenheit. Der mit einem so berühmten Namen Angesprochene fühlte sich geehrt und ließ sich leutselig in ein Gespräch mit Reutter ein. »Wo haben Sie denn jetzt Ihr Büro?« – »Unter den Linden 63, Herr Reutter. Zwei Treppen links. Es ist ein großes Schild an der Tür: Bitte stark klingeln!« – »Ja, das glaube ich«, erwiderte Reutter mit Schmunzeln, »damit man es hier im Café hört.«

Was Schlagfertigkeit betraf, konnte mancher Berliner noch bei Reutter etwas lernen. »Berliner« ist Reutter in jenen Jahren aber nur insoweit, als er hier seine geschäftlichen Angelegenheiten abwickelte und zum Beobachter des ewig flutenden, nie zur Ruhe kommenden Berliner Lebens wurde, einer Stadt, wo man nach den Worten der Dichter nicht lebte, sondern schuftete, wo bereits »der Mann mit der Aktentasche« das Straßenbild bestimmte, ein jeder immerfort und intensiv mit seiner Beschäftigung beschäftigt war und die Krakeelernaturen unter den Berlinern bis zum letzten Tag des Jahres keine Ruhe gaben. Reutter hat vierzehnmal – von 1899 bis 1914 – mit den Berlinern Neujahr gefeiert, hat ihre guten und weniger guten Seiten kennengelernt und war diesem Menschenschlag gegenüber teils nachsichtig, teils bissig. Je nachdem. Als das »Berliner Tageblatt« ihn zum Jahreswechsel 1908/09 um ein Gedicht bat, schickte er ein versöhnlich gereimtes Opus in acht Strophen ein, das den Silvestertrubel in Berlin glossierte.

Was soll der Lärm? Wozu das Treiben?
Was rennt das Volk, was wälzt sich dort?
Will niemand heut' zu Hause bleiben?
Man eilt, trotz Frost und Kälte, fort.
Raketen werden losgelassen.
Man drängt und zwängt durch alle Gassen –
Und an der Kranzler-Ecke gar
staut sich die tausendköpf'ge Schar.

Zylinder werden eingeschlagen.
Es wird gejohlt, getobt, geschrien.
»Wozu das alles?« hör' ich fragen –
Man feiert Neujahr in Berlin.

Ganz ohne Anspielung auf die Obrigkeit ging es selbst am letzten
Tag des Jahres nicht. Eine der Strophen widmete er der Residenzstadt, deren Kaiser meist auf Reisen war und deren Bewohner sich
nun wunderten, daß nach langer Zeit vom Schlosse wieder mal die
Flagge wehte. »Ein hoher Gast ist eingezogen – / Er, der so selten
hier erschien. / Heut' glätten sich des Unmuts Wogen. / ER feiert
Neujahr – in Berlin.«
Der blaue Schutzmann, Symbol der Ordnungsmacht des wilhelminischen Kaiserreichs, bekommt von Reutter zum Jahresende
ein dickes Lob: »Mag alles schwanken ringsumher, / fest steht er
da, ein Fels im Meer.« Aber »treibt man's zu toll, naht das Ver-
hängnis – der Kutscher blau, der Wagen grün – und plötzlich sitzt
man im Gefängnis und feiert Neujahr in Berlin.« Schließlich ist
Silvester auch der Tag, an dem die politischen Gegner für eine
kurze Spanne schweigen. »Ein Sozialiste war der eine, der andre
war ein Zentrumsmann.« Im leeren Reichstag froh beim Weine
finden sich beide zusammen. »Hell lodern der Begeist'rung Flam-
men, / und beide haben laut geschrien: › Wir halten fest und treu
zusammen / und feiern Neujahr in Berlin!‹«
Das »Berliner Neujahr« ist nur eines von etwa zwei Dutzend
Reutter-Couplets, die sich mit Berlin befassen und den Namen der
Stadt erkennbar schon im Titel führen. Die verhältnismäßig große
Zahl erklärt sich nicht zuletzt daraus, daß ihr Verfasser wußte, was
er dem Publikum schuldig war und natürlich auch den Direktoren
der Friedrichstraße. Das Berliner Publikum, seit den vormärzli-
chen Tagen von 1830 an Satire, aufmüpfigen Spott und Selbstiro-
nie gewöhnt, hätte es seinem Lieblingshumoristen nie verziehen,
wenn er ausgerechnet ihre Stadt ignoriert hätte. Einige Reutter-
Strophen über Berlin gehören mit zum Besten, was im Lauf der
Jahrzehnte dazu geschrieben worden ist. Die humorvollen Refrains waren zu seiner Zeit in aller Munde und sind, ebenso wie die
pomadigen Redensarten des urkomischen Bendix, in den allgemeinen Sprachschatz eingegangen: »Hab'n Sie 'ne Ahnung von

Martin Bendix, der Urkomische, Reutters Lehrmeister des
Berlinischen.

Berlin?« – »Berlin ist ja so groß!« – »Geh'n Se bloß nicht nach Berlin!«

Allerdings darf man manches davon nicht zu wörtlich nehmen. So versichert er zwar in einem Couplet »Berlin, Berlin, trotz alle deine Fehler lieb' ick dir mehr wie jede andre Stadt«, kommt aber außer der ständigen Wiederholung dieser Behauptung zu keiner überzeugenden Beweisführung. Die Argumente für seine Berlin-Liebe sind schwächlich und laufen auf lokalpatriotische Verse hinaus, wenn er im Lied die Badeorte der Ostsee wie Ahlbeck und Heringsdorf oder Baden-Baden mit der Residenz an der Spree zum Vergleich heranzieht.

Ick zeig' in Wannsee meine schönen Waden,
Ick fahr' im Äppelkahne auf der Spree.
Ick red' Berlin'sch – ick bin darin keen Hehler –
Sag' Fleesch und Beene, ick und det und dat ...

Er weiß auch, daß die Berliner im übrigen Reich nicht besonders beliebt waren, »wahrscheinlich wegen der Bescheidenheit«. Konnte es aber viel anders sein? In Berlin war mit Grandhotels, Kauf- und Weinpalästen, wie er darlegt, alles groß, der Weltstadt angepaßt. Sagte nun einer, er fänd' es miserabel, grad der Berliner hätt' so 'n großen Schnabel, mußte er mit Reutters Gegenargument zugunsten der Berliner vorliebnehmen:

Doch ich behaupt': Wo alles groß und fein,
braucht auch der Schnabel nicht so klein zu sein.

Er geht aber nicht so weit, sich mit dem Berliner zu identifizieren und dessen Redensart zu kopieren: »Wir sind nu mal wir und schreiben uns groß!« Soweit ging die Liebe nicht, zumal geschichtlich gesehen die Altmärker vor den Berlinern da waren. Demzufolge verharrt sein Humor leicht in der Reserve.

Obwohl er in diesem Couplet eindrucksvolle Versatzstücke wie Brandenburger Tor und Zeughaus einbaut, bleibt es Theaterkulisse, sein Witz kommt nicht in Schwung, die Liebeserklärung bleibt eine halbherzige Sache, auch künstlerisch hinter »Onkel Fritz«, der Berlin durch Neuruppin definiert, weit zurück. Noch eines: Die Altmark und das niederdeutsche Erbe in ihm werden durch solcherart deklarierte Berlin-Liebe in keiner Weise tangiert. Im Gegenteil, erst aus dieser Optik bezieht sein Blick die Schärfe und sein Witz das Glaubwürdige.

Nach der Rückkehr von seiner Mittelmeerreise, es war im Spätsommer 1912, wurde Reutter von Direktor Richard Schultz auf vier Monate als Einlage für die neue Revue »Chauffeur – ins Metropol!« verpflichtet. Revue war damals das Allerneuste, Ausdruck dafür, daß man in Berlin Anschluß an London und Paris suchte, deshalb an Geld für schöne Moden und Mädchen auf der Bühne nicht sparte und möglichst viel an Prominenz auch auf der Bühne und nicht nur im Parkett haben wollte. Das Schema der Revue war immer das gleiche: kugelrunde Komik mit dem drolligen Thielscher, witzige Dialoge zwischen Operette und Kabarett, knisterndes Ballett und Kontrastwirkung der Bilder untereinander. Diese zeigten diesmal die »Kinderstube Europas«, das »Warenhaus Großberlin«, den »Brand Moskaus«, den »Berliner Karneval im Metropol-Theater«, eine »Fuchsjagd«, die »Motz-Ecke am Bahnhof Nollendorfplatz« und das »Freibad Wannsee« frei nach Zille. Von diesem als Volksszene nachgestellten Bild versprach man sich besondere Wirkung, noch mehr von Heinrich Zille selbst, den man in persona engagiert hatte.

Reutter und Zille vertrugen sich ganz ausgezeichnet. Es ergab sich, daß sie jeden Abend, lange vor Beginn der Vorstellung, vor dem Theater standen und sich in der ihnen eigenen knorrigen Art unterhielten. Zille war aber kein Schauspieler, sein »Wannsee« hatte nicht den erwarteten Erfolg und wurde nach einiger Zeit kurzerhand wieder gestrichen. Reutter dagegen blieb und sang jeden Abend die sechzehn Strophen seines neuen Schlagers »Berlin ist ja so groß«, den er auch in den folgenden Jahren, jeweils aktualisiert, im Repertoire behielt. Die Strophe mit dem Vogel und dem Bierglas war immer dabei.

Es sitzt ein Urberliner
im Gartenrestaurant
und lauscht auf einen Vogel,
der in den Zweigen sang.
Da fällt von oben was ins Bier.

207

Da sagt der Gast: »Warum bei mir?«
Berlin ist ja so groß – so groß – so groß –
Du bist so 'n kleenes Tier,
und was du machst, das machste
grad ausgerechnet hier.

Reutter verfährt in seinen humoristischen Genrebildern nicht viel
anders als die großen Berliner Volkshumoristen der Glaßbrenner-
Zeit oder die Lokalkomiker um Martin Bendix zur Zeit der Reichsgründung, die die lebendige Umgangssprache aufnahmen, sie
abschliffen und zu Pointen verkürzten, in denen sich das ei-
gentümliche Sprachgenie des Berliners kundtat. Bei Glaßbrenner,
dem Klassiker des berlinischen Humors in der Literatur des 19. Jahrhunderts, finden sich in überreicher Zahl Verse, der er »jewisser-
maßen« dem Volksmund nachgedichtet hat. Auf die Melodie »Gib,
blanker Bruder, gib uns Wein!« konnte man im Stil des räsonie-
renden Nante 1849 allerlei hübsche Spruchweisheiten singen:

Nu, Brüderken, noch eenen Schnaps,
komm, Brüderken, schenk ein!
Denn krieg' ick den prophet'schen Raps
und werd' dir prophezein.

Een Fink is keene Nachtijall,
een Bäcker is keen Rat;
een Volk jehört fast überall
ooch mit zu eenem Staat.

Charlottenburg is keen Berlin,
een Schweinestall keen Haus,
un schickst du wo een Ochsen rin,
een Ochs kommt wieder raus.

Wie man sieht, ist der Berliner Volkshumor eine handfeste Sache.
Nicht eigentlich boshaft, aber auch nicht gerade liebenswürdig,
eher kurz angebunden und ein bißchen trocken wie der Sandbo-
den unter der märkischen Kiefer. Jedenfalls ein anerkannt originelles Gewächs, das nur an der Berliner Luft und nur am Wasser

Adolf Glaßbrenner – das Vorbild für Satire.

der Spree gedeihen kann. Sprachwissenschaftler, die die Berliner Mundart untersucht haben, sind zu der Feststellung gekommen, daß sich dieser Dialekt von anderen durch einen charakteristischen Wesenszug unterscheidet: seine Fähigkeit zur knappsten Formulierung, seine Vorliebe für das epigrammatisch Zugespitzte. Diese Eigenheit ist an keinem anderen Beispiel besser zu erkennen als an jenem Spruch, der sich in alten Skripturen fand:

Du wardst geboren, flatterst am Bande,
machst Deine Witze und verlierst Dich im Sande.

Eine Berliner Pflanze hat sich hier – nicht ohne Poesie – einen Lebensspruch gedichtet, der in der Schwebe zwischen Spott und »Jefiehl« die Kürze oder Länge eines Menschendaseins auf eine verblüffend prägnante Formel bringt und das ausdrückt, was der Berliner unter »Jemüt« versteht. Eine aufs Praktische gerichtete Philosophie herrscht vor, das Leben, wie es ist, wird zur Kenntnis genommen. Was auffällt, ist die Tatsache, daß von den vier Bestandteilen dieses anrührenden Spruchs einer dem Witzemachen vorbehalten ist und somit betont wird, daß für den Berliner der Witz eine ernste Sache ist und die Freude am Verulken oder Parodieren ein stimulierendes Element seines Lebensalltags. Mit anderen Worten: Er fühlt sich dann besonders wohl, wenn er andere veräppeln kann, wobei ein bißchen Schadenfreude guttut, jedoch eher gutmütig als boshaft, eher optimistisch als misanthropisch. Bei Reutter heißt dieses Lebensrezept in Reime gebracht:

Vom Ärger wird man häßlich –
Das seh' ich oft mit Grau'n,
denn alle Pessimisten
sind häßlich anzuschau'n.
Ich bin ein Optimiste –
mich kann man fröhlich sehn –
Ich ärgere mich niemals,
drum bleib' ich auch so schön.

Reutters gesammelte Werke auf solche Spruchweisheiten durchzusehen ist ein Vergnügen. Es fällt seine Vorliebe für den Volkswitz auf, wie den auf die Berliner Siegesallee mit den Marmorstandbildern der Hohenzollern, den er unverändert in seine Strophen einbaut:

Die Kunst kam durch die Siegsallee in Flor.
Hier fragt ein Fremder: »Was stell'n die da vor?«
Was die da vorstell'n, leuchtet jedem ein,
man sieht ja, was sie vorstell'n – 's rechte Bein!

Die Sprache erhält besonderes Kolorit, wenn er Urberliner Redensarten zitiert – »Mang uns mang is keener mang, der nich mang uns mang gehört« – oder Spruchweisheiten formuliert, die den Geschäftsgeist einer neuen Zeit erkennen lassen:

Sei modern und arbeit' nicht so heftig,
fremder Schweiß erhält dich frisch und kräftig.
Bist du stets zur *Arbeit* nur bereit,
bleibt dir zum *Verdienen* keine Zeit!

Der Reutter der zwanziger Jahre verkörpert den Humor einer industriell und politisch neuen Epoche, die das Behagliche und Gemütliche aus dem Leben und dem sprachlichen Denken mehr und mehr verdrängte. Er machte jedoch keinen Unterschied zwischen sogenanntem Altberliner und Neuberliner Humor, sah aber, daß nach der Jahrhundertwende und erst recht nach dem Ersten Weltkrieg dem Publikum die Pointe viel schneller serviert werden mußte als um 1900. Damals konnte man es sich noch leisten, einen Refrain mehrmals zu wiederholen; die Leute haben jedesmal dankbar darüber gelacht. Zwanzig Jahre später ging das nicht mehr. Varieté, Operette und Kabarett mit ihren Schlagern hatten das Publikum verändert und neue Ansprüche hervorgebracht. Mehr Tempo, schärfere Kontraste, äußerste Zuspitzung, ja, eine neue Sachlichkeit auch im Witz waren gefragt. Die »Frankfurter Zeitung« schrieb einmal, daß Reutter, obwohl er in der Altmark das erste Mal das Licht der Welt anlachte, wie kaum ein zweiter Berlin und seinen Volkswitz vertrete. Er habe »die kurze, knappe Berliner Sprache, die des Witzes Seele birgt, zum herrschenden Witzjargon« gemacht und über den sächsischen und kölnischen Komiker gesiegt.

In den zwanziger Jahren hatte Reutter ein Couplet im Repertoire, »Mir hab'n se als geheilt entlassen«, über das sich Tucholsky, der Urberliner war, in besonderer Weise amüsiert hat. Das Lied ist eines der wenigen im Berliner Dialekt abgefaßten Vortragsstücke. Reutter tritt in Maske und Perücke, die eine ungewöhnlich hohe, kahle Stirn simulierte, auf die Bühne und richtete die Frage ans Publikum, ob seine Entlassung aus Dalldorf[1] gerechtfertigt gewesen sei.

Ob ick geheilt bin, weeß ick nich,
Sie könn's ja selber mal taxieren –
'ne Steuerrechnung kam für mich,
ick fand 'nen Fehler beim Addieren.
Zu wenig stand uff dem Papier,
ick stürmt' nach alle Steuerkassen:
»Sie krieg'n ja noch zehn Mark von mir« –
Mir hab'n se als geheilt entlassen!

Vor kurzem prüft' man mir noch mal,
man stellte mir verschiedne Fragen.
Man wollte sehn, ob ick normal,
die deutsche Hauptstadt sollt' ick sagen.
Ick dacht': »Die Hauptstadt soll et sein?«
und hatt' keen Schimmer, keenen blassen –
Da endlich fiel mir – Cottbus ein –
Mir hab'n se als geheilt entlassen!

Das ist nüchterner, mitunter derber, immer aber schlagkräftiger Humor; daraus zimmerte Reutter seine Strophen. Den melancholischen, verspielten Wiener Charme eines Raimund oder Nestroy finden wir bei ihm nicht. Er hält sich auch nicht lange mit Vorreden oder philosophischen Exkursen auf wie Knieriem mit seinem »Kometenlied« in Johann Nestroys »Lumpazivagabundus«, wo dieser über den vermeintlichen Weltuntergang meditiert: »Da wird einem halt angst und bang, / die Welt steht auf kein' Fall

---

[1] Die Nervenheilanstalt Dalldorf bei Berlin, heute Wittenau. »Dalldorf« als Berliner Redensart bezeichnete einen geistig Zukurzgekommenen.

So sah ihn der Zeichner Walter Trier.

mehr lang.« Reutters Sache ist nicht die grüblerische Welt- und Selbstbetrachtung, er ist von anderer Statur und löst die Frage des Weltuntergangs, der damals gerade von einem amerikanischen Professor von der Universität Philadelphia, einem Mr. Noble, für Europa im Gefolge einer vulkanischen Erdkatastrophe bis zum Jahre 1972 vorausgesagt worden war, nach seiner Lebensdevise »Ich bin ein Optimiste« ungetrübt heiter und zuversichtlich: »Die Welt wird nie verschwinden, / wo soll sie denn auch hin?«

Im Resümee dieses Kapitels läßt sich folgendes zusammenfassen: Reutter besaß, was Fontane einmal den Berliner »Sprechanismus« nannte, einen Volkshumor mit tiefen Wurzeln und eigenem Wortschatz. Die Köchin, die zur Biedermeierzeit zu dem stürmisch drängenden Liebhaber sagte: »Sprech er mir nich von dasjenige, welches!«; die Obstfrau vom alten Cöllnschen Fischmarkt, die einem vorwitzigen Kadetten androhte: »Sie Endecken von't Militär – ick hau ihm mit de Viertelmetze ufft Hauptquartier, det de janze Armee wackelt«, und der Straßenbahnschaffner, der zu dem Fremden auf die Frage, ob die Bahn übers Rathaus fahre, lachend erwiderte: »Nee, det is uns zu hoch!« – sie alle sind Reutters Vorfahren, Schöpfer jenes liebenswürdig-aggressiven Witzes, der den Musenkindern dieser Stadt von jeher den Erfolg auf der Bühne gesichert hat.

Kriegsjahre – Schicksalsjahre

Der August 1914 bedeutete für Millionen Menschen, so auch für Otto Reutter, eine tiefgreifende Zäsur innerhalb ihres gewohnten Lebensablaufs. Die Engagements für den Winter 1914/15 wie das ganze Jahr 1915 wurden mit Kriegsbeginn auf einen Schlag hinfällig. Viele Varietéhäuser im Reich schlossen ihre Pforten. Die Zensur wurde jetzt im Auftrag der Militärbehörden ausgeübt, was viele Schwierigkeiten erwarten ließ. Humor hatte ab jetzt ohne jeden Hintersinn zu sein und wenn möglich optimistisch-patriotisch. Damit war die Situation für einen Vortragskünstler wie Reutter, der auf die aktuelle Pointe setzte, auch mit satirischer Zuspitzung nicht hinterm Berg hielt, problematisch geworden. Hurrapatriotische Bekundungen konnte man bislang eigentlich in seinem Repertoire nicht finden; und auch sein altes Vorkriegs-Couplet »Drum bin ich froh, daß ich ein Deutscher bin« war nicht nationalistisch, sondern als ironisierender Hieb auf überzogenen Nationalstolz zu verstehen.

Tucholsky kommt in seinem »Pyrenäenbuch« von 1927 auf diesen Sachverhalt zu sprechen, als er im Baskenland an einem Sonntag inmitten von Einheimischen einem Pelotaballspiel zwischen Basken und Franzosen zusieht und über den Gruppenstolz meditiert, wie merkwürdig doch dieses Gefühl den Menschen regiere, und »wie eng dieses Heimatgefühl« gegenüber anderen, nicht Dazugehörigen, sei. Das Lächerliche, das in überzogenem Eigenstolz liegen kann, versucht er deutlich zu machen, indem er aus einem Couplet von Otto Reutter zitiert, das von einer Situation um die Jahrhundertwende erzählt, »wie er in einem feinen französischen Seebad abends auf dem Kai spaziert und sich plötzlich eine piekfeine Halbweltdame an ihn heranmacht«:

Die Kurkapelle spielt so ihre Weise,
die Dame drängt sich sachte zu mir hin.
»Na, Dickchen, auch aus Preußen?« sagt sie leise –
Da bin ich stolz, daß ich ein Deutscher bin!

Solche Zeilen waren schon vor Kriegsbeginn keine patriotische

Einstimmung auf »historische« Zeiten. Zwei Jahre lag es außerdem erst zurück, daß er sein neustes Berlin-Couplet mit der Badehosen-Strophe in sein Repertoire-Buch eingetragen hatte. Der witzige Einfall wurde sehr belacht.

Im Sommer kommt die Freibad-Chose,
in Wannsee gibts 'nen Zeitvertreib.
Die schwarz-weiß-rote Badehose
kriegt jeder auf den blanken Leib.
Ein Schutzmann draußen hat gesprochen:
»Man muß sich Patrioten zieh'n,
da werd'n se deutsch bis auf die Knochen!«
Hab'n Sie 'ne Ahnung von Berlin!

Als der Krieg ausbrach, war Reutter vierundvierzig Jahre. Er war ungedient, das heißt gemustert, hatte jedoch keine Einberufung erhalten wie Hunderttausende andere jüngere Männer auch nicht, da die vom Reichstag festgelegte Heeresstärke keine vollständige Einberufung aller Wehrtauglichen erforderlich machte. An der Schwelle zum Landsturmalter, war jetzt, 1914, mit einer Einberufung für absehbare Zeit nicht zu rechnen.

Reutter wird jetzt Varietédirektor in Berlin. Was ihn ursächlich auf den Gedanken gebracht haben mag, das zur Vermietung anstehende »Palast-Theater am Zoo« zu pachten, ist nicht bekannt. Mit einer gewissen Wahrscheinlichkeit kann man aber davon ausgehen, daß er damit der eigenen Beschäftigungslosigkeit wie der zahlloser anderer Artisten entgegenwirken wollte. Nach wie vor bestand ja in Berlin für preisgünstige Unterhaltung durch gutes Varieté durchaus Bedarf. Dieses Kalkül zieht Reutter in Betracht und eröffnet sein Theater mit einem humoristischen Varieté-Programm. Um sich vom »Wintergarten« und vom »Apollo« abzugrenzen, greift er auf die alte Form der Bühnenburleske und später die Revue zurück. Er ist allerdings von Anfang an gezwungen, Rücksicht auf die Erwartungen der Behörden zu nehmen und der Humoreske wie auch den solistischen Wort- und Gesangsnummern militärisch-patriotische Akzente zu geben. Das wird schon im Herbstprogramm 1915 deutlich, als Freund Robert Steidl die Taten der deutschen Heerführer Hindenburg

Notentitelblatt eines der ersten kritischen Kriegscouplets.

und Mackensen sowie des U-Boot-Kommandanten Weddingen bedrehorgelt.

Ab 1916 gibt es bei Otto Reutter, der in den Programmen auch selbst auftritt, burleske Einakter, die von erstklassigen artistischen Nummern umrahmt werden. An den Einaktern, die zur Aufführung kommen, hat Reutter als Autor meist mit Hand angelegt. Für die Textbücher zieht er gelegentlich noch andere Autoren heran, wie seinen Freund Max Reichardt, oder er benutzt historische Vorlagen wie Louis Schneiders Bühnenschwank »Kurmärker und Pikarde«, der, 1870 in Frankreich spielend, aktuell umgemodelt wird. Das Stück hieß nun »Landwehrmann und Pikarde«.

Am Anfang der Programme stand 1916 ein sogenanntes Zeitbild in vier Akten mit dem Titel »1914«, in dem Reutter mit seinem Couplet »'s ist Krieg« zu sehen und zu hören war.

> Vier Söhne hat ein Mütterlein.
> Der erste trat als Schipper ein.
> Der zweite ging zur Landarmee.
> Der dritte sprach: »Ich geh' zur See«.
> Der Jüngste sagt: »Leb wohl, ich flieg'.«
> 's ist Krieg! 's ist Krieg!

Zu dem Zeitpunkt, da er diese Verse auf der Bühne vortrug, war sein Sohn Otto bereits als Kriegsfreiwilliger eingerückt; er konnte also die Sorgen anderer Menschen um ihre Angehörigen im Felde durchaus nachempfinden.

In den Kriegsjahren 1916/17 stehen noch weitere Schwänke auf dem Spielplan, einer davon hieß »Muttchen hat's Wort«, ein anderer »Der Stolz der 3. Kompagnie«. Zu den vielen Künstlern, die Direktor Reutter für sein Haus verpflichtete und denen er damit half, trotz Krieg und Arbeitsmangel ein Engagement zu finden, gehörten sein alter Bühnenkollege Karl Maxstadt, die Kabarettistin Senta Söneland, die junge Schauspielerin Käthe Dorsch sowie die von der Operette her bekannte Anna Müller-Lincke.

Das »Palast-Theater« am Zoo hatte mit seiner Programm-Mischform Erfolg. Reutters Name zumal bürgte den Berlinern wie den Ortsfremden, den Verwundeten aus den Lazaretten wie den Urlaubern für einen Abend, an dem sich die Sorgen und das Leid des einzelnen für zwei Stunden vergessen ließen. Auf der Bühne seines Theaters sah ihn 1917 auch Fronturlauber Kurt Tucholsky, der Reutters Reimereien – »'ne Kruppsche Kanone von Eisen und Stahl, das ist gar nicht ohne, die wirkt kolossal« – fürchterlich fand, zugleich aber von dem »Könner« Reutter beeindruckt war, soweit dieser an seine alte Coupletkunst von vor dem Kriege anknüpfte und kopfschüttelnd konstatierte:

Noch kurz vor dem Kriege sah ich 'nen Mann,
der hatte zerrissene Stiefel an.
Im ersten Kriegsjahr, da war'n sie besohlt.
Im zweiten hat er schon neue geholt.
Im dritten, da war er schon Millionär –
Ick wunder mir über jarnischt mehr!

Allerdings verdienten nur wenige am Krieg, der Masse der Bevölkerung ging es schlecht. Die Nahrungsmittelversorgung steuerte auf eine Katastrophe zu: Im Kohlrübenwinter von 1917 ging es ums Überleben. Daraus Humor zu produzieren, war an sich ein Ding der Unmöglichkeit. Reutter schien es zu schaffen, notfalls mit Galgenhumor.

Die Sandtorte ess' ich mitsamt dem Sand.
Immer rein in den Magen fürs Vaterland.
Und schmeckt auch die Marmelade wie Teer –
Ick wunder mir über jarnischt mehr.

Im »Palast-Theater« gab es unter Reutters Direktion auch unverblümte Durchhaltekunst, wie auf anderen Bühnen auch, auf denen es mitunter noch viel schlimmer zuging, wie aus dem Annoncenteil des »Berliner Tageblatts« vom März 1917 ersichtlich ist. Da bot das Nollendorf-Theater Hermann Hallers Volksstück »Die Gulaschkanone« mit Musik von Walter Kollo; die Stettiner Sänger luden in ihr Domizil, das Reichshallen-Theater am Dönhoffplatz, zum »Cabaret Feldgrau«; im Residenz-Theater war man dabei, die »Warschauer Zitadelle« zu erobern, und das Admiralstheater kündigte eine Verlängerung der »Schlacht an der Somme« an, mit dem Gütevermerk: »Amtliche militärische Aufnahmen«.

Mit dem Herbst 1916 beginnen sich in den Reutterschen Coupletstrophen zunehmend wieder nachdenkliche, resignierende Töne bemerkbar zu machen. Er ist skeptisch, was den Kriegsverlauf betrifft, keinesfalls der unerschütterliche »Optimiste« und dies noch weniger, nachdem er die Nachricht erhalten hatte, daß sein Sohn, sein einziges Kind, 1916 im Kampf um die französische Festung Verdun gefallen war. Das Lied von der »Mutter Erde«, in jenen Wochen geschrieben, steht ganz unter dem Eindruck der Todesnachricht und stellt die Frage nach dem Sinn des Krieges und des Sterbens. Er läßt seine »Mutter Erde« sprechen:

Ich seh' nur Kampf ringsum,
frag' traurig mich: Warum?
Und dreh' mich leise in alter Weise.
Was kürzt ihr euer Erdenlos?
Kommt viel zu früh in meinen Schoß.
Könnt' all auf Erden so glücklich werden.
Doch jeder, der auf mir erschien,
der glaubt', ich dreh' mich nur um ihn.

Nachdem er seinen Sohn in Gardelegen bestattet hatte – der Leichnam war, äußerst seltene Ausnahme, auf Vermittlung des deutschen Kronprinzen in die Heimat überführt worden –, erschien Reutter seinen Freunden gegenüber noch schweigsamer und stiller, als er schon war – ein in sich gekehrter Mann.

Im März 1917 hatte die letzte größere Produktion des »Palast-Theaters« zum Thema Krieg ihre Premiere. Gezeigt wurde eine Revue in sechs Bildern, Textbuch von Otto Reutter und Robert Liebmann, Musik von Victor Hollaender, dem Vater Friedrich Hollaenders. Regie führte Dr. Zickel von den Reinhardt-Bühnen. Diese Revue mit dem Titel »Berlin im Krieg« war ganz aufs Populäre ausgerichtet, vermarktete selbst Heinrich Zilles komische Serie »Vadding und Korle«, die in der »Ulk«-Beilage des »Berliner Tageblatts« erschienen war und die Kriegsabenteuer zweier Reservisten schilderte.

Das Frühjahr 1918 sieht hingegen schon eine veränderte Programmkonzeption. Während die Munitionsarbeiter in Berlin und im Reich streikten, kündigte Reutter eine Filmoperette an – Titel:

»Der Schockschwerenöter« –, für die der prominente Rudolf Nelson die Musik geschrieben hatte. Das Thema Krieg verschwand allmählich in der Versenkung.

Was an neuen Liedern in den vier Jahren entstand, wurde von den Plattenfirmen sofort aktuell ins Programm genommen. Nicht weniger als vierzig Neuaufnahmen sind in den Katalogen der Firmen für diesen Zeitraum nachweisbar, darunter die »Kriegs-Schnadahüpferl«, die Couplets »Uns kann keiner«, »Unsere Kriegsfrauen«, »Das dank' ich dir, mein lieber guter Feind« sowie die komische »Ballade von der Marmelade«, mit der er sich über das Volksnahrungsmittel, das anstelle von Butter früh und abends aufs Brot geschmiert wurde, lustig machte. An Reutters Schallplatten war in erster Linie die Grammophonindustrie interessiert, die die Stimme ihres populärsten Humoristen in riesigen Stückzahlen gepreßter schwarzer Scheiben an die Einkäufer der Heeresleitung brachte, denn das Grammophon war damals die beliebteste und nahezu einzige Form der Soldatenunterhaltung.

Auch sein Verleger im thüringischen Mühlhausen stand nicht zurück. Er publizierte ein Heft »Originalvorträge aus der Kriegszeit«. Reutter war genötigt, ein Vorwort dafür zu dichten, das aber merklich zurückhaltend ausfiel. Der Autor dürfte sich der künstlerischen Schwächen seiner Musenfabrikate und der allzu platten Zeitbezogenheit ihrer Inhalte bewußt gewesen sein, und so formulierte er entsprechend mit Rücksicht auf die Stimmung der Soldaten.

Zwar hoff' ich, in den Schützengräben
soll'n sie erfreuen unser Heer,
doch lieber wär's mir, sie verschwänden
aus allen Schützengräben schnell
und die geschätzten Leser fänden
die Verse nicht mehr aktuell.

Was von Reutter aus dem Tag heraus für den Tag geschrieben wurde, hat in den folgenden Jahren keine Bedeutung mehr für ihn gehabt. Von den zahllosen Couplets jener Zeit ist eigentlich auch nur ein einziges wirklich volkstümlich gewesen, eine Ballade, die mehr zum Gedicht hinneigt und nicht den Krieg, sondern den

Menschen zum Thema hat. »Er stand nach Tabak – sie stand nach Butter« heißt die Geschichte. Es geht um einen jungen Mann und ein junges Mädchen, die Schlange stehen, um dies und jenes auf ihre Lebensmittelmarken einzukaufen. Sie kommen, wie es so ist, ins Gespräch, lernen sich näher kennen, mit dem Ergebnis: »Sie bracht' die Butter sehr zerdrückt nach Haus, und ihm ging heimwärts die Zigarre aus.« Das Couplet endet mit dem lapidaren Resümee:

Er stand nach Tabak, sie stand nach Butter.
Jetzt ist er Vater, und sie ist Mutter.
Sie sagt: »Jetzt hab' ich alles, was man braucht.«
Er aber seufzt: »Ach, hätt' ich nie geraucht!«

Die Ereignisse des Jahres 1918, der militärische Zusammenbruch Deutschlands, die Novemberrevolution und die Abdankung des letzten Hohenzollern-Kaisers und dessen Gang ins Exil nach Holland fügten sich nur schwer in das Bild der deutschen Zustände, wie Reutter sie vor dem Krieg erlebt und besungen hatte: kritisch zwar, aber auch mit augenzwinkerndem, versöhnendem Humor, sie für verbesserungswürdig haltend, aber im großen und ganzen als heile Welt bejahend.

In den letzten Oktobertagen 1918 gab er die Direktion des »Palast-Theaters« ab, um als reisender Artist wieder zum Varieté zurückzukehren, so wie er es zuvor schon zwanzig Jahre lang gewesen war. Auch im privaten Leben brachte das Ende des Krieges für ihn einen neuen Anfang. Er heiratete 1919 vor dem Standesamt Berlin-Wilmersdorf Evi Bendrien, seine langjährige Sekretärin, die ihn auf seinen Tourneen viele Jahre lang begleitet hat.

Der Wiederverheiratete, nunmehr ein Mann von fünfzig Jahren, fand, daß es an der Zeit sei, sich darüber Gedanken zu machen, wie er sich einmal seinen Lebensabend zu sichern gedachte. Gardelegen sollte sein Sanssouci werden, soviel stand fest. Über das sechzigste Lebensjahr hinaus wollte er die Strapazen dieses Berufs auf keinen Fall mehr länger auf sich nehmen. Aus dieser Überlegung heraus entschloß er sich kurzfristig, ein ansehnliches Anwesen am Waldrand von Gardelegen-Lindenthal, von seinem Vorbesitzer »Waldschnibbe« genannt, zu erwerben. Er kaufte das

Grundstück mit Villa für die 125 000 Mark, die er von der UFA dafür erhielt, daß er den »Palast am Zoo« ein Jahr vor Vertragsablauf an die Filmgesellschaft abtrat. Ungeachtet der Nachkriegswirren und des »revolutionären« Durcheinanders scheint für ihn der Traum vom sorgenfreien Alter gesichert. Er würde sich allmählich einen ruhigen Abgang von der Bühne verschaffen, mit hin und wieder einem Auftritt vielleicht, und ansonsten von seinem Vermögen leben. Dieses bezifferten die Steuerbehörden auf über zwei Millionen Mark, diese aber zu einem beachtlichen Teil in Kriegsanleihepapieren festgelegt, die vorläufig nicht ausgezahlt wurden. Zwei Jahre später, dafür sorgte die Inflation, waren auch sie nichts mehr wert.

Im Winter 1918/19 war es ziemlich still geworden um Reutter. Die letzten Geschäfte für sein »Palast-Theater« hatte er abgewickelt, an geregelte Auftritte war jedoch infolge ständiger Kundgebungen, Demonstrationen und Schießereien im Berliner Regierungs- und Zeitungsviertel nicht zu denken. In dieser Situation erhielt er aus der Redaktion des »Berliner Tageblatts« von Dr. Kurt Tucholsky eine Anfrage, ob er nicht für den »Ulk« etwas Aktuelles zur Verfügung stellen könnte. Der »Ulk« war die humoristische Wochenbeilage zum »Berliner Tageblatt« und zur »Berliner Volkszeitung« mit einer Gesamtauflage von einer halben Million. Chefredakteur des »Ulk« war seit Januar 1919 Tucholsky, der, mit Ende des Krieges aus Rumänien zurückgekehrt, seine neue Stellung im Mossehaus unter Theodor Wolff angetreten hatte.

Reutter sagte zu. Er schickte einige neue Strophen, die die Situation in Berlin zum Hintergrund hatten, insbesondere den Parteiendisput vor den Wahlen zur Nationalversammlung, den kommunistischen Putsch gegen die sozialdemokratische Übergangsregierung und die tausend Kümmernisse der gebeutelten Bürger. Tucholsky bestellte dazu eine Zeichnung von Willibald Krain, die Reutter als Silhouette auf der Bühne zeigte, links und rechts von den Falten des Vorhangs eingerahmt und nach vorn vom angeschnittenen Orchester begrenzt. Der »Brettlsang« hob gemütlich im Reutterschen Tonfall an:

Zum Wahllokale dräng' ich, und wißt ihr, was ich sah?
Ganz links, ganz »unabhängig«, stand eine Urne da.

Ein Brettlsang / Von Otto Reutter

Nach fremden Geldern haschen — ist heute aktuell.
Es greift in fremde Taschen — so mancher Gauner schnell.
Er holt im Handumdrehen — sich einen blauen Schein.
Der muß wohl aus Versehen — da reingekommen sein.

Im Schlosse tat man plündern. — Da fand man Grieß und Reis,
viel Fleisch von Ochs und Rindern — und Eier, haufenweis,
viel Mehl, so weiß wie Schlehen, — zehn Zentner Speck vom Schwein.
Das muß wohl aus Versehen — da reingekommen sein.

Ich traf 'nen Komponisten. — „Dein Werk," so rief ich aus,
„du darfst dich nicht entrüsten, — es ist ein Lieder=,Strauß'.
Nur mittendrin tat stehen — ein Einfall, der war dein.
Der muß wohl aus Versehen — da reingekommen sein."

Herr Traub hat sich verändert — im Lauf des Wahlgefechts,
ist hin und her geschlende t — und zog von links nach rechts.
Da schrien, als dies geschehen, — die anderen Partein:
„Der muß wohl aus Versehen — da reingekommen sein."

Zum Wahllokale dräng ich. — Und wißt ihr, was ich sah?
Ganz links, ganz „unabhängig" — stand eine Urne da.
Ganz einsam blieb sie stehen. — Ein Zettel fiel hinein.
Der muß wohl aus Versehen — da reingekommen sein.

Ich rauchte 'ne Zigarre. — Was ich darinnen fand?
Kraut, Wolle, Laub und Haare — und schließlich (wie frappant!
wie soll ich das verstehen?) — ein Tabaksblatt, ganz klein.
Das muß wohl aus Versehen — da reingekommen sein.

So mancher denkt: Der Reutter, — der sonst gesungen hat,
ist jetzt wohl Mitarbeiter — an einem Zeitungsblatt!
Im „Ulk" sieht man ihn stehen, — dazu ein Bild von Krain —
Der muß wohl aus Versehen — da reingekommen sein!

Zeichnung von Christophe

Das Couplet, das Kurt Tucholsky, damals Chefredakteur
des »Ulk«, bei ihm bestellte.

Ganz einsam blieb sie stehen, ein Zettel fiel hinein,
der muß wohl aus Versehen da reingekommen sein.
Ich rauchte 'ne Zigarre. Was ich darinnen fand?
Kraut, Wolle, Laub und Haare und schließlich (wie frappant –
wie soll ich das verstehen?) ein Tabaksblatt, ganz klein.
Das muß wohl aus Versehen da reingekommen sein!
So mancher denkt: Der Reutter, der sonst gesungen hat,
ist jetzt wohl Mitarbeiter an einem Zeitungsblatt!
Im »Ulk« sieht man ihn stehen, dazu ein Bild von Krain –
Der muß wohl aus Versehen da reingekommen sein!

Ein Versehen war es keineswegs. Tucholsky verfolgte für das seit
langem existierende, aber ziemlich bieder und langweilig gewordene Witzblatt eine neue Konzeption und hielt nach geeigneten
Mitarbeitern Ausschau. Coupletdichter der populären Art waren
überaus dünn in Deutschland gesät, und wenn Schriftsteller wie
Walter Mehring etwa Couplets schrieben, waren sie zu intellektu-
ell, mehr etwas für das literarische Kabarett als für ein Massen-
blatt. Noch ehe Reutter eine Zeitlang das unruhige Berlin verließ,
druckte Tucholsky in der letzten Aprilnummer des »Ulk« einen
weiteren »Brettlsang« von ihm ab. Diesmal ging es um die Berliner, die trotz Spartakus – »die Schüsse fielen, keinen sah man be-
ben« – zum Kostümball gingen, »denn für den Foxtrott lassen sie
ihr Leben – so mutig sind die Leute in Berlin!« und um einen
Geldschrankknacker, der eine offene Rechnung, die er versehent-
lich hatte mitgehen lassen, zurückschickte. »So ehrlich sind die
Leute in Berlin!«

Reutters Mitarbeit am »Ulk« war die einzige direkte Berührung,
die es zwischen ihm und dem damals neunundzwanzigjährigen
Tucholsky gegeben hat. In den verschiedenen Büchern Tucholskys ist Reutter später mehrfach erwähnt und zitiert, und ihm widmete er auch zwei größere Aufsätze in der »Weltbühne«[1], die eine
intensive Beschäftigung mit der poetischen Form des Couplets
und der Persönlichkeit Otto Reutters erkennen lassen – »ein

[1] Otto Reutter (Ein schlecht rasierter Mann) in: Weltbühne Nr. 1/1921 und Otto
Reutter (Gestern habe ich eine ganze Nacht verlacht) in: Weltbühne
Nr. 7/1932.

dicker und bescheidener Mann, der gar nichts von sich hermacht, obgleich er ein so großer Künstler ist«.

Fünf Besonderheiten hebt Tucholsky an ihm hervor: die Leichtigkeit, mit der alles abläuft, »wie Wasser einen Berg herunter«; die Refrainkunst mit Pointen, »ganz leise, wie Schnee bei Windstille«; das Geschick, eine schwerfällige Sprache dem Ohr anzupassen; die Einfälle, »nahe an den Clownspäßen der Genies«, und schließlich »eine Grazie, die immer wieder hinreißt«. Was Tucholsky fernerhin an ihm bemerkenswert fand, war dies: »Reutter hatte so etwas wie eine politische Überzeugung. Für ihn spricht, daß er nie von ihr abgewichen ist; er hätte sicherlich kurz nach dem Kriege mit gewaltigem Erfolg nach links rutschen können – das hat er nie getan. Hut ab vor so viel Anständigkeit.«

Reutter behielt seine Grundüberzeugung im großen und ganzen bei, daß die menschlichen Tugenden wie Arbeitsfleiß, Ordnungsliebe und Redlichkeit für das private wie für das allgemeine Leben unveränderte Gültigkeit haben, und blieb auch gegenüber der neuen Obrigkeit kritisch eingestellt. Bei ihm wehte nicht der »Zeitgeist« durch die Strophen, der sich nach 1918/19 am Varieté darin ausdrückte, daß manche Direktoren aus Geschäftsgründen lieber kriminell gewordene Straftäter anstelle solider Berufskünstler engagierten. Auch in der Beurteilung des politischen Geschehens mußten sich manche Tageshelden von ihm mit Bismarckscher Elle messen lassen, wie in dem folgenden Couplet, das auf dubiose Redner und Demonstranten zielte, deren Sinn oft genug im dunkeln blieb:

Auf das Bismarck-Denkmal sprang bei der letzten Fete
einer von den Führern rauf, hielt dort eine Rede.
Und der Bismarck dachte sich: Ach, hier steht noch einer,
der steht g'rade da wie ich – bloß ein bißchen kleiner.

Das Jahr 1919 wurde für Reutter ein Jahr, in dem er nicht mit neuen Auftritten glänzte. Trotzdem war er das ganze Jahr hindurch, wie er an einen Bekannten schrieb, immer »sehr beschäftigt: Repertoiresorgen, Umzugsqualen, Geburtstag, Heirat, Erkältung, Reise nach Breslau – – – alles das ließ und läßt mich nicht zur Ruhe kommen«. Erst in der Stille Gardelegens würde er sich wieder dem Schreiben zuwenden können. Allerdings, als der »Optimiste« von einst würde er nicht mehr zur Bühne zurückkehren.

Neuanfang mit Schwierigkeiten

Obwohl einige neue Couplets entstehen und Reutter, sofern ihm die Bedingungen zusagen, auch hin und wieder auftritt, bleibt es um ihn ruhig. Besondere Vorkommnisse innerhalb seiner künstlerischen Biographie sind in der Zeit zwischen 1920 und 1923, verglichen mit den turbulenten Vorkriegsjahren, nicht zu verzeichnen. Zu wenig günstig sind die allgemeinen Bedingungen für traditionelle Großvarietés und Unterhaltungsbühnen, als daß sich nach dem Kriege übergangslos daran anknüpfen ließe. Das Publikum, hin- und hergerissen von den Sorgen des Alltags, es herrschte Erwerbslosigkeit und Geldmangel bei ständig steigenden Preisen, blieb zu großen Teilen aus; Konjunktur hatten nur Amüsierlokale, Nachtkabaretts und Jazz-Tanzdielen, wo Schieberpublikum und Geldfritzen verkehrten.

Reutters Vertragspartner sind jetzt die Wein-, Bier- und Café-Cabarets, die in Städten wie Berlin, Leipzig, Düsseldorf oder Breslau das Unterhaltungsangebot bestimmen, Häuser mit Sälen, die bis zu tausend Besuchern Platz boten und über entsprechende Gastronomie verfügten. Waren unter den wirtschaftlich ungünstigen Verhältnissen schon einmal Engagements vertraglich zustande gekommen, hieß das nicht, daß er sie auch antreten konnte. Die Wirren in den Anfangsjahren der Weimarer Republik mit ständig neuen Unruhen, Streiks, Ausrufung des Ausnahmezustands machten einen regulären Bühnenbetrieb nur kurzzeitig möglich. Manche Vereinbarung mußte von Reutter wieder abgesagt werden. Wie sollte er zu seinem Auftrittsort kommen, wenn keine Züge, keine Straßenbahnen fuhren, oder auftreten, wenn der Strom ausfiel?

Reutters Ruhm tat es keinen Abbruch, daß er nur selten zu hören war. Wenn er aber auftrat, wurde er gefeiert wie ehedem. Im Mai 1920 reiste er von Gardelegen an, um in dem neueröffneten Cabaret »Wien-Berlin« dicht an der Friedrichstraße ein Gastspiel zu absolvieren. Der Saal war restlos überfüllt. Es gab von Couplet zu Couplet stärkeren Beifall, obwohl er Direktion und Publikum hatte wissen lassen, daß er ein funkelnagelneues Repertoire nicht habe mitbringen können. Er hatte zu dieser Zeit noch keins – aber:

Otto Reutter
sucht eine Pointe

Der Schwerarbeiter am Schreibtisch.

»Was Reutter singt, ist alles so schlicht gesagt, dabei so geistreich ersonnen und so zu Herzen und Gemüt gehend, gesanglich abgepaßt, daß jeder Vortrag ein unbedingter Schlager ist«, hieß es in der Kritik.

Das mit dem Herzen und dem Gemüt bezog sich auf das Lied »Ich möcht' erwachen beim Sonnenschein, und es müßt' alles wie früher sein«, das er, mit schlohweißer Perücke auf dem Kopf, zart wie ein Märchen ins Parkett hinuntersang. Die ruhigen Zeiten, da nichts verschoben und gestohlen wurde, auf den Straßen Ruhe herrschte und man mit der Familie urgemütlich im Gasthof zu billigen Preisen sein Fleisch- oder Fischgericht, die Brötchen gratis, verzehren konnte, waren vorbei. Er wußte es wohl, sein Zeitlied konnte daher nur ein Traumlied sein mit der Bitte ans Publikum: »Ihr Leute, verzeiht mir, wie ich es halte, ich lob' die Zeit mir, die gute alte.«

Es war sein erster größerer Auftritt nach seinem fünfzigsten Geburtstag, den er eine Woche zuvor im Kreis der Familie und der Gardelegener Freunde gefeiert hatte, überschüttet mit Briefen und Telegrammen der Direktoren, Berufsverbände, Redaktionen und Kollegen. Neben seinen Zigarrenkisten stellte er an jenem Tag in der Diele seiner »Waldschnibbe« von den vielen gereimten Glückwünschen jenes Gedicht aus, das der Berliner Chanson- und Kabarettautor O. A. Alberts ihm zu Ehren im »Organ der Varietéwelt« veröffentlicht hatte. Acht Strophen »An Otto Reutter«, zugeschnitten auf bekannte Refrains seiner Muse.

Ich rechne Tag und Nacht voll Pein,
wie alt Fortuna möge sein,
da Sie schon fünfzig Jahre sind –
Fortuna nennt Sie doch ihr Kind!
    Ick wunder mir über jarnischt mehr.

Doch war es nicht das Glück allein,
das Sie gestellt in selt'ne Reih'n.
Längst sind Sie groß, doch Ihr Genie
und Ehrgeiz führen rastlos Sie –
    Immer weiter, immer weiter.

Das Jubiläum von 1925.

Doch manch Kollege, 's ist kurios,
betrachtet Sie als wen'ger groß.
Er denkt, auch ich bin ein Genie,
geht hin und singt genau wie Sie.
Und dann wird's still, man hört nichts mehr.

So war es, und so sollte es bleiben. Eine ernsthafte Konkurrenz zum fünfzigjährigen Reutter gab es im Humoristenfach weit und breit nicht. Als er 1921 in der »Alhambra« am Moritzplatz in Berlin auftrat, war er, wie vorauszusehen, die Attraktion des Abends. Kein Mensch schaute mehr auf die futuristisch modern bemalten Wände des Saals, als der Vorhang aufging und er auf der Bühne erschien. Die Zeitungen stellten fest, was alle längst wußten, daß Reutter »durch seine Art, sich zu geben, seinen gemütlichen Humor, in allen Kreisen beliebt geworden ist«, kurzum: Kassenmagnet – stets fesselnd – Auditorium andächtig – der große Erfolg des Abends.

Auch in anderen Städten war man mit Reutters Sicht auf die neue Zeit durchaus zufrieden. Das sozialdemokratisch orientierte »Bremer Volksblatt« meinte zu seinem Auftreten im »Casino« im April 1922: Er betrachte »die Welt, seine Zeitgenossen, sich selbst, alles in großer Ruhe und Unbekümmertheit«. Daß er nach dem Krieg auf alter Höhe den Anschluß wiederfand, verdankte er einem neuen Lied, das alles Bisherige in den Schatten stellte. Konnte es eine Steigerung überhaupt noch geben? Offensichtlich doch, wenn man jenen erhebenden Strophen lauschte, mit denen er unter Hinweis auf die Vergänglichkeit alles Bestehenden über Enttäuschungen und Ärger, Unglück und Ehekrach, Zahnschmerzen und sonstige Malaisen hinwegtröstete: »In fünfzig Jahren ist alles vorbei!« Unter dem Datum vom 22. 6. 1919 ist dieses Lied mit siebzehn Strophen zum erstenmal in seinem Repertoirebuch eingetragen. Die Grammophon mit ihrer Schallplatte folgte bald danach.

Denk stets, wenn etwas dir nicht gefällt:
Es währt nichts ewig auf dieser Welt.
Der kleinste Ärger, die größte Qual
sind nicht von Dauer, sie enden mal.

Drum sei dein Trost, was immer es sei:
In fünfzig Jahren ist alles vorbei!

Nicht murren, daß alles so teuer ist, nicht knurren, wie hoch auch
die Steuer ist, selbst wenn einem alles genommen wird, nicht kla-
gen, und wenn man den Dalles kriegt, selbst dann nicht verzagen,
denn »nur der, der nichts hat, ist glücklich und frei, und in fünfzig
Jahren ist alles vorbei!« Vielleicht gar das Leben. Gut ist der bera-
ten, der für diesen Fall die Reuttersche Philosophie beherzigt:

Und fürchte dich nie, ist der Tod auch nah.
Je mehr du ihn fürcht'st, um so eh'r ist er da.
Vorm Tode sich fürchten hat keinen Zweck.
Man erlebt ihn ja nicht, wenn er kommt, ist man weg.
Und schließlich kommen wir all' an die Reih' –
Und in fünfzig Jahren ist alles vorbei!

Da sei es doch angeraten, meint er, den Wein auszutrinken, den
man noch hat, und das Mädel nach Haus zu bringen, das man hat,
sich überhaupt zu freuen hier unten beim Erdenlicht, denn »wie's
unten ist, weißt du, wie *oben* nicht.«

Das so merkwürdig leuchtende Lied, von dem Tucholsky
meinte, es hätte »beinah etwas Fontanisches«, nahm in kürzester
Zeit seinen Weg über ganz Deutschland. Die »Fünfzig Jahre« wurden eine stehende Redensart, so populär, daß man sofort wußte:
Das ist von Otto Reutter. Und eben mit diesem Couplet signalisierte sich eine beginnende Veränderung seines Repertoires. Sie
äußerte sich darin, daß die unbekümmert fröhlichen Potpourris in
den Hintergrund traten und an ihre Stelle sinnierende Nachdenklichkeit und tiefere Betrachtung des Lebens. In dem Maße,
wie er eigene Lebenserfahrung und die Reflexion darüber in sein
Schaffen einfließen läßt, verdichtet sich auch die Form. Nicht
mehr die Aneinanderreihung von Einzelstrophen mit Einzelthe-
men zu horizontalen Ketten, sondern ein vertikal strukturierter
Couplettyp dominiert seit den zwanziger Jahren das Repertoire.
Vertikal heißt, die Strophen sind von Anfang bis Ende einem bestimmten Thema oder einem Vorgang zugeordnet und werden
chronologisch abgehandelt. Damit entsteht eine ungleich größere

Geschlossenheit der Strophe wie des Ganzen, die Geschichten, die mit Ausführlichkeit und Behagen erzählt werden, gewinnen an Spannung, an Dynamik und kommen auch im Gedanklichen zu einer wirklichen Abrundung.

Das klassische Muster für die neue Schreibart ist »Der gewissenhafte Maurer« von 1920. Eine stehende Figur in der Nachfolge von »Onkel Fritz aus Neu-Ruppin« erblickte damit das Licht der komischen Welt. Der Maurer, ein Denkmal des Berlinertums, ist ein Mann, der nur noch in gewerkschaftlich tariflichen Normen denken kann, gewissermaßen ein Opfer des Zeitgeists. Er läßt den Ziegel lieber seinem Auftraggeber auf den Kopf fallen, als ihn zwei Sprossen weiter auf der Leiter nach oben zu bringen. Es ist Feierabend, die Uhr schlägt vier, er darf nicht mehr weiter nach'm Tarif.

> Er hat noch zwei Sprossen – aber er darf sie nicht geh'n.
> Oder achtzehn nach unten – ja, aber nich mit'm Steen.
> Was soll er nun machen – so nah am Ziel?
> Er schwankt zwischen Arbeits- und Pflichtgefühl.
> Aber 's Pflichtgefühl siegt – »'s ist egal«, sagt er grob.
> Und er läßt den Stein fallen – und mir uffn Kopp.

Das sind konzis und brillant formulierte Zeilen, denen man ansieht, daß es Reutter Spaß gemacht hat, sich hier eine Gestalt nach dem Leben zu modellieren. Alles ist aus einem Guß, die bildhafte Art des Schilderns, das Anschaulichmachen der Person mit ihrem Umfeld, ihren Redensarten und Verhaltensweisen. Weder auf dem zeitgenössischen Kabarett noch in den Witzblättern findet sich eine vergleichbare Schöpfung dieser Art. Einzigartig steht auch sein zweites Typen-Couplet von 1921 da, »Das Geld regiert die Welt«, bekannt auch unter dem Titel »Herr Neureich«. Diesmal nimmt er sich den Typ des Kriegs- und Inflationsgewinnlers vor, für den der Berliner Volksmund das Wort »Raffke« geprägt hat.

Wie sieht es in der Wohnung dieses Mannes aus? »Allens ist aus Seide und aus Plüsch. / Der Lateiner sagt: Nobless o plüsch.« Und so steht es mit der Bildung des Mannes:

Meine Bibliothek wird riesig schön befunden.
Hab' zwölfhundert Bücher, prächtig eingebunden.
Links fünfhundert rote, graue, grüne, gelbe,
rechts von gleicher Größe ganz genau dasselbe,
mittendrin zweihundert Stück in Blau –
Ja, die Deckel kenn' ick janz jenau.

Zu Raffkes gehört jetzt die große Villa, dazu Dienerschaft, Teppiche und Gobelins, ein eigenes Reitpferd, das Wappen über der Tür und natürlich Kunst.

Hab' alle Maler mit berühmten Namen.
Kauf' ich Bilder, guck' ich immer nach dem Rahmen.
Denn so'n goldner Rahmen ziert die Wand am meisten.
Ich hab' die größten Bilder mit de dicksten Leisten
und een kleenes Bild von Menzel bloß –
Jott, der Menzel war ja ooch nich jroß.

»Es hat sich bei mir allmählich die Überzeugung herausgebildet, daß ohne eine starke Dosis Humor eine tief eindringende und gerechte Beurteilung menschlicher Dinge gar nicht möglich ist. Denn Humor bedeutet Vorurteilslosigkeit.« Dieser Ausspruch stammt nicht von Reutter, sondern von Theodor Fontane. Sollte er richtig sein, dann hätte Reutter über ein besonders hohes Maß an Vorurteilslosigkeit verfügt. Diese Vorurteilslosigkeit oder Gelassenheit trifft freilich nur auf die menschliche Natur und deren Eigenheiten zu, wie sie seit Adam und Eva auf der Welt sind, sagen wir Egoismus, Neid, Prahlsucht oder Schadenfreude. Nicht zutreffend sind für Reutter Indifferenz oder Gleichmütigkeit gegenüber sozialen Mißständen, die nicht schicksalhaft verschuldet sind. Er blieb sich bewußt, daß allein mit philosophierender Lebensbetrachtung oder mit Bewitzelung seiner Objekte von außen her sich kein Repertoire aufbauen ließ, das die Stimmung im Lande einfing und dem Wahrheitsgehalt wirklicher Kunst gerecht wurde. Er will Moralist sein. Die Raffsucht und Gewinnsucht als schlimmste Erscheinungen der Nachkriegszeit sollen mittels Übertreibung an den Pranger gestellt werden. Lachen und Lächerlichmachen sind selbst in dezenter Form Bewertung von Haltungen und Personen, zu denen er sich nicht nur in belustigendem Tonfall, vielmehr mitunter recht bissig äußert. Angesichts der Hunderttausenden von Kriegskrüppeln, Arbeitslosen und der Armut im Lande will er sich nicht mit der Losung der Inhaber der wirtschaftlichen Macht »Nur noch Devisen ist die Devise« abfinden, wie ihm auch der Opportunismus von Politikern ein Dorn im Auge ist, die, nur auf den eigenen Vorteil bedacht, den Mantel nach dem Wind hängen. »Mancher Herr im Parlament sagte vor dem Frieden: ›In der Monarchie allein ist uns Heil beschieden‹. Aber heute nach dem Krieg öffnet er den Rachen und ruft ›Hoch die Republik!‹ – Ha, da muß ich lachen.« Wie wenig es für den vielzitierten kleinen Mann zu lachen gab, spricht sich in einem Brettlsang aus, entstanden ebenfalls 1920, dem er die doppelbödige Überschrift gab: »Dann hast du den befreienden, verzeihenden Humor.«

Sei wunschlos glücklich, wer das kann.
'ne Wohnung braucht nicht sein.
Schau dir die alten Deutschen an,
die schliefen auch im Frei'n.
Wozu noch Kleidung? Adam ging
auch nie zum Schneider hin,
und Essen – schätze es gering,
es bleibt ja doch nicht drin.
Wo nichts zu hol'n, bricht keiner ein.
Fürs letzte Geld trink ein Faß Wein.
Und kommen dann die Lumpen,
dann soll'n sie dir was pumpen.
Nimm's Faß, mach's wie Diogenes
und setze dich davor –
Dann hast du den verzeihenden,
befreienden Humor.

Reutter traf mit solchen gespielten Wurstigkeiten die Stimmung breiter Schichten, die sich in ihrer Existenz und ihrem Besitzstand bedroht fühlten. Daß er seinem Publikum auch nichts weiter anbieten konnte als die Empfehlung »Hab stets Humor, du brauchst ihn jetzt«, machte ihn gerade sympathisch. Das war auch der

Beim Vortrag seines Rollencouplets
»Der Kriegsgewinnler«.

Grund, warum seine Vorstellungen auch jetzt wieder ausverkauft waren. Er verhalf mit seinen Geistesblitzen manchem Cabaret-Besitzer zum Überleben, als das »Palast-Theater am Zoo« unter seinen Nachfolgern schon wieder pleite gegangen war.

Eine neue Form der Unterhaltung waren nach dem Kriege die sogenannten literarischen Kabaretts, die sich ab 1920/21 in Berlin etablierten und zur Geburtsstätte des literarischen Chansons in Deutschland wurden. Das Chanson, wie es vor dem Kriege nur als harmlos neckisches Brettl-Lied, teils amourösen, teils sozialen Inhalts existiert hatte, präsentierte sich jetzt als modernes Zeitlied, mit dem Reinhardt-Schauspieler ihr Debüt auf dem Podium als Diseusen und Chansonniers gaben. Die neuen Bühnen der streitbaren elften Muse hießen »Schall und Rauch«, »Größenwahn« und »Wilde Bühne«, ihre Stars Gussy Holl, Rosa Valetti, Paul Graetz, Blandine Ebinger, Trude Hesterberg und Kate Kühl. Mit diesen neuen literarisch-satirischen Kabaretts, die sich mit »K« schrieben, verbanden sich die besten Liedbegabungen der jungen Schriftstellergeneration, wie Klabund, Walter Mehring und Kurt Tucholsky. Sie sind die Schöpfer einer neuen Art Großstadtchanson, das sich an modernen Kunstrichtungen wie Jazz und Expressionismus orientierte, aber auch französische Montmartre-Traditionen sowie Stilmerkmale von Bänkelballade und Couplet in sich aufnahm. Die Dichter prägten für eine kurze Zeit die neuen Refrains der Berliner Liedlyrik – »Und ich baumle mit de Beene, mit de Beene vor mich her« – »Wenn der alte Motor wieder tackt« – »Immer um die Litfaßsäule rum« – »Die Linden lang, Galopp, Galopp!« – für die die zeitgenössische Tanzmusik mit ihren Rhythmen den musikalischen Zündstoff abgab. Die Kunst der Pointe bekam eine neue Bedeutung, die Strophen wurden mitgerissen von den Parolen des Tages. »Keine Zeit! Keine Zeit! Keine Zeit!«

Von den neuen Unternehmen ging für Reutter keine Konkurrenz aus, da dort ein anderes Publikum verkehrte. Er selbst ist niemals in literarischen Kabaretts aufgetreten, so daß die Bezeichnung Kabarettist für die zwanziger Jahre vollkommen abwegig für ihn wäre. Dem Namen nach hießen seine Etablissements zwar Wein-Cabaret, hatten mit Kunst oder Literatur aber nichts zu tun, sondern blieben vom Charakter her immer Kleinvarietés.

Reutters Autorität als führender Humorist der deutschen Bühne war unangefochten, und das galt auch wieder für die zwanziger Jahre. Mit der Perfektion seiner Verse und seines Vortragsstils, der Kunst der Pointe und der Nuance konnte er sogar den Autoren wie den Schauspielern ein Lehrmeister sein, zumal beide Formen, Chanson wie Couplet, den Gesetzen des Sprechgesangs folgten und ausschließlich für das Ohr bestimmte Texte waren, die sich prinzipiell vom Gedicht unterschieden und folglich auch anders geschrieben werden mußten. So gesehen, war es kein Zufall, daß sich Tucholsky, als er für eine Nelson-Revue die Gesangseinlagen schrieb, am Reutter-Tonfall orientierte, um in einem Raffke-Couplet[1] seinen »Herrn Neureich« zu porträtieren. Auch er ein Gemisch aus Unbildung und Protzerei, als Berliner Pachulke noch weniger sympathisch als Reutters Gestalt. Im Humor bleibt er leicht hinter seinem Doppelgänger vom Varieté zurück.

Ick bin die allerneuste Zeiterscheinung,
Sie treffen mich an alle Orte an. –
Ick pfeife uff die öffentliche Meinung,
weil ick als Raffke mir det leisten kann.
Ick bin die feinste von die feinen Nummern,
ick steh' schon in die Illustrierte drin,
denn ob Jeschäfte oder Sekt mit Hummern –
Ick knie mir rin, ick knie mir richtig rin.

Die eigentlich kritischen Monate standen den Cabarets und Variétés noch bevor, nachdem die Inflation hereingebrochen war. Um die Jahresmitte 1922 ließ die Reichsbank bereits 10 000-Mark-Scheine drucken. Ein Ei kostete schon 1200 Mark. Im Oktober 1923 hatte man als Porto für eine Postkarte zwei Millionen und für ein Brot 24 Millionen Mark zu zahlen. Arbeiter, Angestellte wie Künstler bekamen ihr Geld täglich ausgezahlt, gingen mit dicken Aktentaschen voll Papier nach Hause und mußten am

[1] »Raffke«, nach der bekannten Figur aus der »Berliner Illustrirten Zeitung«, Text von Theobald Tiger (Kurt Tucholsky), verfaßt für die Revue »Wir steh'n verkehrt« von Carl Rössler, Musik von Rudolph Nelson. Als Notendruck erschienen 1922 im Drei-Masken-Verlag Berlin – München – Wien.

nächsten Morgen feststellen, daß sie dafür so gut wie nichts mehr kaufen konnten. Künstler traten deshalb meist nur gegen Devisen auf, wozu tschechische Kronen, Dollars oder Francs zählten, allerdings waren die ausgezahlten Summen nur ein minimaler Teil dessen, was die Gage ausgemacht hätte.

Reutter ist von Jahresmitte 1922 bis Ende 1923 so gut wie ohne Engagement. Außer der kleingedruckten Zeile »Otto Reutter, Gardelegen« im Adressenteil des Artistenfachblatts ist von ihm nichts weiter zu lesen. Nur wenige Male steht er auf der Bühne, vermutlich, wie andere auch, zu den üblichen Devisenbedingungen. Auch seine gutgehenden Schallplatten – er hat seit 1919 25 neue Titel produziert –, bringen nur wertloses Geld. Im Hochinflationsjahr 1923 verliert er sein gesamtes Vermögen, die Staatspapiere der Kriegsanleihe sind wertlos geworden, und seine zwei Millionen von einst decken nicht einmal die Bankgebühren für den Kontoauszug. Außer seiner Villa besitzt er kein Immobilienvermögen, über das er hätte verfügen können. Als am 15. November 1923 mit Einführung der wertbeständigen Rentenmark die Inflation gestoppt wird, heißt die Bilanz für Otto Reutter: Er kann wieder von vorn anfangen.

In dem allgemeinen Desaster der Zeit, als nichts mehr Bestand hatte, sah man in ihm in seiner Vaterstadt Gardelegen so etwas wie eine Person von Wertbeständigkeit. Als sich Magistrat und Kaufmannschaft der Stadt entschlossen, zur Aufrechterhaltung von Wirtschaft und Handel Notgeld aufzulegen, war auf den Geldgutscheinen zum 5-, 10- und 25-Pfennig-Wert der Kopf Otto Reutters zu sehen, geschmückt mit einem Lorbeerkranz und flankiert von den Masken Thalias, der Muse der Schauspielkunst. Man hatte von seiten des Kaufmännischen Vereins damit gerechnet, daß Reutter jeweils einen Spruch beisteuern würde, und sah sich darin nicht enttäuscht. Für den 5-Pfennig-Schein lautete er:

Ehrlich blieb'n hüt up Erd'n
Is dat Schwerste, wat et gifft.
Mag dat Jeld ok dreckig werd'n,
Wenn de Hand man sauber blifft!

Einen Spruch im kraftvollen altmärkischen Platt bekamen auch die 50-Pfennig-Scheine, auf denen seine Waldschnibbe abgebildet war:

Wie schön was doch de olle Mark,
Janz wie de Ollmark – hart und stark.
Ut Lumpen moakt man hüt dat Jeld,
's fehlt nich an Lumpen in de Welt.
Doch wir erklär'n uns nich bankrott.
Holl'n ehrlich durch un flehn to Jott:
Bescher uns wedder – hart un stark,
Die Ollmark wie de olle Mark.

Die Gardelegener hatten 1922/23 in Otto Reutter einen meistenteils anwesenden, geradezu seßhaften Mitbürger, der sich von seinem in der Sandstraße wohnenden Kutscher von seinem Landsitz mit der Pferdedroschke in die Stadt und wieder zurück fahren ließ. Wie lange er sich noch auf seiner »nicht ganz kleinen« Besitzung als Herr über Wiesen, Teiche, Fluren und Äcker fühlen konnte, war eine Frage der Zeit. Da er nicht zu den Leuten mit den Devisengoldmillionen gehörte, brach er im Winter 1923/24 auf, um seine Zelte wieder an fremden Orten aufzuschlagen.

Der Lebensphilosoph

Als die Geldwirtschaft mit der Einführung der Rentenmark[1] erneut stabilen Boden unter die Füße bekam, begann sich auch das Cabaret- und Varietégewerbe wieder zu erholen. Den Artisten war damit die Möglichkeit gegeben, wieder längerfristige Verträge im voraus abzuschließen, ohne befürchten zu müssen, daß das Unternehmen zwischendurch zusammenbrach. Reutter nutzte die Chance, sich in der Phase der wirtschaftlichen Stabilisierung zwischen 1925 und 1929 eine neue Existenz aufzubauen. Privat hieß das für ihn, daß er nicht mehr die meiste Zeit in Gardelegen verbringen konnte, sondern sich mit fester Wohnadresse dort aufhalten mußte, wo sich das Zentrum der Branche befand. Und das war Berlin. 1925 wurden die Äcker, Wiesen und Teiche, die zu seinem Gardelegener Besitz gehörten, verkauft, zwei Jahre darauf seine Villa Waldschnibbe. Mit seiner Frau zog Reutter 1927 nach Berlin-Wilmersdorf um, wo damals viele Stars von Bühne und Film wohnten.

Von hier aus nahm er das alte Tourneeleben wieder auf. Schwierigkeiten hatte er nicht damit, da sein Name noch immer den alten Glanz ausstrahlte, allerdings waren nicht wenige seiner einstigen Arbeitsstätten ein Opfer der Zeitverhältnisse geworden. Fiel die Gage einmal nicht so üppig aus, lag es nicht an Reutters Können, sondern an der Kasse seiner Geschäftspartner. Wenn Direktoren ihn nicht für vierzehn Tage bezahlen konnten, einigte man sich auf ein Kurzgastspiel. Bei häufigerem Ortswechsel war das zwar mit mehr Belastungen verbunden, schon durch die Reiserei, auf der anderen Seite wurden aber Einzelauftritte und Gastspiele von sehr begrenzter Dauer gut vergütet. Reutter, weder hochmütig noch eingebildet, kein Mann mit »Künstlervogel«, dafür mit Blick für Realitäten, konnte sich die Bedingungen nicht aussuchen. Ihm waren in dieser Zeit Engagements und Publikum wichtiger als der »Ruf«, Spitzenkraft nur erstklassiger Häuser zu sein. Nicht jeder

---

[1] Rentenmark: 1923 geschaffene Zwischenwährung, die 1924 durch die Reichsmark ersetzt wurde. Die Rentenmark war durch eine Grundschuld auf den gesamten landwirtschaftlichen Besitz gedeckt.

Mit seiner Frau vor dem neuen Fiat.

Ort hatte einen »Wintergarten« aufzuweisen, außerdem war sein Publikum überall im Reich, nicht bloß an der Friedrichstraße.

Wie es auf den Tourneen durch die Provinz zuging, ist in der kleinen Reutter-Biographie von Bruno Wiesner überliefert, der darin viele authentische Schilderungen von Alfred Stein, einem Freund und Kollegen Otto Reutters, aufgenommen hat. Er erzählt:

Im Sommer 1925 bekam Reutter ein Gastspielangebot für einen Sonnabend in Landsberg an der Warthe im dortigen »Konzerthaus«. Er akzeptierte und fuhr am Tag des Engagements mit Freund Stein nach Landsberg in die Neumark. Am Bahnhof gab er dem Droschkenkutscher die Endstation »Konzerthaus« an. Der Kutscher fuhr eine längere Strecke, dann hielt er auf freier Chaussee. »Da drüben ist es!« Er zeigte auf ein Gebäude, das von weitem wie eine große Scheune aussah. Sollte sich der Kutscher geirrt haben? Da aber Plakate mit seinem »lachenden Kopf« angebracht waren, mußte es das richtige Gebäude sein. Reutter ahnte das Schlimmste. Innen sah das Lokal auch nicht freundlicher aus. Reutter ging durch den leeren Saal an ein Klavier, das vor einer Bühne stand, und probierte, ob es noch Töne hatte. In diesem Moment murmelte jemand hinter ihm: »Ich begrüße Sie, großer Meister! Ich begrüße Sie, großer Meister!« Reutter blickte sich um und bemerkte einen kleinen dicken Mann in Hemdsärmeln, der in gebückter Haltung seine devote Begrüßung gestammelt hatte. »Wer sind Sie denn? Stehen Sie doch erst einmal auf!« fuhr er ihn mit bissigem Humor an. »Ich bin der Direktor hier, Herr Reutter. Könnt' ich Ihnen mit etwas dienen?« – »Ja«, war Reutters schlagfertige Antwort, »wenn Sie der Herr Direktor sind, dann tun Sie mir den einzigen Gefallen und lassen mich einen Tag früher aufhören.« Er ist diesen einen Abend dann doch geblieben, um vor fast 3000 Menschen, die aus Landsberg und Umgebung gekommen waren, zu singen.

In diesen Jahren haben ihn auch in kleineren Orten noch Millionen gesehen, Zuschauer, die er von der Rampe aus beobachtete und über die er sagte: »Ich habe vielleicht Millionen Menschen lachen sehen. Merkwürdig, wie sich der Charakter des Menschen beim Lachen plötzlich, ohne daß der Betreffende es will, zu offenbaren scheint. Lächeln verschönt; aber Lachen verhäßlicht eigentlich.« Und Kurt Tucholsky ergänzte diese Bemerkung: »Er hat sehr genau aufgepaßt, wenn er da oben gestanden hat, sehr genau.«

Kurze engagementsfreie Zeiten überbrückte er, indem er da und dorthin einen Abstecher machte. 1927 erhielt sein Onkel aus Tilsit an der ostpreußisch-litauischen Grenze eine Postkarte, auf der Neffe Otto in launig gereimten Versen wissen ließ, was ihn in den letzten Winkel des Reichs verschlagen hatte:

Weil ick in Berlin nicht doo,
fähr ick aff und too noh Tilsit
unn verdeen noch wat do too,
weil ick in Berlin too still sitt!

Ansonsten sind seine Stammhäuser in den zwanziger Jahren auch jene Bühnen wieder, an denen er regelmäßig schon vor dem Krieg aufgetreten war: der »Krystall-Palast« in Leipzig, die »Reichshallen« in Köln, das »Löwenbräu« in Hannover, das »Odeon« in Dortmund und »Liebichs Varieté« in Breslau, das von ihm ganz besonders geschätzt wurde. Die Zeitungen können nicht mehr viel Neues schreiben, was das Genie des noch immer vital wirkenden Mannes betrifft. Man lobt ihn selbst in Cottbus, daß er im Gegensatz zu seinen Kollegen nur mit neuen Sachen herauskomme, obwohl man manch altes Couplet aus dem Repertoire gern noch einmal gehört hätte. »Wenn's Haar auch grau geworden ist, sein Geist und Humor sind jung geblieben.«

Wie jung und wie alt, beantwortet ein Blick auf sein Spätrepertoire, in dem er die populäre poetische Form des Couplets zu inhaltlicher und formaler Meisterschaft entwickelte. Wie machte er es? Zunächst einmal nimmt er keine erkennbaren neuen Einflüsse auf, sondern bleibt – auch darin ein scheinbar Konservativer – bei seiner bisherigen Form. Weder paßt er sich dem Chanson- noch dem Song- und schon gar nicht dem Schlagerstil an, und was das Tempo betrifft, auch das ist moderat. Weil sich der Altmärker in ihm nicht aus der Ruhe bringen läßt, wieviel um ihn herum auch passiert, nehmen sich die Sätze Zeit. Er steht wie »Onkel Fritz aus Neuruppin« neben dem Welttheater und holt – kraft der Pointe aus dem Widerspruch zwischen subjektivem Beharren und der davoneilenden Zeit, kopfschüttelnd die Hände vor dem Bäuchlein

Signierte Künstlerpostkarte von 1930.

gefaltet – jene Komik heraus, die die Coupletkunst braucht, um ihren angestammten Platz im Konkurrenzkampf der Künste zu behaupten. Es fällt auf, daß keiner von den Rezensenten jemals geschrieben hat, er könne sich nach soundsoviel Jahren doch einmal andere Lieder zulegen, das Genre wechseln. Er brauchte es nicht, solange es die Leute nicht wollten und solange er die Ungereimtheiten des Lebens in heiteren Reimen betrachten konnte. Seine Gemütlichkeit, seine Erzählfreudigkeit und sein Hang zum Philosophieren machten seine kleinen Dichtungen mit dem simplen Versmaß originell. Auch jetzt wieder. Wie er mit dem »Blusenkauf« weibliche Psyche auf den Punkt brachte, ist so drastisch und komisch nie wieder geschildert worden. Welche Liebenswürdigkeit im Spott. Ein Pariser Chansonnier hätte das Thema »Frauen und Mode« nicht besser abhandeln können. *Sie* drin im Laden, *er* draußen. Seit dem Morgen dort stehen gelassen. Ohne Portemonnaie und ohne Abendbrot. Am Himmel schon das Abendrot. Wie sagte doch Frau Suse? »'nen Augenblick, bin gleich zurück. – Ich kauf' mir bloß 'ne Bluse.« Gelbe, rote, blaue, grüne, gestreifte und karierte – durch acht lange Strophen geht der Blusenkauf im Singsang fort und fort, bis der Mann draußen umgefallen ist. Leben, Lied und Blusenkauf sind jäh zu Ende. Und in den Laden starrt se: »Ach, geb'n se mir 'ne schwarze!«

Auf ebenso treffliche Weise hat er den Zeitungsbetrieb in klassische Reime gebracht; sie werden wie vom Rhythmus der Rotationsmaschinen fortgetragen:

Und dann das Lokale – mit Raub und Mord.
Die Leiche hab'n se – der Mörder ist fort.
Und könn'n sie's nicht schildern,
dann bring'n sie's in Bildern.
Die sind oft so schön, – so schwarz anzuseh'n.
's ist kein Hindernis – 's steht ja drunter, wer's is.

Dynamik ist bei Reutter nicht gleichzusetzen mit Hektik. Wie früher nimmt er sich noch immer Zeit zum Erzählen, setzt jetzt aber die knappere Pointe dagegen, in so dichter Folge, daß man den Eindruck hat – egal, ob man die Texte nun liest oder hört –, das ganze Lied bestehe nur noch aus Pointen und Spruchweisheiten.

Wir richten uns nie nach dem eignen Behagen,
frag'n stets nur: Was werd'n die Leut' dazu sagen?

Und mag unser Kind noch so häßlich ausseh'n,
sobald es uns ähnlich ist, finden wir's schön.

Heut' hab'n wir die und jene Partei –
und in fünfzig Jahren ist alles vorbei!

Zu den Meisterstücken seiner späten Lebensjahre gehört auch das im Blick auf das Jahr 2000 noch aktuelle Spottlied »Sei modern!« mit den Zeilen:

Sei modern, du brauchst nicht brav zu bleiben,
du kannst schwindeln, tolle Sachen treiben.
Komm als Prinz, betrüge voll Nobless',
zeig dich in 'nem Sexualprozeß.
Jede Zeitung wird's dir honorieren,
Film, Theater wird dich engagieren –
Heutzutage frißt nur der sich satt,
der vorher was ausgefressen hat.

Es gibt auch leisere Lebenslieder in seinem Repertoire, in melancholischer Stimmung zu Papier gebracht, an denen man sehen kann, in welcher Weise Reutters Kunst eine Wandlung durchgemacht hat. »Die ganze Geschicht', die lohnt sich nicht!«, »In der Einsamkeit«, »Du mußt lächeln, immer lächeln!«, »Mit der Uhr in der Hand«, »Wir lieben uns zu sehr« heißen die Titel. Den barschen und etwas rauhen Ton, der früher die meisten Lacher gewann, ersetzt er jetzt vielfach durch gedämpfte Töne, die sich bis zum leisesten Flüstern, bis zur zartesten Andeutung, bis zum Hauch verlieren. Seine für die Bühne geeignete Stimme mit dem gut rollenden R bestach immer schon durch präzise Artikulation, Schmiegsamkeit und einen vollen, warmen Ton, der manch einem Text aus seinem Munde ein inneres Leuchten verlieh. Es schien, daß er erst jetzt, auf die Sechzig zugehend, seine besten Gedanken in seinen Couplets festhielt, die damit über ihre tagesgebundene Unterhaltungsfunktion weit hinausreichen und sich nicht selten der freieren literarischen Form des Chansons näherten. Meisterwerke sind es, die sich vom Varieté längst gelöst und ihre endgültige Form gefunden haben. Auf sie bezog sich Karl Valentins Bemerkung: »Den moag i. Des is a ganz Großer.« Auch die Tatsache, daß man Reutter Ende der zwanziger Jahre zu den Komikern zählte und damit neben die Großen der Schauspielkunst stellte, was für Berlin als Weltstadt des Theaters ganz besondere Bedeutung hatte, läßt ermessen, welchen Grad an Vollkommenheit er erreicht hatte.

Komiker Reutter hätte sicher auch am Theater Bühnenrollen im heiter-komischen Fach übernehmen, in Volksstücken, Possen oder Schwänken, möglicherweise im klassischen Lustspiel, mitspielen können, wenn er gewollt hätte. Im Theater zog er es aber vor, im Parkett zu sitzen statt auf der Bühne zu stehen, wußte er doch selbst, daß Berlin an genialen Schauspielern reich war, es an Liedhumoristen hingegen nur den einen gab: ihn. So absolvierte er weiter seine kontraktlichen fünfzig Minuten, in der Regel »neun Sachen« bei wechselnder Auswahl. Das Varieté ist sein einziger Lebensinhalt, er kann sich eine andere Existenzform ohne Rampe und ohne Publikum nicht denken.

Wenn er nun vom Schicksal schon für den Humoristenberuf bestimmt war, meinte er, den Leuten von der Bühne herab ab und an eine sanfte Mahnung auf den Nachhauseweg mitgeben zu müssen. Dem einzelnen riet er, nicht nur »mit der Uhr in der Hand« durchs Leben zu gehen, über allem Hasten und Streben sich nicht selber zu vergessen und sich nicht der Illusion hinzugeben, daß sich alles auf dem Erdball nur um ihn drehe.

Hinsichtlich solcher Welt- und Lebensbetrachtung zeigen die Reutterschen Spätcouplets eine auffällige Verwandtschaft zu Schopenhauer, jenem Philosophen, dem insbesondere Thomas Mann und Kurt Tucholsky große Verehrung entgegengebracht haben. Es gibt erstaunlich viele Reutter-Strophen, die sich ausnehmen, als seien sie nur in Verse gebrachte Gedanken, wie sie sich auch in den Werken Schopenhauers als Betrachtungen über Alter und Jugend, Glück und Genuß und die Natur des Menschen generell finden. Spricht Schopenhauer vom Egoismus als der »Haupt- und Grundtriebfeder im Menschen«, aus der alle seine Handlungen entspringen – womöglich alles genießen, alles haben, alles für uns, nichts für die andern, es sei denn Gleichgültigkeit –, so kehrt bei Reutter die gleiche Erkenntnis in den Zeilen wieder:

> Wir lieben uns zu sehr – ja, wir lieben *uns* zu sehr.
> Wir gönn'n andern manches, uns gönn'n wir *mehr*.
> Wenn andre jetzt arm sind, dann liegt's an der Zeit,
> wenn *wir* was verlor'n hab'n, das tut uns sehr leid.

Indem Reutter den Schleier von den Dingen wegzieht, um das, was dahinterliegt, zu enthüllen, erscheint er weder als Misanthrop noch als Trauerkloß. Er konstatiert lediglich, daß es so ist, wie es ist. Die Zeiten ändern sich, die Moden ändern sich, der Mensch leider nie. Das Tragische oder Komische daran ist, daß der Mensch erst fähig wird, das Wesen seines Daseins als eines nach Schopenhauer »fortgesetzten Betrugs im Kleinen wie im Großen« zu begreifen, wenn er das Leben »durchgestanden« hat, es vom Ende her betrachtet. Reutter stellt sich die gleiche Frage:

> Bevor du sterbst, mußt du dir Antwort geben:
> War dieses Leben wert, es zu erleben?
> War's nicht ein Tasten, Hasten, kraß und flüchtig?
> Was heute wichtig, scheint dir dann sehr nichtig.

Alles richtig, sogar vergnüglich, solange man sich über die eigenen und allgemeinen Unzulänglichkeiten bei Reutter amüsieren und darüber schmunzeln kann. Auch hierin wieder in Übereinstimmung mit dem Philosophen der »Lebensweisheit«, daß »je mehr ein Mensch des ganzen Ernstes fähig ist«, er desto herzlicher lachen könne.

Wenn nun Reutter einer Forderung Schopenhauers nachkam, »das Leben und die Dinge so zu zeigen, wie sie in Wahrheit sind«, mußte er dazu nicht gelehrte Werke zu Rate ziehen. Er brauchte nur die Erfahrungen seines eigenen Lebens zu beschreiben. Einer Lektüre philosophischer Bücher bedurfte es dazu nicht, wenn man sich an Reutters eigenen Ausspruch erinnert, daß er nur das, was er selbst erlebt, eigentlich recht besingen könne. Man kann aber davon ausgehen, daß Reutter die Werke Schopenhauers, die zum allgemeinen Bildungsgut der Zeit gehörten, gekannt hat. Daß sich die Affinität, die alle großen deutschen Humoristen zu Schopenhauer hatten, auch bei Reutter findet, mag mit ein Grund dafür gewesen sein, daß schon der junge Tucholsky als Stammgast des »Wintergartens« an dem kleinen Dicken aus Gardelegen Gefallen fand und sich in späteren Jahren, als er selbst schon über die Vierzig war, abermals mit dem Phänomen Reutter beschäftigt hat. Zu Schopenhauer meinte er: »Denn das ist Humor: durch die Dinge durchsehen, wie wenn sie aus Glas wären«, und zu Reutter: »nahe an den Clownspäßen der Genies.«

Im Zusammenhang mit dem Namen Schopenhauer findet sich in fast allen Erinnerungen der Zeitgenossen an Reutter eine Anekdote, die als heitere Nachschrift zu dem hier abgehandelten Kapitel nicht fehlen darf. Sie bezog sich auf den Berliner »Wintergarten«-Direktor Baron und den Künstleragenten Dreyer, der sich rühmte, jeden Künstler »beschaffen« zu können, wer es auch sei. Als Baron eines Tages wissen ließ, daß er mit Dreyers Angeboten nicht mehr recht zufrieden sei und sich eventuell nach einem anderen Agenten umsehen wolle, kam es nach Reutter zu folgendem Dialog: »Aber, Direktorchen, wat ick nich kann, können andre erst recht nicht!« – »Sie müssen reisen, sich überall umsehen, dann werden Sie auch neue Komiker finden!« – »Tu ick ja, Direktorchen, bis an't Ende der Welt, aber woher nehmen und nicht stehlen. Oder wissen Sie vielleicht eenen?« – Direktor: »Ich wüßte schon einen, in Frankfurt soll er sein.« – »An der Oder?« – »Nein, am Main.« – »Ooch ejal, ick fahre noch heute hin und hole ihn. Wie heeßt er denn? Un wo tritt er uff?« – »Ob er auftritt, weiß ich nicht«, sagte Baron und hatte Mühe, ernst zu bleiben. »Aber er heißt Schopenhauer, Arthur Schopenhauer.« – »Schoppenhauer? Schoppenhauer?«, wiederholte Dreyer den Namen, »komisch, ick kenn' doch sonst alle Komiker, aber von dem hab ich noch nie wat jehört. Muß ja 'ne ganz neue Kraft sein. Wenn der man jut ist . . .« – »Oh, der ist sogar sehr gut«, schmunzelte Baron. »Na, denn kriegense ihn«, bekräftigte Dreyer. »Sofort fahr ick los. Aber, wenn der so jut is, wird der woll ooch deier sind.« – »Ich zahle jeden Preis, und Sie kriegen zwanzig Prozent extra, auf Ehrenwort!« – »Na, denn is jut«, triumphierte Dreyer, nahm seinen grauen Zylinder und eilte zur Tür. »Also, wie hieß der Mann? Schoppenhauer?«

Winter Garten ★ ★

8.15 Uhr — Zentrum 2819 — Rauchen erlaubt

Das volle Haus
spendet stürmischen Beifall

Otto Reutter

2 Hugos. Rebla. Tanagra und Ernest. 4 Chilenos. „Maxim-Trio"—wieder eine fabelhafte

Luftsensation

usw.

**Sonnabend und Sonntag je 2 Vorstellungen
4 Uhr und 8.15 Uhr — 4 Uhr kleine Preise**

Annonce aus dem »Berliner Tageblatt«.

Nach einigen Tagen kam Dreyer zurück. Gleichmütig offerierte er dem Direktor einige Nummern für das neue Programm, die dieser gut fand und akzeptierte. Dann, nach einer Kunstpause, kam Dreyer mit der Wahrheit heraus. »Un nu will ick Ihnen noch wat sagen, Direktorchen. Sie wollen immer alles besser wissen und klüger sein wie die andern, aber diesmal sind Se rinjefallen!« – »Wieso?« – »Na mit Ihrem neuen Komiker, dem Schoppenhauer. Ick sachte Ihnen ja gleich: Wat ick nich kenne, is nischt. Und mit dem neuen Komiker is et jar nischt. Da haben Sie sich einen schönen Bären uffbinden lassen. In jedem Tingeltangel bin ich jewesen, der Kerl war nicht zu finden. Und denn hab ick erfahren, daß er dot is – schon über dreißig Jahre dot. Und denn will ick Ihnen noch wat sahren: Bekannt war er ja, aber ick hab mir jenau erkundigt. So sehr komisch is der Mann nie jewesen!«

Schade, daß diese Geschichte nicht von Reutter selbst als Tondokument überliefert worden ist. Aber dank der Schallplatte war dafür seine Stimme in nahezu allen Städten und Orten Deutschlands verbreitet, selbst dort, wo er niemals hingekommen ist, war er ein bekannter Mann. Als er am 29. August 1925 im Radioprogramm der »Funkstunde« zum ersten Mal vor dem Mikrophon stand, war ihm ein weiteres Medium erschlossen, das seinen Wirkungsradius in unvorstellbarem Maße multiplizierte. Die Abonnenten der Radiozeitschrift »Funkstunde« konnten am 23. August die Ankündigung »Otto Reutter singt« lesen und dazu folgenden Text: »Otto Reutter, der unübertreffliche Meister des Vortrags, wird seine große Kunst erstrahlen lassen. Wer ihn jemals gehört hat, wird sich seiner mit Wonne erinnern. Wem er unbekannt ist – denn immer wächst eine neue Generation heran – dem würde die genaueste Schilderung seiner Vorzüge nichts nützen, denn Otto Reutter ist eine Klasse für sich. Man muß ihn eben gehört haben.« Vom August 1925 an gab es kein Rundfunk-Kabarett ohne Otto Reutter und kein »Heiteres Wochenende« per Radiowelle ohne den »Überzieher«, die Frau Suse mit der Bluse oder die Empfehlung an die Frauen: »Nehm'n Se 'n Alten, nehm'n Se 'n Alten! – Hab'n Sie 'n etwas aufgefrischt, ist er besser oft wie 'n Junger und stets besser als wie nischt!«

Mit dem neuen Medium kam Reutter gut zurecht. Er verfügte über eine kräftige, durchgebildete Stimme und hatte von seinen

De

Funk Stunde

ZEITSCHRIFT DER BERLINER
RUND FUNK SENDE STELLE

VERLAG FUNK-DIENST G.M.B.H., BERLIN W 9, POTSDAMERSTR. 4

NUMMER 34 ★ JAHRGANG 1925 ★ BERLIN, 23. AUGUST 1925 ★ PREIS 20 PFENNIG

Otto Reutter singt

am 25. August 1925 in der Funk-Stunde

phot. Richard B. Lindner, Berlin

Titelblatt der »Funkstunde« von 1925.

254

Schallplattenaufnahmen her so viel Erfahrung, daß er manchen technischen Mangel der noch in den Kinderschuhen steckenden Tonaufnahmetechnik mühelos ausgleichen konnte. Mit ihm ließ es sich immer gut arbeiten, das bestätigten nicht nur die Varieté-Direktoren. Reutter war pünktlich, korrekt in der Erfüllung seiner Termine und Verträge und jovial, wenn es darum ging, in der Sache jemandem entgegenzukommen. Auftritte im Rundfunk hatte er bis in die letzten Monate seines Lebens. Anfang 1931, wenige Wochen vor seinem Tode, hat man ihn noch im Sender Frankfurt/Main hören können.

Also ein Leben ungetrübter Erfolge auf den ewig olympischen Höhen des goldenen Humors? Das wäre eine leere Floskel, die Reutters Natur völlig verkennen würde. Der Mann mit dem Lorbeerkranz auf dem Haupt wurde seit längerem schon von Ängsten und Zweifeln geplagt; er spürte, daß auch seine Zeit so oder so bemessen ist. 1927 wurde sein Freund Robert Steidl zu Grabe getragen. Für ihn ein Abschied von einem eigenen Stück seines Lebens. Hinzu kam seine Sorge, daß auf die relative Stabilität der Wirtschaft wieder Krisenjahre folgen könnten, die die Arbeits- und Verdienstmöglichkeiten am Varieté wieder einschränkten. Anstrengender war der Beruf mittlerweile auch geworden. Am Ende der zwanziger Jahre gab es eine solche Verzweigung innerhalb der Unterhaltungsbranche – mit Kinopalästen, Rundfunk, Bier- und Weincabarets, Tanzvarietés, Schallplatten- und Schlagerindustrie –, daß die Befürchtung, eines Tages doch nicht mehr mithalten zu können, nicht unbegründet schien. Reutter nähte noch mit der Hand, und viele Produkte der heiteren Muse kamen schon vom Fließband. Stanzware. Amüsierartikel für das Tagesgeschäft. »Wo blieb die heitere Schar der mir verwandten dichtenden und singenden Humoristen?« fragte er. »Zusammengeschrumpft! Teils durch den Tod, teils durch die Krankheit ›Zeitgeschmack‹. Heute dominiert der musikalische Clown, der auf Klamauk eingestellte Komiker. Wir Zeitsatiriker im Frack sind rar geworden.«

Daß Reutters Ängste hinsichtlich der ökonomischen Prosperität nicht ganz unbegründet waren, zeigte sich 1929 mit der Weltwirtschaftskrise. Inwieweit er sich beruflich unter zukünftigen Verhältnissen würde durchsetzen können, mußte vorläufig offenbleiben. Noch hielt er die Spitze. Das führende Fachblatt seiner Berufssparte, das »Organ der Varieté-Welt«, zeigte ihn 1929 in ganzseitiger Aufmachung mit Porträtkarikatur als eines der vier großen R des Humors, zusammen mit Reimann, Roda Roda und Ringelnatz. Die vier werden folgendermaßen humoristisch definiert: Otto Reutter: Erfinder der Frackhumoristen, besitze Weltpatente auf seine lachenden Augen, sei vielbestohlener Schwergewichtsmeister der Coupletisten und habe manchen Direktor vor der Pleite gerettet. – Hans Reimann: habe die phonetische Schreibweise der sächsischen Sprache erfunden und die wallende Volksseele der Gemiedlichen. – Roda Roda: Gründer des Verbandes der roten Westen, habe das Monokel gesellschaftsfähig gemacht und die Mikosch-Literatur. – Ringelnatz: habe die Ringelnatziaden erfunden, male, zeichne und dichte und sei Anwärter auf den sächsischen Nobelpreis.

Reutter, der Autodidakt, hätte sich etwas darauf einbilden können, daß man ihn in einer Reihe mit Humoristen nannte, die alle namhafte Schriftsteller waren, Autoren von berühmten Büchern, während er bis auf seine Couplettexthefte keine gedruckten größeren Werke vorzuweisen hatte und im Unterschied zu seinen drei anderen Kollegen von der Literatur niemals in ein Lexikon gekommen ist. Wenigstens in kein Literaturlexikon. Zu dieser Frage müßte nun Erich Kästner das letzte Wort bekommen, der sich in eigener Sache zu diesem Punkt geäußert hat: »Immer und rastlos hat man sich mit der Kummerseite des Lebens und mit ihrem düsteren Abglanz in der Kunst beschäftigt, aber fast nie mit den goldenen Geheimnissen der Heiterkeit, fast nie mit dem vertrackten Lächeln der Ironie, fast nie mit dem zornigen Gelächter der Satire und fast nie mit der Zauberkugel der Weisheit, dem Humor.«

»Des Reiches Komiker«

Reutter sagte von sich, er hätte sich in seinem Leben nie etwas aus Feierlichkeiten gemacht. Daß er jemals in seiner langen Varieté-Laufbahn irgendwelche Jubiläen begangen hätte, werde man ihm nicht nachweisen können. Soviel man ihn auch gedrängt habe, seine Auftrittsjubiläen und runden Geburtstage zu feiern, sei er den ihm zugedachten Huldigungen immer ausgewichen, weil pathetisch feierliche Reden über sich ergehen zu lassen seinem Naturell »sehr zuwider« sei.

Der sechzigste Geburtstag machte davon eine Ausnahme. Diesmal war er sogar interessiert daran, daß eine möglichst große Öffentlichkeit davon Kenntnis bekomme, daß er erst sechzig Jahre alt sei – »jawohl: erst sechzig!« –, denn er werde seit zwanzig Jahren ständig für erheblich älter gehalten. Daß man ihn nie für richtig jung gehalten habe, könne mit seiner der Grazie durchaus entbehrenden körperlichen Erscheinung zusammenhängen und damit, daß er sich nie damit befaßt habe, irgendwelche vertuschenden Korrekturen an sich vorzunehmen, nach seiner Logik: »Je früher man alt wird, um so länger bleibt man es, und wer nie schön war, wird nie häßlich!«

Reutter feierte seinen sechzigsten Geburtstag – wo könnte es anders sein – auf der Bühne des Berliner »Wintergartens«, wo er sich im Engagement befand. Schon ein Jahr zuvor hatte er hier, mit seinem alten Stammpublikum vor sich im Saal, sein vierzigstes Bühnenjubiläum begangen. Die riesenhafte Bühne des »Wintergartens« glich an diesem Tag einer Blumengartenschau. Der Jubilar hatte seine besten Lieder fürs Programm ausgewählt und sang, selten genug, Zugabe um Zugabe. So auch jetzt zu seinem Sechzigsten wieder. Blumen über Blumen, mittendrin ein dicklicher, heiter melancholisch blickender Mann. Die Vorstellungen schon Wochen vorher ausverkauft. Dazu ein 74-Seiten-Sonderprogrammheft des »Wintergartens«, das zu über der Hälfte ihm gewidmet war.

So wie er ist in der deutschen Varietégeschichte kaum ein Künstler gefeiert worden. Keine Zeitung, die nicht mit einem Bild, einem kürzeren oder längeren Artikel oder einer persönlichen Erinnerung an ihn erschien. Die Berichte von dem Gala-Abend des Berliner Großvarietés fanden sich in den Nachrichtenspalten aller Provinzzeitungen. Für den betreffenden Abend hatte sich Reutter, wie zu erwarten, einen besonderen Clou ausgedacht. Er ließ sich einen riesengroßen vergoldeten teuren Lorbeerkranz auf die Bühne bringen, auf dessen Schleife weithin die Worte zu lesen waren: »Otto Reutter seinem lieben Otto Reutter.« Als er mit der monströsen Attrappe von der Bühne abging, sah man, daß er ein überdimensional großes Briefkuvert unterm Arm hatte, auf dem das Wort »Rechnung« stand. Die Zugabe für den Applaus, der daraufhin einsetzte, war wohlbedacht von ihm vorbereitet worden. Er sang sein berühmt gewordenes Couplet »Ick wundre mir über jarnischt mehr«, diesmal mit Strophen, die er auf den Tag umgedichtet hatte:

Heut' bin ick sechzig – det läßt mir kalt.
Eijentlich bin ick jetzt vierundachtzig alt,
denn seit ick ab Ersten hier engagiert,
da wurde ick ständig so annonciert,
als ob jeden Tag mein Geburtstag wär' –
Ick wundre mir über jarnischt mehr.

»Wir werden Otto Reutter mit denselben blauen Äugelein auch beim 70. auf der Bühne stehen sehen und mit der gleichen Herzlichkeit begrüßen«, versicherte der »Berliner Lokalanzeiger« Lesern wie Publikum.

Diese Absicht, bis zum Siebzigsten weiterzumachen, hatte Reutter um diese Zeit allerdings nicht mehr. Die Ruhe, nach der er sich sehnte, war ihm auch etwas wert. Nach Ablauf der strapaziösen »Wintergarten«-Wochen saß er für einige Zeit pausierend zu Hause am Schreibtisch, um die Geburtstagspost abzuarbeiten. Jedem einzelnen zu antworten war unmöglich. Bald geriet er in Not und seufzte: »Depeschen, Briefe wuchsen in die Tausend. Bis ich die Flut erledigt, dacht' ich grausend, bin ich entweder siebzig – oder tot.« So dankte er allen mit einem Gedicht, das er unter dem Titel »Der Sechzigjährige an seine Gratulanten« veröffentlichen ließ. Er hätte jeden gern nach *seiner* Art bedacht, weil dies aber nicht gehe, müsse er jedem nun die gleichen Worte schenken

Zur freundlichen Erinnerung an Otto Reutter.

und darum bitten, jeder möge denken, er hätt' das Verslein »just für *ihn* gemacht«.

Ein sechzig gewordener Reutter, das war für die Zeitungen und Zeitschriften ein willkommener Anlaß, die Schmunzelecke der Feuilletonseiten mit den neusten Reutter-Anekdoten zu füllen, die ihn mit all jenen Eigenschaften priesen, wie er sie selbst über sich zu lesen wünschte. Viele dieser kleinen pointierten Geschichten stammten von ihm selbst, andere waren von befreundeten Kollegen in Umlauf gebracht worden, wie dem Conférencier Bruno Wiesner, von dem die Begebenheit mit dem Taxifahrer überliefert ist:

Bei regennasser Straße war der Fahrer mit Otto Reutter in Richtung Wilmersdorf zu dessen Wohnung unterwegs, als plötzlich ein Fußgänger vor den Kühler lief. Der Chauffeur trat so scharf auf die Bremse, daß sich das Fahrzeug um die eigene Achse zu drehen begann. Ein paar Minuten später stieg Reutter, an der Wohnung angelangt, aus und gab, ohne ein Wort zu verlieren, nahezu das Doppelte des Fahrpreises als Trinkgeld. Als der Fahrer Einwendungen machen wollte, weil es zuviel sei, winkte Reutter ab. »Behalten Sie's mal, das ist fürs Karussellfahren!«

Eine andere Anekdote handelt davon, wie Reutter jemandem eine Zigarre verpaßte. Es ergab sich eines Tages, daß er einem Kollegen vom Varieté, der bekannt war wegen seiner Sympathien für die Nationalsozialistische Deutsche Arbeiterpartei Hitlers, eine Zigarre anbot. Beide rauchten und setzten ihr Gespräch dabei fort. Nach einer Weile fragte Reutter: »Na, wie schmeckt Ihnen die Zigarre?« – »Danke, ganz ausgezeichnet!« – »Tja, ich habe auch extra das Band vorher abgemacht, sonst hätten Sie mir die Zigarre womöglich abgeschlagen.« – »Wieso?« – »Na, es ist die Marke Stresemann!«[1]

Eine selbsterlebte Geschichte steuerte schließlich noch Hans Albers bei, der damit eine weitverbreitete Ansicht widerlegte,

---

[1] Gustav Stresemann (1878–1929), Begründer der Deutschen Volkspartei (1918); war 1923 Reichskanzler, danach bis zu seinem Tode Reichsaußenminister. Setzte gegen den Willen der nationalistischen Parteien den deutschen Beitritt zum Völkerbund durch, ebenso den deutsch-russischen Freundschaftsvertrag und die Annahme des Young-Plans.

Reutter sei eine geizige Natur gewesen. Albers stand noch ganz am Anfang seiner Schauspielerlaufbahn, als er wegen einer Rolle ins »Palast-Theater am Zoo« gebeten wurde. Während der Proben stellte sich dann heraus, daß er dafür nicht die geeignete Besetzung war. Er war maßlos enttäuscht. Reutter tat es leid, ihm absagen zu müssen, und er versuchte, den Zweiundzwanzigjährigen zu trösten. »Die Rolle wäre sowieso nichts für Sie gewesen. Die Rolle taugt überhaupt nichts. Nehm'n Sie's nich tragisch!« Weil er sich denken konnte, daß es um die Finanzen des jungen Mannes bescheiden stand, schob er ihm zwei Hundertmarkscheine in die Rocktasche und lud ihn noch zum Abendessen ein.

Die Zeit ging dahin. Im Juli 1930 besuchte Reutter noch einmal die Stätten seiner Kindheit und Jugend. Es sollte das letzte Mal sein. Er fuhr nach Leinefelde und Worbis, wo er als »Heringsbändiger« in der Lehre war, anschließend nach Lychen in der Uckermark, wo er bei Antritt seiner Stellung zum nächsten Ersten gekündigt hatte. Im August war er mit Claire Waldoff unter den zahlreichen Prominenten, die im Garten des »Theaters am Kottbusser Tor« in Berlin anläßlich einer Feier für den 1929 verstorbenen Heinrich Zille der Enthüllung eines Denkmals beiwohnten. Man bemerkte, daß Reutter während des niedergehenden Gewitterregens, völlig durchnäßt, abseits unter einem Baum stehend, als einziger im Freien ausharrte, um im Moment der Enthüllung den Hut vor einem Großen des Berliner Humors zu ziehen.

Und so ging es fort: Mit Beginn des Jahres 1931 trat er in Leipzig sein Januar-Gastspiel in den »Drei Linden« an, jeden Abend mit wechselndem Repertoire. Am ersten Februar traf er in Begleitung seiner Frau zum nächsten Engagement in Breslau ein. Hier mußte seine Frau am 27. Februar zum erstenmal den Auftritt für den Abend absagen. Reutter hatte schon am Vortage, trotz zweier Herzattacken, die er für Asthmaanfälle hielt, sein Pensum auf der Bühne nur unter höchsten Anstrengungen durchgestanden. Ein schwerkranker Mann. Trotzdem verlangte er am 27. Februar von seiner Frau, ein Auto zu mieten und die Koffer für das nächste Engagement zu packen. Um zwei Uhr nachts war Abreise von Breslau nach Düsseldorf, wo er halb drei Uhr nachmittags ankam, sofort zur Probe ging, darauf zur Nachmittagsvorstellung und anschließend zur Abendvorstellung. Auf dem Programm standen wieder seine alles überstrahlenden Lieder: »Mit der Uhr in der Hand«, »Was ich nicht weiß, macht mich nicht heiß«, »Wenn du jung bist – wenn du alt bist«, »Und in fünfzig Jahren ist alles vorbei!«

Diejenigen, die ihn am 1. März 1931 das letzte Mal auf der Bühne sahen, vernahmen aus dem Munde des 61jährigen eine Art Vermächtnis, als er – mit beinahe pathetischer Feierlichkeit und anders als sonst – ins Publikum hinuntersang:

Wir lieben uns zu sehr – ja, wir lieben *uns* zu sehr.
Wir glauben, 's dreht sich alles um uns rings umher.
Wir glauben sogar, weil die Erde sich dreht,
sie dreht sich um uns nur von morgens bis spät.
Die dreht sich um andre genau so geschwind,
ja, die dreht sich sogar, wenn wir gar nicht mehr sind.

Zwei Tage später erfuhren die Leser aus der Zeitung, daß Otto Reutter am 3. März in Düsseldorf gestorben war.

Das »Berliner Tageblatt« brachte die Nachricht in seiner Abendausgabe vom 4. März. Es hieß: »Gestern abend gegen 11 Uhr verschied in der Privatklinik Golzheim in Düsseldorf im Alter von 61 Jahren der bekannte Varietéhumorist Otto Reutter. Er hatte für den Monat März ein Engagement am Apollo-Theater in Düsseldorf abgeschlossen. Bei seinem Eintreffen in Düsseldorf fühlte er sich jedoch nicht wohl, weshalb er nur einmal auftrat und sich dann in die Klinik begeben mußte. Er war schon seit Jahren herzleidend.«

Die angesehene »Frankfurter Zeitung« gab ihrem Aufsatz zum Gedenken Reutters vom 7. März die Überschrift »Des Reiches Komiker« und erinnerte noch einmal daran, daß er als »unseßhafter Artist das Deutsche Reich durchzogen«, »dessen Aufstieg, monarchischen Höhepunkt, Weltkrieg und Revolution miterlebt und mitgesungen« habe. »Manches hat ihn gewundert an dem Wechsel von Macht und Glück seit 1870. Jetzt wird der liebenswerte große, schwere Mann unter Ehren begraben und ›wundert sich über jarnischt mehr‹.«

Am 7. März, es war ein Sonnabend, wurde Otto Reutter in seiner Heimatstadt Gardelegen zu Grabe getragen. Auf dem Rathaus und allen offiziellen Gebäuden waren die rot-grünen Fahnen der Stadt auf halbmast gesetzt. Nach der Trauerfeier wurde der Sarg in einem langen Trauerzug, Reutters Wunsch entsprechend vom Schützenverein Gardelegen angeführt, zu den Klängen des Chopinschen Marche funebre zum Friedhof geleitet. Es blies ein kräftiger kalter Wind, der Schneeflocken vor sich herwirbelte. Die Offiziellen von der Internationalen Artistenloge und vom Direktorenverband ergriffen noch einmal das Wort, um einen der Ihren zu ehren, der das Höchste erreicht hatte, was einer auf einer Bühne erreichen kann – »Stimme des Volkes zu sein«.

Der »Kladderadatsch«, das populärste Witzblatt der Zeit, schickte Reutter, seinem treuen Leser, folgenden Gruß nach:

Du lebst in dem, was Du gesungen.
Durch ferne Zeit seh' ich Dich ziehn,
vergnügt und Arm in Arm geschlungen,
mit Onkel Fritz aus Neuruppin.

»Hier hat Besorgnis keinen Zweck, hier kommt kein Überzieher weg!« – Zeichnung aus dem »Kladderadatsch«.

Nachschrift

Die Nachzeichnung der Lebensstationen des Humoristen Otto Reutter, einer singulären Erscheinung der deutschen Bühne, kann nur noch unter Schwierigkeiten erfolgen, da keine größeren oder auch nur annähernd vollständigen Sammlungen seines Werkes und seiner Lebensdokumente mehr vorhanden sind.

Die beklagenswerte Quellenlage hängt zusammen mit dem dunkelsten Kapitel der Reutterschen Familiengeschichte, das 1946 begann. Otto Reutters Witwe, Evi Sommer-Reutter, wohnhaft in Werder bei Potsdam, wo sie eine kleine Marmeladenfabrik betrieb, wurde 1946 von der sowjetischen Besatzungsmacht verhaftet und von einem sogenannten SMA-Militärtribunal zu fünfzehn Jahren Zwangsarbeit »verurteilt«. Der angebliche Grund: Sie soll eine bei ihr beschäftigte »Ostarbeiterin« geohrfeigt haben, weil diese den Verdunklungsvorschriften bei Fliegeralarm nicht gewissenhaft nachgekommen sei. Eine möglicherweise impulsive Reaktion, denn auf Nichtbefolgung dieser Vorschriften standen schwerste Strafen.

Da die Verhaftung von Frau Sommer-Reutter, die nach den Akten der sowjetischen Geheimpolizei weder Mitglied der Nationalsozialistischen Deutschen Arbeiterpartei Hitlers noch einer ihrer Gliederungen war, erst im Februar 1946 erfolgte, kann vermutet werden, daß diese Maßnahme keine Folge einer Anzeige einer Betroffenen war, sondern eine politische Denunziation zur Ausschaltung einer »burschuisen Fabrikantin«. Mit der Enteignung und Einziehung ihres Vermögens ging auch die sehr wertvolle, umfangreiche Otto-Reutter-Sammlung verloren, die von Frau Reutter-Sommer über all die Jahre angelegt und bewahrt worden war.

Evi Sommer-Reutter wurde nach fünf Jahren sowjetischer Lagerhaft in Jamlitz, Mühlberg und dem weiterbetriebenen KZ Sachsenhausen im Frühjahr 1950 den DDR-Behörden überstellt. Sie befand sich zuletzt in der wegen ihrer besonders harten Haftbedingungen berüchtigten Strafanstalt Stollberg-Hoheneck, wo sie am 3. November 1950 verstarb. Von ihren persönlichen Hinterlassenschaften sowie dem Familienarchiv mit dem Nachlaß Otto Reutters ist alles vernichtet, geplündert, verschollen.

Was ist von den Werken Reutters überhaupt geblieben? Im wesentlichen nur die Schallplattenaufnahmen und Notendrucke seiner Couplets in Bibliotheks- und Privatbesitz. Die größte Kostbarkeit besitzt heute das Landesarchiv Berlin in der Kalckreuthstraße, das fünf handgeschriebene Textbücher zu seinen Beständen zählt. Der ehemalige Direktor Hans J. Reichhardt, ein Mann mit Sinn für Humor und Wertschätzung für die Leistungen der elften Muse auf Berliner Boden, übernahm diesen Schatz aus dem Nachlaß von Insulaner-Chef Günter Neumann. In schwungvoller Comptoire-Handschrift dokumentieren diese Bücher schwarz auf weiß die Entstehungsgeschichte der Couplets in ihren zahlreichen Varianten.

Heute bemüht sich der Rechtsnachfolger Reutters, Michael Streitz aus Berlin-Wittenau, das verstreute Reutter-Erbe zu sammeln und es an geeigneter Stelle der Öffentlichkeit zugänglich zu machen. Ein Verzeichnis sämtlicher Schallplattenaufnahmen ist bereits abgeschlossen. Eine Chronik der Familie nach Dokumenten soll folgen.

Anhang

Lieder aus dem Repertoire

Es geht vorwärts

's wird alle Tage schöner
In diesem Jammertal.
Wer heut noch nicht verrückt ist,
Der ist nicht ganz normal.
Doch wenn auch manches heute
Die Sinne uns verwirrt,
's gibt Gott sei Dank noch Leute,
Die sagen unbeirrt:
    »Es geht vorwärts – es geht vorwärts.«

Jetzt wohnt in mancher Wohnung
Dicht alles beieinand –
Hier 'n Jüngling, dort 'ne Jungfrau –
Die werden schnell bekannt.
Das Herz kennt keine Schonung –
Bald gibt es ein Malheur –
Dann ist dieselbe Wohnung
Noch voller als vorher.
    »Es geht vorwärts – es geht vorwärts.«

Gebildet, streng gezügelt
Stand einst die Jugend da.
Drum hat oft überflügelt
Der Sohn den Herrn Papa.
Heut lebn wir ungeregelt –
Drum hat heut mancher Sohn
Den Vater überflegelt
Mit fünfzehn Jahren schon.
    »Es geht vorwärts – es geht vorwärts.«

Man hat heut wenig Freude
An Kunst und Wissenschaft.
's gibt Ringkampf nur und Boxen,
Heut siegt die rohe Kraft.
Nur dafür herrscht Interesse –

Und wer dagegen heut,
Der kriegt eins in die F – – Visage,
Dann weiß er gleich Bescheid –
    »Es geht vorwärts – es geht vorwärts.«

Auch unsre Direktoren
In den Theatern drin
Gebn oft nur seichte Stücke –
Viel Zoten, wenig Sinn.
Wo Anstand noch und Sinn ist,
Sind ihre Zweifel groß,
Doch, wo kein Anstand drin ist,
Das gebn sie anstandslos.
    »Es geht vorwärts – es geht vorwärts.«

'ne Dienstmagd heutzutage
Will gut behandelt sein.
Die zieht wie eine Fürstin
In die Gemächer ein.
Sie sagt, sie bleibt 'nen Monat. –
Das Geld nimmt sie *vorher* –
Und wenn sie ihren Lohn hat,
Dann sieht sie keiner mehr.
    »Es geht vorwärts – es geht vorwärts.«

Die Kleider unsrer Damen
Sind jetzt erfreulich kurz.
Die Röckchen von den Mädchen
Sind kürzer als ein Schurz.
Die Wädchen von so 'm Kindchen
Erfreuen uns all sehr –
Und weht einmal ein Windchen,
Dann freun wir uns noch mehr:
    »Es weht vorwärts – es weht vorwärts.«

Es heißt: 's wird alles bill'ger.
Doch fährst du mal wohin,
Dann zahlst du für die Rückfahrt

Schon mehr als beim Beginn.
Jüngst hatt' ich 'ne Attacke –
Da war ich beim Friseur.
Der sprach: »Die zweite Backe,
Die kost't schon wieder mehr.«
  »Es geht vorwärts – es geht vorwärts.«

Damit beim Steuerzahlen
Kein »Irrtum« mehr passiert,
Wird jeder Steuerzahler
Jetzt ständig kontrolliert.
Auf jeden Steuerzahler,
Da kommt ein Kontrolleur.
Du zahlst vielleicht zehn Taler –
Und zwanzig, die kriegt er.
  »Es geht vorwärts – es geht vorwärts.«

Die Herrn von der Regierung
Die sagen stets: »Es geht«,
Wenn der Regierungskarren
Auch meistens stille steht.
Kommt er auch nicht vom Flecke,
Sie sagen: »Es geht gut.«
Und steckt er tief im – Sande,
Sie rufen voller Mut:
  »Es geht vorwärts – es geht vorwärts.«

Sei modern!

Sei modern, dann wird's dir wohl ergehen –
Lern das Tempo unsrer Zeit verstehen.
Fahr spazieren in der Luft geschwind,
Wo die »oberen Zehntausend« sind.
Fährst du Bahn, fahr in der Polsterklasse –
Auf dem »Holz«weg ist die breite Masse.
Weiche nie von weicher Sitzungsart,
Denn nicht weich zu sitzen, das ist hart.

Sei modern und arbeit nicht so heftig –
Fremder Schweiß erhält dich frisch und kräftig.
Bist du stets zur *Arbeit* nur bereit,
Bleibt dir zum *Verdienen* keine Zeit.
Lebe flott, kannst ruhig Schulden machen,
Doch nicht wenig, denn dann gehst du krachen.
Mach so viel, daß *du* die *Gläub'ger* bannst
Und von deinen Schulden leben kannst.

Sei modern, du brauchst nicht brav zu bleiben,
Du kannst schwindeln, tolle Sachen treiben,
Komm als Prinz, betrüge voll Noblesse,
Zeig dich in 'nem Sexualprozeß.
Jede Zeitung wird's dir honorieren,
Film, Theater wird dich engagieren –
Heutzutage frißt nur der sich satt,
Der vorher was ausgefressen hat.

Sei modern, auch in Manier und Kleidung –
Da gibt's heut nur wenig Unterscheidung.
Vater, Mutter, Tochter und der Sohn
Sehn sich ziemlich ähnlich heute schon.
Drum, willst mit der Tochter du scharmieren,
Darfst sie nicht verwechseln beim Poussieren.
's ist fatal, wenn ihr bei Tische sitzt
Und du Vatern uff die Beene trittst.

Sei modern, kauf dir ein Sommerhäuschen,
Lad zum Wochenend ein süßes Mäuschen
In dein Häuschen – bleib mit ihr allein,
Und am Montag fahrt ihr wieder rein.
Doch, sollt beim Poussieren was passieren,
Braucht sie in der Stadt sich nicht genieren –
Laß sie draußen, wo sie keiner kennt –
Da erwart't sie dann ihr »Wochenend«.

Sei modern, lies keine alten Dichter –
Schon die Werke dieser Geisteslichter.
Laß die Bücher hübsch im Schranke stehn,
Wo sie grollend dir den Rücken drehn.
's gibt ein Singspiel jetzt, mit viel Musike –
Da singt Goethe mit der Friederike.
's ist nicht mehr nötig, daß du Goethe liest –
Es genügt, wenn du »Friederike« siehst.

Sei modern, ist dir dein Weibchen ferne,
Sag von weitem ihr: »Ich hab dich gerne«,
Denn die Radiofunken habn wir schon,
Und bei ihr ist die Empfangsstation.
Später geht die Sache noch geschwinder –
Hier, da funkst du, und da komm'n die Kinder –
Aber schöner ist es ganz gewiß,
Wenn man näher beieinander is.

Sei modern, wenn Damen dich empfangen,
Preise nie die Röte ihrer Wangen.
Dazu habn sie Schminke oft gewählt,
Und sie sind verpudert und vermehlt.
Preis auch niemals ihre blonden Haare,
Denn die warn vielleicht noch schwarz vorm Jahre.
Wenn sie *graue* habn, die lobe recht,
Denn die grauen, die sind immer echt.

Sei modern, kommt dir auf deinen Wegen
Mal ein Freund aus frührer Zeit entgegen,
Frag ihn nie, wie's geht, das wär nicht recht,
Denn den meisten Menschen geht's heut schlecht.
Stundenlang wird er sich an dich klammern –
Drum, bevor er anfängt mit dem Jammern,
Sei modern und pumpe *du* ihn an,
Sollst mal sehn, wie rasch der laufen kann.

Sei modern, will 's Alter dich bezwingen,
Laß durch Affendrüsen dich verjüngen.
Doch das dauert lang, drum tu es bald –
Bis du richtig jung bist, bist du alt.
's gibt Verjüngte schon, die rumspazieren –
Triffst du ein'n mit affigen Manieren,
Darfst du nie »Sie alter Affe« schrein,
Denn der kann mal 'n Mensch gewesen sein.

Alles wegn de Leut

Wir sind, glaub ich, nur auf der Welt
Wegn de Leut.
Wir tun oft, was uns nicht gefällt,
Wegn de Leut.
Wir richten uns nie nach dem eignen Behagn,
Stets denkn wir: Was werdn wohl die Leute dazu sagn?
Wir gehn auf den Ball, üben Wohltätigkeit,
Alles wegn de Leut, wegn de Leut.

Wir gebn Soireen sehr fein
Wegn de Leut.
Wir laden die Leute uns ein
Wegn de Leut.
Wir kriegen Besuche von Hinz und von Kunz,
Selbst wenn wir bei uns sind, da sind wir außer uns –
Wir komm'n nie zu uns, dazu fehlt uns die Zeit –
Alles wegn de Leut, wegn de Leut.

Wir schwärm'n für die Kunstgalerie
Wegn de Leut.
Wir gehen in die Philharmonie
Wegn de Leut.
Wir schwärmen für Wagner – 's ist oft Heuchelei –
Gehn in die »Nibelungen« und schlafen ein dabei –
Im Winter in Berlin und im Sommer in Bayreuth –
Alles wegn de Leut, wegn de Leut.

Wir gehn voller Schick, voller Schneid
Wegn de Leut.
Wir tragen ein Talmigeschmeid
Wegn de Leut.
Zu Haus ißt man Hering, der kost't nicht viel Geld,
Doch gehn wir mal aus, werden Austern stolz bestellt.
Dann sagn wir noch blasiert: Schon wieder Austern heut?
Alles wegn de Leut, wegn de Leut.

Wir fahrn auf dem Automobil
Wegn de Leut.
Wir fahrn zu der »Woche« nach Kiel
Wegn de Leut.
Im Sommer, da wär's auch zu Hause recht schön,
Doch was würdn dann die Leute sagen – ins Bad muß man gehn.
Da gehn wir sogar baden – nicht wegn der Reinlichkeit,
Alles wegn de Leut, wegn de Leut.

Beim Trauerfall heucheln wir Leid
Wegn de Leut.
Da tragn wir ein ganz schwarzes Kleid
Wegn de Leut.
Fragt jemand: »Wie geht's?«, sagt man: »Gut! Danke sehr!«
Denn wenn man sagt: »Schlecht!«, na, dann freut sich doch der.
Doch wenn man sagt: »Gut!«, ja, dann platzt er vor Neid.
Alles wegn de Leut, wegn de Leut.

Die Fraun gehen immer modern
Wegn de Leut.
Wenn's Mode ist, schnürn sie sich gern
Wegn de Leut.
Ist die Frau auch so dick, sie muß rein in die Kluft –
Dann sitzt sie da beim Essen, und da kriegt sie keine Luft.
Und's Essen rutscht nicht runter, zu eng ist das Kleid –
Alles wegn de Leut, wegn de Leut.

Wir sind in Gesellschaft exakt
Wegn de Leut.
Da sehn wir auf Sitte und Takt
Wegn de Leut.
Was andres ist's, was im Verborgenen geschieht,
Da könn'n wir alles machen, sobald es keiner sieht.
Es handelt sich ja gar nicht um Anständigkeit,
Alles wegn de Leut, wegn de Leut.

Man hastet nach Titeln und Ruhm
Wegn de Leut.

Man hängt einen Orden sich um
Wegn de Leut.
Man fährt nach der Schweiz, kraxelt Berge hinauf,
Schreibt stolz auf Ansichtskartn: »Hier kam noch keiner rauf.«
Dann purzelt man runter, liegt unten und schreit –
Alles wegn de Leut, wegn de Leut.

Man schränkt in der Liebe sich ein
Wegn de Leut.
's Herumpoussiern darf gar nicht sein
Wegn de Leut.
Kaum kennt man das Mädchen, muß man zum Altar –
Und dann tut man glücklich – und 's ist doch gar nicht wahr –
Und man kriegt drei, vier Kinder in ganz kurzer Zeit,
Alles wegn de Leut, wegn de Leut.

Nun sahn Sie, was alles geschieht
Wegn de Leut.
Schaut *mich* an – auch ich sing dies Lied
Wegn de Leut.
Ich sing doch den Quatsch nicht zu meinem Vergnügen –
Mich würden Sie nicht zu mir in die Vorstellung rein kriegn.
Sing auch nicht wegn dem Geld, nein, das täte mir leid –
Alles wegn de Leut, wegn de Leut.

Wir liebn uns zu sehr

Wir liebn uns zu sehr – ja, wir liebn *uns* zu sehr,
Wir gönn'n andern manches, uns gönnen wir *mehr*.
Wenn andre jetzt arm sind, dann liegt's an der Zeit,
Wenn *wir* was verlorn habn, das tut uns sehr leid.
Zahln *wir* hohe Steuern, da tobn wir nicht schlecht,
Doch trifft's nur die anderen, das findn wir gerecht.

Wir liebn uns zu sehr – ja, wir liebn *uns* zu sehr,
Mit uns habn wir Mitleid beim kleinsten Malheur.
Wir warten beim Zahnarzt und lesen im Blatt:
»Erdbeben! Zehntausend kam'n um in 'ner Stadt.«
Ja, daß Zehntausend umkomm'n, bedauern wir sehr,
Aber *ein* Zahn, der uns weh tut, der schmerzt uns noch mehr.

Wir liebn uns zu sehr – ja, wir liebn *uns* zu sehr,
Die Fehler der andern verstehen wir schwer.
Doch unsere Fehler verstehn wir sehr fein –
Und alles verstehen, heißt alles verzeihn.
Das Böse, das lächelnd an uns wir gewahrn,
Geniert uns erst dann, wenn's die andern erfahrn.

Wir lieben uns zu sehr – ja, wir liebn *uns* zu sehr –
Oft sind andre besser, der Tugend viel nähr,
Doch das wolln wir nicht einsehn, wir bleibn ihnen fern,
Sind voller Hochmut zu Hause und haben *uns* gern.
Zuzeiten allein sein, das lobe ich sehr –
Aber man braucht doch auch manchmal 'nen *bessern* Verkehr.

Wir liebn uns zu sehr – ja, wir liebn *uns* zu sehr,
Nur uns und die Unsern, die schätzen wir höhr.
Die Kinder der andern, die tadeln wir nie,
Aber unsre sind besser, viel netter als die –
Und mag unser Kind noch so häßlich aussehn,
Sobald es uns ähnlich ist, finden wir's schön.

Wir liebn uns zu sehr – ja, wir liebn *uns* zu sehr,
Findn uns schön in der Jugend, im Alter noch mehr.
Den Graukopf vom andern, den wolln wir nicht sehn,
Aber die eigne Glatze, die finden wir schön!
Und wenn wir 'nen Bauch habn mit fünfzig Pfund Speck,
Dann nenn'n wir das »vollschlank« – und sehn drüber weg.

Wir liebn uns zu sehr – ja, wir liebn *uns* zu sehr,
Wir komm'n nicht zur Heirat, die Wahl ist zu schwer.
'ne bessere Hälfte, die suchen wir hier.
Doch wir findn keine bessre – die bessre sind *wir*.
Wir könn'n 's gar nicht glauben, daß 's 'ne bessere gibt,
Wir sind ebn zu sehr in uns selber verliebt.

Wir liebn uns zu sehr – ja, wir liebn *uns* zu sehr,
Auch andre zu lieben sei unser Begehr.
Selbst das Tier solln wir lieben, wie uns – ungefähr –.
Ja, Austern und Hummern, die lieben wir sehr.
Wenn 'n Jockei ein Pferd schlägt, bedauern wir das Vieh,
Aber wenn *wir* drauf gesetzt habn, bedauern wir's nie.

Wir liebn uns zu sehr – ja, wir liebn *uns* zu sehr,
Wir sitzen im Zug, das Abteil ist ganz leer.
Da kommt noch ein zweiter, dann sagn wir: »Besetzt!«
Doch er setzt sich trotzdem und belehrt uns verletzt:
»Warum denn nur *sich* liebn, 's ist ja Platz noch für vier.«
Und kommt dann ein dritter, macht's der zweite wie wir.

Wir liebn uns zu sehr – ja, wir liebn *uns* zu sehr,
Wir glaubn, 's dreht sich alles um uns rings umher –
Wir glauben sogar, weil die Erde sich dreht,
Sie dreht sich um uns nur von morgens bis spät –
Die dreht sich um andre genauso geschwind –
Ja, die dreht sich sogar, wenn wir gar nicht mehr sind.

Wir liebn uns zu sehr – ja, wir liebn *uns* zu sehr –
Was sind wir? Wir sind nur ein Tropfen im Meer –
Aber wir haben uns keck in die Mitte gestellt,

Wir glauben, die Welt kam für uns auf die Welt –
Wir sind nur ein Tröpflein in 'nem riesigen Topf –
Was wird aus dem Tröpflein? Ein riesiger Tropf.

Wir liebn uns zu sehr – ja, wir liebn *uns* zu sehr,
Wir sparn nur für uns – für das Alter – nachher –
Und endn wir zu früh – und das Geld liegt verwahrt,
Dann heißt's: »Er war brav, hat's den Seinen erspart.« –
Ja, wir wußten ja bloß nicht, wie lange wir lebn,
Sonst hätten wir's vorher für *uns* ausgegebn.

Wir liebn uns zu sehr – ja, wir liebn *uns* zu sehr,
Daß *wir* mal von dann'n gehn, bekümmert uns schwer.
Von *uns* uns zu trennen erfüllt uns mit Bebn –
Wie gut, daß wir nicht *das* Begräbnis erlebn –
Doch wenn *wir* uns folgten zum letzten Quartier,
Da wäre ja keiner so traurig wie wir.

Mit der Uhr in der Hand

Wir lebn in 'ner eiligen, hastigen Zeit
Mit der Uhr in der Hand, mit der Uhr in der Hand.
Der eine, der schiebt heut den andern beiseit
Mit der Uhr, mit der Uhr in der Hand.
Wir drängn alle vorwärts, ob Hinz oder Kunz,
Sind stets außer uns, und wir komm'n nie zu uns,
Denn wir werden mit uns ja nur flüchtig bekannt
Mit der Uhr, mit der Uhr in der Hand.

Der Tag, der beginnt schon in eiligem Lauf
Mit der Uhr in der Hand, mit der Uhr in der Hand.
Der Wecker, der weckt uns, wir stehen schon auf
Mit der Uhr, mit der Uhr in der Hand.
Schnell ziehn wir uns an, und wir schlingn unsern Schmaus,
Der ist noch nicht runter, da treten wir aus
Und sitzen selbst dort, an der *hinteren* Wand
Mit der Uhr, mit der Uhr in der Hand.

Wir turn'n, wir trainiern, zum Masseur gehn wir hin
Mit der Uhr in der Hand, mit der Uhr in der Hand.
Wir mensen uns »dieck«, und wir mensen uns dünn
Mit der Uhr, mit der Uhr in der Hand.
Wir *gehn* nie, wir sind auf dem *laufenden* stets,
Wenn wir mal wen treffen, dann fragn wir: »Wie geht's?«
Und eh der's uns sagt, sind wir weitergerannt
Mit der Uhr, mit der Uhr in der Hand.

Wir machen 'ne Reise im Automobil
Mit der Uhr in der Hand, mit der Uhr in der Hand.
Wir *reisen* nicht mehr, nein, wir *rasen* zum Ziel
Mit der Uhr, mit der Uhr in der Hand.
Fragt man uns: »Die Gegend, die war wohl sehr schön?«
Dann sagen wir »ja« – und wir habn nichts gesehn,
Denn wir fuhrn bloß *vorbei* ohne Sinn und Verstand
Mit der Uhr, mit der Uhr in der Hand.

Wir sind auf dem Ball, im Theater zu sehn
Mit der Uhr in der Hand, mit der Uhr in der Hand.
Zum Rendezvous gehn wir um vierzehn Uhr zehn
Mit der Uhr, mit der Uhr in der Hand.
Um fünfzehn Uhr dreizehn erscheint »sie« am Ort,
Um fünfzehn Uhr sechzehn, da müssen wir fort,
Und sie denkt: »Du Rindvieh, du Riesenpedant
Mit der Uhr, mit der Uhr in der Hand.«

Wir fahrn in die Ferien und sitzen am Strand
Mit der Uhr in der Hand, mit der Uhr in der Hand.
Erwarten die Post, den geschäftlichen Stand
Mit der Uhr, mit der Uhr in der Hand.
Ein Buch mal zu lesen, das wär ein Genuß –
Wir lesen den Anfang und schaun nach dem Schluß,
Durchblättern den Heine, durchfliegen den Kant
Mit der Uhr, mit der Uhr in der Hand.

Wir schätzen 'ne Leistung von heute nur ein
Mit der Uhr in der Hand, mit der Uhr in der Hand.
Die Ozeanflieger empfangn wir mit Schrein,
Mit der Uhr, mit der Uhr in der Hand.
Dann werdn sie gefeiert, sie halten's kaum aus.
Wir feiern sie rein, und wir feiern sie raus,
Denn's fliegt gleich ein andrer noch schneller ans Land
Mit der Uhr, mit der Uhr in der Hand.

Wir wetten beim Rennen und schaun wie gebannt
Mit der Uhr in der Hand, mit der Uhr in der Hand.
Denn wir habn ja den richtigen Pferdeverstand
Mit der Uhr, mit der Uhr in der Hand.
Der Stall des Herrn *Weinberg* stellt Pferde en gros.
Beim Verlieren *weint Weinberg*, beim Gewinn'n ist er froh.
Dann wird er »der fröhliche Weinberg« genannt,
Mit der Uhr, mit der Uhr in der Hand.

Die Liebe, die Ehe betreibn wir als Sport
Mit der Uhr in der Hand, mit der Uhr in der Hand –

Wir findn uns, verbindn uns und – pflanzen uns fort
Mit der Uhr, mit der Uhr in der Hand.
Will sie ihn mal küssen, dann *stellt* er sich froh –
Und denkt sich: »Nu mach schon, ich muß ins Büro!« –
Und er drückt sie ans Herze und küßt sie galant
Mit der Uhr, mit der Uhr in der Hand.

So eiln wir durchs Lebn ohne Freud und Pläsier
Mit der Uhr in der Hand, mit der Uhr in der Hand. – –
Da, plötzlich, steht einer, ist mächt'ger als wir
Mit der Uhr, mit der Uhr in der Hand.
Der sagt: »Du brauchst nicht auf die Uhr mehr zu sehn,
Denn *meine* geht weiter, und *deine* bleibt stehn – –«
Und er winkt uns hinüber ins andere Land
Mit der Uhr, mit der Uhr in der Hand.

In fünfzig Jahren ist alles vorbei

Denk stets, wenn etwas dir nicht gefällt:
»Es währt nichts ewig auf dieser Welt.«
Der kleinste Ärger, die größte Qual
Sind nicht von Dauer, sie enden mal.
Drum sei dein Trost, was immer es sei:
»In fünfzig Jahren ist alles vorbei.«

Und ist alles teuer, dann murre nicht,
Und holt man die Steuer, dann knurre nicht.
Und nimmt man dir alles, dann klage nicht.
Und kriegst du den Dalles, verzage nicht –
Nur der, der nichts hat, ist glücklich und frei,
Und in fünfzig Jahren ist alles vorbei.

Und ist auch ein andrer klüger als du,
Dann sei nicht dämlich – und lach dazu.
Was nützt sein Wissen – stirbt der *vorher*,
Bist du am nächsten Tag klüger als der.
Wer da weiß, daß er nichts weiß, weiß vielerlei –
Und in fünfzig Jahren ist alles vorbei.

Und geht zu 'nem andern dein Mägdelein,
Dann schick ihr noch 's Reisegeld hinterdrein.
Und bist du traurig, denk in der Pein:
»Wie traurig wird bald der andere sein.«
Dem macht sie 's wie dir – die bleibt nicht treu –
Und in fünfzig Jahren ist alles vorbei.

Und stehst du nervös am Telefon,
Und du stehst und verstehst da nicht einen Ton
Oder bist beim Zahnarzt – wenn er dich greift
Und dich mit dem Zahn durch die Zimmer schleift,
Und er zieht, und er zieht und bricht alles entzwei –
In fünfzig Jahren ist alles vorbei.

Und platzt dir ein Knopf – am Hemd zumeist –
Und hast du ein Schuhband, das stets zerreißt –
Und hast 'ne Zigarre du, die nicht zieht,
Und hast du ein Streichholz, das gar nicht glüht:
Nimm noch 'ne Schachtel, nimm zwei oder drei –
In fünfzig Jahren ist alles vorbei.

Und fälscht man dir Schokolade und Tee
Und verspricht man dir echten Bohnenkaffee
Und du merkst, daß der Kaffee – wie schauderbar –
Eine bohnenlose Gemeinheit war,
Dann schließ die Augen und sauf den Brei –
In fünfzig Jahren ist alles vorbei.

Und sitzt auf der Bahn du ganz eingezwängt
Und dir wird noch 'ne Frau auf den Schoß gedrängt
Und die hat noch 'ne Schachtel auf ihrem Schoß
Und du wirst die beiden Schachteln nicht los
Und die Füße werden dir schwer wie Blei:
In fünfzig Jahren ist alles vorbei.

Und führst 'nen Prozeß du – ertrag die Qual,
Und hörst du 'ne Oper, sie endet mal –
Und hast du Magenweh und mußt raus
Und da ist schon jemand, dann harre aus.
Wie lang es auch dauert, der Platz wird frei –
In fünfzig Jahren ist alles vorbei.

Und bist du ein Mädchen von zwanzig Jahr
Und freist einen Mann, der schon fünfzig war,
Und der kommt dann gähnend beim Hochzeitsschluß
Und braucht 'ne Stunde zu einem Kuß,
Dann dulde und denk: »'s ist einerlei –
In fünfzig Jahren ist alles vorbei.«

Und bist du ein Eh'mann und kommst nach Haus
Halb drei in der Nacht – und sie schimpft dich aus,
Dann schmeiß dich ins Bette und sag: »Verzeih,

Wär ich zu Hause geblieben, wär's auch halb drei.«
Und kehr ihr den Rücken und denk: »Nu schrei!
In fünfzig Jahren ist alles vorbei.«

Und stehst du hier oben als Humorist,
Obwohl du bei *den* Zeiten traurig bist,
Und du merkst, dein Vortrag gefällt nicht recht,
Und du selber findest die Verse schlecht,
Sing immer weiter die Litanei:
In fünfzig Jahren ist alles vorbei.

Und fürchte dich nie, ist der Tod auch nah,
Je mehr du ihn fürchtst, um so ehr ist er da.
Vorm Tode sich fürchten hat keinen Zweck.
Man erlebt ihn ja nicht – wenn er kommt, ist man weg –
Und schließlich kommen wir all an die Reih –
Und in fünfzig Jahren ist alles vorbei.

Drum: Hast du noch Wein, dann trink ihn aus,
Und hast du ein Mädel, dann bring's nach Haus
Und freu dich hier unten beim Erdenlicht.
Wie 's *unten* ist, weißt du – wie *oben* nicht.
Nur einmal blüht im Jahre der Mai,
Und in fünfzig Jahren ist alles vorbei – –

Du Rindvieh, dann ist es vorbei!

Zeitgenossen und Kollegen über Otto Reutter

Er tritt auf und beginnt ganz leise sein Liedchen zu singen. Ohne jede Mache oder affektierte Bewegung und eben deshalb von erschütternder Komik. In einem unmöglichen Frack steht er da und besieht die Welt, seine Zeitgenossen, sich selbst, alles in großer Ruhe und Unbekümmertheit. Schade, daß es keine Zugabe gab.

Bremer Volksblatt 1922

Seine Verse waren aufs Feinste ziseliert, jedes Wort saß an der richtigen Stelle, die Pointen waren stichfest, die Form niemals schematisch, sondern immer künstlerisch abwechslungsreich. Er besang das Leben, wie es seine Zeitgenossen erlebten – in der Politik, in der Wirtschaft und in ihrem privaten Dasein. Seine Popularität war grenzenlos. Er war eine wahrhaft volkstümliche Erscheinung in ganz Deutschland. Ein echter Liebling des Volkes.

Robert Wilschke

Otto Reutter: Diese zwei Worte bedeuten eine Ära in der Geschichte des deutschen Varietés, die ruhmvolle Ära, in der die genialen, »aktuellen« Humoristen, die ihre Zeit, die Zeitereignisse, die Zeitgenossen mit geistreicher, treffender, witziger Pointe glossierten, den Mittelpunkt jedes Varietéprogramms bildeten.

Max Berol-Konorah
Internationale Artistenloge

Reutter machte die kurze, knappe Berliner Sprache, die des Witzes Seele birgt, zum herrschenden Witzjargon – siegte über den sächsischen und kölnischen Komiker.

Bernhard Diebold
Frankfurter Zeitung 1931

Was er uns während seiner 35jährigen Laufbahn geboten hat, ist ein Stück Zeitgeschichte in heiteren und satirischen Versen, von denen viele bleibenden Wert haben.

Theodor Oppermann

Man war einfach sprachlos über das neue Genre, das Otto Reutter der Coupletdichtung abzuringen wußte. Er gab seinem unerhört zündenden und originalen Witz eine so verblüffende Form, daß jede Strophe laut belacht wurde. Ein Talent sprach zu uns, wie wir es in solcher Urwüchsigkeit noch nicht erlebt hatten.

Düsseldorfer Theaterwoche
1911

Wenn er am Ersten des Monats an eine neue Engagementsstätte kam, horchte er erst die Stammtischler über die letzten lokalen Ereignisse aus, die sich bereits am ersten Auftrittsabend zur Verblüffung der Bürger in flüssige Coupletstrophen verwandelt hatten. Und wenn er dann acht bis neun solcher immer aktuellen Couplets hinter sich hatte, überraschte er mit einer neuen Improvisation: Er besang das ganze Programm des Abends, das er eben zum erstenmal gehört hatte, in einem launigen, zündenden Schlußcouplet.

Das Organ der Varieté-Welt
1931

Reutter ist der begabteste und selbständigste der deutschen Varietékomiker, der Ahnherr einer Humoristengilde, die (ohne Reutters Können, Liebenswürdigkeit, persönlichen Charme) seine wirklich witzige, an Einfällen reiche Art bestahl und verkitschte. Er war der Klassiker des aktuellen, zeitkritischen Couplets der wilhelminischen Hochkonjunktur, der die politischen und literarischen Ereignisse gut pointiert glossierte und parodierte.

Max Herrmann-Neisse
Berliner Tageblatt 1926

Doch hat die Berliner Literatur des neunzehnten und zwanzigsten Jahrhunderts auf einem anderen Gebiet der Weltstadtkunst einige Beiträge geliefert, die sich sehr wohl mit den Hervorbringungen anderer Großstädte messen können. Es sind die Berliner Couplets und Chansons. Ihre Meister: Otto Reutter, Friedrich Hollaender, Walter Mehring, Kurt Tucholsky. Sie sind phantastisch, witzig, frech, gefühlvoll, haben Anschauung und äußern auf wortkarge Art das bittersüße Lebensgefühl der Weltstadt.

Walther Kiaulehn

Mit dem Wintergarten war ich eigentlich schon befreundet, bevor ich geboren wurde. Damals wohnte mein Vater in Berlin. Meine Mutter war eine junge Schauspielerin. Sie waren noch nicht verheiratet. Mein Vater führte meine Mutter in Berlin herum, und abends gingen sie oft in den Wintergarten. Aufgewachsen bin ich sozusagen bei den Klängen der Grammophonplatten von Otto Reutter. Seine Stimme kenne ich ganz genau. Noch heute kann ich einige seiner herrlichen Couplets auswendig.

Kadidja Wedekind

Die Gabe seines Humors war unerschöpflich, kein Wandel der Zeiten konnte ihn von seinem selbstgeschaffenen Throne stoßen. Daß für ihn der Humor eine Angelegenheit des Herzens war, merkte man im näheren Umgang, wenn er auch manchmal schwer zugänglich und grämlich schien. Dabei ist das Eigenartige, daß er bisweilen, wenn ihm, schlagfertig wie er stets war, eine satirische Glosse über die Lippen sprudeln wollte, nicht imstande war, sie zu unterdrücken, selbst auf die Gefahr hin, unliebenswürdig zu erscheinen.

Carl Bretschneider
Chefredakteur des Artistenfachblatts
»Das Programm«

Otto Reutter wußte, daß er sehr viele Neider hatte, die seine Erfolge hauptsächlich seinem Glück zuschoben. Er drückte sich darüber wie folgend aus: »Der Mann hat Glück«, so sagen sie. »Der Mann war fleißig«, sagt man nie.

Bruno Wiesner

Wenn Otto Reutter in Berlin weilte und abends nicht auftreten mußte, ging er an jedem freien Abend ins Theater. Dann saß er in der ersten Parkettreihe, und es war für mich ein Fest, wenn ich von der Bühne das Spiel seiner großen blauen Augen beobachten konnte. Sie wurden noch größer und strahlten elektrisch, wenn mir etwas gelang. Der Alte tippte aber auch vielsagend an seine Schläfe, wenn ihm etwas besonders albern vorkam.

Hans Albers

Er hat das Couplet vom Klamauk zur Pointe emporgeführt, er ist vom Äußerlichen zum Innerlichen vorgedrungen, und als er die Geste entthronte, um dem Wort und den Gedanken auf dem Brettl einen Altar zu bauen, übte er in Deutschland die Mission aus, die in Frankreich zur selben Zeit die große Yvette Guilbert erfüllte, als sie das Chanson der üblen Theaterei entkleidete. Otto Reutters Revolution des Couplets war auf ihrem Gebiete nichts Geringeres als ein Seitenläufer jener Reform der deutschen Bühne, die sich an den Namen Otto Brahm knüpft, der von der hohlen Meiningerei zurück zum natürlichen Menschentum führte.

Peter Sachse

Das war ein großer Teil des Geheimnisses der Wirkung dieser Lieder, daß jeder, auch jeder Dilettant in seinem Verein, der ein solches Lied vortrug, damit Erfolg haben mußte, weil es so meisterhaft gebaut war. Weil wirklich die darin glossierten Dinge bis auf die Spitze vorgetrieben waren. Weil der »Lacher« von selber kam, an der vom Verfasser festgelegten Stelle und nicht erst durch den Krampf des Vortragenden erzwungen werden mußte. Er konnte Couplets schreiben wie keiner.

Paul Graetz

Für ihn gibt es überhaupt nur Arbeit, auch zu Hause. Vergnügen kennt er gar nicht. Und er hat auch kein besonderes Steckenpferd wie andere Leute, womit er sich in seinen Mußestunden beschäftigen würde. Ja, es ist schrecklich mit ihm, er darf den ganzen Tag nicht gestört werden. Immer wieder verbessert er seine neuen Couplets, bis sie endlich jene Fassung haben, die dann endgültig ist, in keinem Wort mehr abänderlich – auf Jahre hinaus. Dann erst, wenn das Couplet ganz fertig ist, diktiert er es mir.

Evi Reutter

Was Caruso unter den Sängern, ist Reutter unter den Humoristen. Den Titel »König der Humoristen« verdient Reutter mit vollem Recht. Denn sein selbstverfaßtes Repertoire übertrifft nicht nur jedes andere an Humor, es wird auch allen anderen Humoristen vorbildlich sein. Und gar die Art von Reutters Vortragskunst! Wie er jede Pointe herauszuholen weiß! Wie er charakterisiert! Wie er Mimik, Geste und Sprache sparsam und wirksam gleichzeitig verwendet!

Liegnitzer Lokalzeitung

Den mog i! Des is a ganz Großer!

Karl Valentin

Es waren derbe, bejahende, lebensfreundliche Lieder, die er vortrug, gemäß seinem berühmten Refrain: »Ich bin ein Optimiste – zieh' nie die Stirne kraus. – Das Schlechte kommt von selber – ich such' mir 's Gute raus.«

Tempo 1931

Welch ein Künstler! Alles geht aus dem leichtesten Handgelenk, er schwitzt nicht, er brüllt nicht, er haucht seine Pointen in die Luft, und alles liegt auf dem Bauch. Ein Refrain immer besser als der andre . . . und entzückte und charmierte durch seine Grazie. Und dazu ein Mondgesicht, unbeteiligt, mild leuchtend durch die Wolken – was soll man dazu sagen?

Diese Komik, diese Wirkungen und dieser Humor stoßen mit dem Kopf an die Zimmerdecke Reutters und damit an den Fußboden jener Wohnung, in der Jaroslav Hašek wohnt, der Vater des göttlichen Schwejk.

Kurt Tucholsky

Das Repertoire

Das Verzeichnis gibt in alphabetischer Reihenfolge eine Übersicht über das Repertoire Otto Reutters, soweit es sich nach den zeitgenössischen Quellen noch ermitteln läßt. Da das Entstehungsjahr der einzelnen Couplets nicht exakt überliefert ist, wurde zur zeitlichen Einordnung – wo vorhanden – das Jahr der Schallplattenaufnahme hinzugefügt. Für dieses Repertoireverzeichnis stellten freundlicherweise Michael Streitz, Berlin, sowie das Deutsche Musikarchiv Berlin Dokumentationen der Schallplattenaufnahmen Otto Reutters zur Verfügung.

1 ABC (Der alte Dorfschulmeister)
2 Aber der Mann (1910)
3 Aber glücklich macht das nicht (1922)
4 Aber keiner fängt an (1909)
5 Ach, da kann man laufen lernen, wenn man auch nicht will
6 Ach, die Tiere hab'ns oft besser als die Menschen (1906)
7 Ach, ist das schön
8 Ach, Leipzig, wie bist du fein
9 Ach, Lene, du hast bemalte Beene (1913)
10 Ach, machen Sie das noch einmal
11 Ach, Sus-chen, du lispelst ja so süß
12 Ach, was sind wir doch für liebe Leute
13 Ach, wie fein wird's in 100 Jahren sein (1900)
14 Ach, wie herrlich ist das Leben
15 Ach, wie sind die Zeiten schlecht
16 Ännecken und Männecken (1908)
17 Alles per Zufall, kein Mensch kann dafür
18 Allerweltsprofessor
19 Alles verstehen, heißt alles verzeih'n
20 Alles weg'n de Leut' (1909)
21 Am Fenster
22 Am Feuerhaus (1905)
23 Auf einmal geht's Tickeltackel und die Uhr ist im Gang
24 Aus (1926)
25 Aus Dankbarkeit (1915)
26 Aus England, Frankreich, Holland und Amerika (1922)
27 Aus gewissen Gründen
28 Ausstellungs-Couplet (1896)
29 Automobil-Couplet (1902)

30 Ballade von der Marmelade (1916)
31 Beinah' (1930)
32 Berlin, Berlin, trotz alle deine Fehler lieb' ick dir mehr als jede
andre Stadt (1909)
33 Berlin, Berlin, was kriegste für'n Gesichte
34 Berlin im Krieg (1916)
35 Berliner Neujahr (1909)
36 Berliner Theater-Revue (1907/08)
37 Berlin ist die herrlichste Stadt von der Welt
38 Berlin ist ja so groß (1913)
39 Bescheiden! Bescheiden! (1905)
40 Bevor du sterbst (1928)
41 Bis hierher und nicht weiter (1912)
42 . . . bloß 'n bißchen kleiner (1922)
43 Buntes Allerlei
44 Da geh' ich ran, da zieh' ich los!
45 Da ist der eine wie der andre (1913)
46 Da ist wohl was kaputt
47 Da kann man sehen, wie die Frauen sind (1911)
48 Da kommt Hirschfeld
49 Da liegt was drin!
50 Da werden sich die Flundern wundern
51 Damen-Wahl
52 Dann hast du den verzeihenden, befreienden Humor (1920)
53 Dann merkst du gleich, der Mann ist aus Berlin (1912)
54 Das Beste ist, man nimmt sie alle beide (1898)
55 Das dank' ich dir, du schöne Rentenmark
56 Das dank' ich dir, mein lieber, guter Feind (1915)
57 Das dank' ich dir, mein teures Vaterland (1908)
58 Das Deutsche Reich geht in der Welt voran!
59 Das Ende des Balkankrieges
60 Das find' ich reizend von der Frau (1905)
61 Das find' ich reizend von dir
62 Das gefährliche Alter
63 Das geht über meine Kraft
64 Das Geld regiert die Welt
65 Das geschieht jedes Jahr um die nämliche Zeit
66 Das Grammophon = Rätsel-Couplet
67 Das hab'n die so an sich
68 Das Himmelreich
69 Das ist das höchste Wunder der Dressur
70 Das ist der Blitz, der alles rings erhellt

71 Das ist der Leutnant (1915)
72 Das ist der Max, der Regisseur
73 Das ist der stille Kompagnon
74 Das ist die höchste Ironie
75 Das ist doch ein Sparen am unrechten Fleck
76 Das ist doch mal was anderes
77 Das ist leicht, das ist schwer (1928)
78 Das ist mir ganz egal (1905)
79 Das ist nischt, das macht Laune (1905)
80 Das ist so einfach und man denkt nicht dran (1905)
81 Das ist zwar wenig, aber es fällt auf (1906)
82 Das kommt so genau nicht drauf an (1902)
83 Das Lied von der Bescheidenheit
84 Das liegt so nah und keiner denkt daran
85 Das macht uns Freude (1911)
86 Das sagt man so und denkt sich nichts dabei
87 Das sind die Richtigen, die hab' ich gern (1917)
88 Das sind die Sorgen der Republik (1922)
89 Das tuste und das tuste nicht
90 Das wär noch was Neues fürs Varieté (1906)
91 Das war ein guter Zug von dir
92 Da war noch Frieden in Berlin
93 Denken Sie sich bloß mal an (1908)
94 Denn jeder muß ja wissen, wo er reingehört
95 Der abgerüstete Rekrut (1898)
96 Der Ballettschwärmer
97 Der Blusenkauf (1927)
98 Der erste Schnee
99 Der fliegende Warenhändler (1902)
100 Der Geburtstagsonkel
101 Der Gedankenleser
102 Der Geist ist willig, aber das Fleisch ist schwach
103 Der Generalkunstmarschall (1908)
104 Der Hirschfeld kommt (1904)
105 Der gewissenhafte Maurer (1921)
106 Der internationale Koch (1913)
107 Der Interviewer
108 Der kluge Hans, das Wunderpferd
109 Der kranke Michel (1919)
110 Der Kriegsgewinnler (1918)
111 Der Lorbeerkranz der Tiere (1919)
112 Der Michel wird nicht klüger durch den Krieg (1927)

113 Der muß wohl aus Versehen da reingekommen sein (1919)
114 Der neue Minister
115 Der neue Reichstag
116 Der Neureiche = Herr Neureich
117 Der Neun-Uhr-Ladenschluß (1902)
118 Der Ordensspender (1908)
119 Der Prophet
120 Der Räuberhauptmann von Köpenick (1910)
121 Der Ruhrbergmann
122 Der Spiritist (1922)
123 Der Streit der Haustiere
124 Der Sühneprinz
125 Der tapfere Italiener (1912)
126 Der Theaternarr
127 Der träumende Michel
128 Der Traumdeuter (1911)
129 Der Überzieher (1925)
130 Der Weihnachtsmann
131 Der weiß nicht, daß Krieg war (1919)
132 Der Worte sind genug gesprochen
133 Der wunderschöne Leopold
134 Der Zeitgeist (1898)
135 Der Zufriedene (1906)
136 Der Zukunfts-Reichstag (1911)
137 Der Zukunftsstaat
138 Des Bürgermeisters Töchterlein (1910)
139 Die Amme
140 Die Bänkelsänger
141 Die Balkankrise (1909)
142 Die Balkanwirren (1913)
143 Die Ballade von der Marmelade (1916)
144 Die Damen geh'n voran (1902)
145 Die Damenwelt (1907)
146 Die echte deutsche Gründlichkeit (1911)
147 Die Erinnerungskassette
148 Die Finanzreform (1909) = Die Lösung der Finanzreform
149 Die Flundern, die werden sich wundern (1914)
150 Die Frauenbewegung (1905)
151 Die Frauen in 100 Jahren (1902)
152 Die Friedenskonferenz (1908)
153 Die fünf Vokale
154 Die ganze Geschicht', die lohnt sich nicht (1928)

155 Die große Hitze vom Jahre 1911
156 Die hoffnungslose Königin
157 Die holde Weiblichkeit (1898)
158 Die kleine Handbewegung (1908)
159 Die kleine Revue
160 Die Lawine (1912)
161 Die Liebesgabenkiste (1916)
162 Die Lösung der Finanzreform (1909) = Die Finanzreform
163 Die Loreley (1913)
164 Die Menschen sind kuriose Leute (1902)
165 Die neue Steuerschraube
166 Die neuen Steuern
167 Die Orientreise (1898)
168 Die Reise nach China
169 Die Sache hat nur einen Haken
170 Die Schleppe
171 Die Schweinenot
172 Die sechs feindlichen Zecher (1917)
173 Die spiel'n ja viel besser Theater als wir (1913)
174 Die versunkene Glocke (1899)
175 Die vier Patienten (1915)
176 Die Weiber (1902)
177 Die Zehnte Muse
178 Draga und Alexander
179 Drei Märchen
180 Drum bin ich froh, daß ich ein Deutscher bin (1910)
181 Du bist doch sonst nicht so (1906)
182 Du mußt lächeln, immer lächeln
183 Du weißt ja nicht, wie lieb du bist
184 Ei, wer tommt denn da? (1920)
185 Ein bißchen Arbeit muß der Mensch doch haben (1929)
186 Eine lustige Reichstagssitzung
187 Eine Stunde vor der Hochzeit des Sohnes
188 Ein kleines Stück Papier (1913)
189 Ein Loblied auf die Frauen von heute
190 Einmal im Jahr (1928)
191 Ein Sachse ist immer dabei (1903)
192 Ein siegreicher Franzose
193 Ein Traum (1916)
194 Erinnerung aus der Ritterzeit
195 Erlauschte Gespräche – ein Kleinstadtidyll (1908)
196 Er stand nach Tabak, sie stand nach Butter (1917)

239 Herr Neureich (1921)
240 Hühneraugen-Hymnus (1902)
241 Humoristisches Gesetzbuch (1902)
242 Ich bin ein echter deutscher Patriot (1903)
243 Ich bin ein lust'ger Humorist (1898)
244 Ich bin ein Optimiste (1904)
245 Ich hab' da ein Problem
246 Ich hab' ein ruhiges Gewissen
247 Ich hab' einen Kameraden
248 Ich hab 's ja gleich gesagt
249 Ich habe zuviel Angst vor meiner Frau (1929)
250 Ich kann det Tempo nicht vertragen (1929)
251 Ich möcht' erwachen beim Sonnenschein (1919)
252 Ich sitz' vor meinem Häuschen (1926)
253 Ich warte noch 'ne Weile
254 Ick wund're mir über jarnischt mehr (1918)
255 Im Dirndl-Kostüm
256 Im Laufe dieses Jahres
257 Im lenkbaren Luftballon
258 Immer korrekt (1910)
259 Immer lächeln, immer lächeln
260 Immer raus, was nicht da reingehört (1907)
261 Immer rin in die Landwirtschaft (1919)
262 Immer weiter – immer weiter (1908)
263 In dem Moment (1911)
264 In der Beziehung steh'n wir gern zurück (1911)
265 In der Einsamkeit (1928)
266 In fünfzig Jahren ist alles vorbei (1919)
267 Ist das nicht komisch (1907)
268 Ist doch schön, so bequem (1929)
269 Ist ja einfach lächerlich (1906)
270 Ja, die Männer (1906)
271 Ja, die Natur, die läßt sich nicht befehlen (1906)
272 Ja, es ist manches faul im Staate Dänemark
273 Ja, 's ist nirgends schöner als wie auf der Welt
274 Ja, stimmen tut's, doch richtig ist das nicht (1906)
275 Ja, wir Männer haben's besser als die Frauen
276 John Bull (1898)
277 John Bulls Friedenswünsche (1916)
278 Karussell (1925)
279 Kientopp-Bilder (1912)
280 Kinder, ich brauch' ein Verhältnis (1914)

281 Kinder, ist das Reimen schwer
282 Kinder, Kinder, sorgt für Kinder (1914)
283 Kinder, Kinder, was sind heut' für Zeiten (1927)
284 Kinder, Kinder, wie soll das noch enden! (1902)
285 Kinder, seid gemütlich (1906)
286 Kolossal (1916)
287 Komm du erst mal dahin, wo ich schon gewesen bin
288 Komm' ich noch einmal auf die Welt (1909)
289 Kriegsgeschichte (1914)
290 Kriegs-Schnadahüpferl (1915)
291 Kuropatkin – General Rückwärts (1904)
292 Laß dir bloß die Nase ändern (1925)
293 Laß man erst den Krieg vorbei sein
294 Laßt sie hungern (1919)
295 Laß sie sausen (1908)
296 Leise, leise, leise
297 Lex Heinze (1906)
298 Lieschen möchte gerne frei'n (1906)
299 Li Hung Tschang (1898)
300 Li Hung Tschang in Kiautschau
301 Loblied auf die Frauen von heute
302 Loblied auf »unsere liebe Stadt«
303 Lustige Antworten
304 Lustiges Echo
305 Mach dir nichts draus
306 Märchen
307 Man holt das Alte wieder raus
308 Man kommt nicht dazu (1913)
309 Man muß die Menschen nicht verwöhnen
310 Man muß für alles dankbar sein
311 Man muß sich bloß erst dran gewöhnen
312 Man sagt (1910)
313 Man soll den Tag nicht vor dem Abend loben
314 Man sollt' kaum glauben, daß so was möglich wär (1906)
315 Man wird ja so bescheiden (1926)
316 Martha
317 Max, der Regisseur (1911)
318 Mehr kann man nicht verlangen (1906)
319 Meine liebe Lene denkt an alles (1902)
320 Meine Tante, die Frau Blau
321 Mein internationales Warenhaus (1910)
322 Mein Lorbeerkranz (1915)

323 Mein Theater-Repertoire (1928)
324 Mensch, komm bloß nicht auf die Welt (1922)
325 Mensch, mach 'ne Verjüngungskur
326 Mensch, was haste nun davon? (1906)
327 Michel hat schon wieder mal geträumt (1909)
328 Michel, sei stolz (1914)
329 Michel und die Wehrvorlage
330 Mir hab'n se als geheilt entlassen (1928)
331 Mit dem Zippel, mit dem Zappel, mit dem Zeppelin (1909)
332 Mit der Uhr in der Hand (1928)
333 Mit Pauken und Trompeten (1913)
334 Mit Prinz Heinrich nach Amerika
335 Moderne Denkmäler
336 Monats-Couplet
337 Monna Vanna
338 Muß man denn ins Ausland reisen?
339 Mutter Erde (1916)
340 Na also! (1906)
341 Nach dem Krieg (1918)
342 Nach der Heimat möcht' ich wieder
343 Na, nun tun Sie mal nicht so! (1906)
344 Nee, so was! (1906)
345 Nehm'n Se 'n Alten (1927)
346 Nein, was hab'n wir bloß für'n Schaden durch den Krieg (1915)
347 Neue Schnadahüpferl (1898)
348 Neueste Nachrichten
349 Neugeboren
350 Neun-Uhr-Ladenschluß
351 Nicht so laut (1909)
352 Nimm dich in acht
353 Noch schlimmer
354 Nu grade nich (1908)
355 Nun weißt du Bescheid (1904)
356 Nur Geduld (1916)
357 Nur nicht heiraten
358 Ob's wahr ist, weiß ich nicht – man sagt
359 O du liebes, deutsches Gretchen (1928)
360 O ihr Berliner – ihr seid ja viel zu jut
361 O Jugend, wie bist du schön (1929)
362 O Karline (1910)
363 O Pi- Pa- Publikum
364 O quäle nie ein Tier zum Scherz (1902)

365 Onkel Fritz aus Neuruppin (1906)
366 O welch ein seliges Wiederseh'n
367 Pfui Deibel, ist das schön
368 Phantasie und Wirklichkeit (1928)
369 Phyllis und Philander
370 Populäre Melodien (1914)
371 Postkarten mit Ansicht
372 Preisrätsel-Couplet (1912)
373 Prinzessin und Zigeuner
374 Professor Schenk (1899)
375 Pst! Was woll'n Sie denn? (1902)
376 Radiofunken
377 Rätsel-Couplet (1912) = Das Grammophon
378 Reutters Depeschen-Bureau
379 Rosa Rosa (1902)
380 Rückblick auf die große Hitze vom Sommer 1911 = Die große Hitze
    vom Jahre 1911
381 Rien ne va plus
382 . . . sagt Deutschland (1915)
383 Schilder-Couplet (1919)
384 Schnick-Schnack-G'stanzeln
385 Schorle-Morle
386 Seh'n Sie, darum ist es schade, daß der Krieg zu Ende ist (1920)
387 Seh'n Sie, das sind lauter Helden, von denen keine Blätter melden
388 Seh'n Sie, so muß eine Frau sein
389 Sei gescheit (1912)
390 Sei modern (1929)
391 Sei nicht blöd (1927)
392 Siehste wohl, das kommt davon (1902)
393 Sie komm'n mir so bekannt vor (1902)
394 's gibt keine Kinder mehr
395 's ist alles nur Komödie auf der Welt (1903)
396 's ist doch so (1914)
397 's ist doch schön, so bequem (1925)
398 's ist ein Geheimnis von Berlin (1929)
399 's ist Krieg (1916)
400 So ändern sich die Zeiten (1908)
401 So erzählt uns die Geschichte
402 So nimm denn hin den Segen
403 So weit geht unsre Freundschaft nicht
404 So wird die Tugend hier auf Erden schon belohnt (1921)
405 Streik-Couplet (1908)

406 Sultan Abdul Hamid
407 's wird ja langweilig mit der Zeit (1915)
408 Theater-Repertoire (1907)
409 Tiere und Menschen (1906)
410 Trink' mer noch'n Tröppchen (1907)
411 Und dadurch gleicht sich alles wieder aus (1928)
412 Und dann (1901)
413 Und dann wird's still, man hört nichts mehr (1902)
414 Und da sagt man, die Tiere haben kein'n Verstand (1904)
415 Und ein Band Gedichte
416 Und jetzt? Alte und neue Geschichten
417 Und so komm'n wir aus der Freude gar nicht raus (1930)
418 Unsere Eisenbahn (1897)
419 Unsere Frauen in 100 Jahren (1899)
420 Unsere Kriegsfrauen (1916)
421 Uns kann keiner (1916)
422 Väterliche Ermahnungen vor der Hochzeit des Sohnes (1913)
423 Vergangenheit und Gegenwart
424 Vergänglichkeit
425 Vier kleine Geschichten mit einer Moral
426 Vivat – hoch die neue Zeit (1922)
427 Volkslieder-Couplet (1904)
428 Vom Nordpol zurück (1911)
429 Von der Pariser Weltausstellung zurück
430 Von St. Louis zurück
431 Vor dem eisernen Hindenburg
432 Warum denn bloß lieben im Mai
433 Warum nicht gleich so
434 Warum? Warum? Warum? (1914)
435 Warum woll'n Sie denn schon gehn? (1913)
436 Was die Tiere denken (1902)
437 Was ich nicht weiß, macht mich nicht heiß (1929)
438 Was soll der Junge werden (1902)
439 Was tut man nicht alles fürs Kind
440 Was ward aus unsern Zeitgenossen?
441 Weil's einfach ist (1912)
442 Wenn das Wörtchen »wenn« nicht wär' (1908)
443 Wenn du jung bist – wenn du alt bist
444 Wenn ich das große Los gewinn' (1907)
445 Wenn im Winter mal das Stübchen nicht recht warm ist (1918)
446 Wenn's heute heißt, der Krieg ist aus (1916)
447 Wer lebt am längsten? (1922)

Otto Reutters Lebenslauf

1870   Am 24. April in Gardelegen (Altmark) als Sohn des Hau-
        sierhändlers Andreas Pfützenreuter geboren. Sein Geburts-
        haus, die »Altmärkische Bierstube«, stand in der Sand-
        straße Nr. 10.

1876   bis 1884 Besuch der einklassigen katholischen Volksschule
        in seiner Heimatstadt, danach Kaufmannslehre in Gardele-
        gen, Worbis, Leinefelde (Eichsfeld) und Lychen (Ucker-
        mark). Rückt mit Beendigung der Lehre nach Berlin aus,
        um Schauspieler zu werden.

1889   Als Bühnenarbeiter und Statist am Berliner American
        Theater. Mit Martin Bendix, dem »Urkomischen«, auf der
        Bühne. Ändert seinen Namen in Reuter, später in Reutter
        – mit zwei »t« – ab.

1890   Sein Vater holt ihn vom Theater wieder zurück und ver-
        schafft ihm eine Stellung als Schreiber und Expedient bei
        einem Buchhändler in Karlsruhe. Dort Anschluß an die
        Karlsruher Volkssänger. Verfaßt seine ersten Couplets und
        geht mit einer Sängergesellschaft auf Reisen. Erste Soloauf-
        tritte ermuntern ihn auf seinem Weg.

1895   Erstes erfolgreiches Varieté-Engagement als Salonhumorist
        am Metropoltheater in Bern. Daran anschließend Gast-
        spiele mit eigenem Repertoire in Dresden, Köln, Düssel-
        dorf, Hamburg und anderen Städten. Der Humorist Otto
        Reuter findet sein Profil.

1896   Erster Berliner Auftritt am Apollo-Theater in der Fried-
        richstraße. Direktor Jacques Glück engagiert Reutter
        für mehrere Jahre und verhilft ihm zum Aufstieg in der
        Varieté-Weltstadt Berlin. Im Danner-Verlag, Mühlhau-
        sen, erscheinen seine Couplets im Druck. Ehe-
        schließung mit Olga Nock (Tochter eines Lokomoti-
        vführers, geb. 1877 in Karlsruhe). Im Dezember Geburt
        des Sohnes Otto.

1897   Engagementsangebote aller großen deutschen Varieté-
        Häuser sichern Reutters Aufstieg. Sein Humor und sein
        Witz, seine Aktualität und Originalität garantieren den

Direktoren volle Häuser und Kassen. Seine Auftritte werden überall des Erfolges wegen prolongiert.

1899 Erster Auftritt im Silvesterprogramm des Berliner Wintergartens am Bahnhof Friedrichstraße. Künftig gibt Otto Reutter mit nur einer kurzen Unterbrechung 1931 jährlich für ein bis zwei Monate ein Gastspiel unter dem Sternenhimmel dieses Hauses. In diesen dreißig Jahren hörten ihn allein auf dieser Bühne mehr als viereinhalb Millionen.

1901 bis 1910 Reutter glossiert in seinen Couplets den preußischen Bürokratismus, den Zensor sowie den Uniform- und Ordenskult. Er erscheint auf der Bühne in witzigen Kostümszenen als Mona Lisa, Nordpolfahrer, fliegender Warenhändler, Bänkelsänger und Spreewälder Amme, besingt den Alltag in Ehe und Familie und ist als Humorist eine wahrhaft volkstümliche Erscheinung.

Mit ihm stehen auf der Wintergarten-Bühne alle großen Stars der Artistenwelt: Will Rogers, Patty Frank, Paul Spadoni, die Saharet, die Mistinguett, La belle Otero, die Barrison-Sisters sowie John Tiller und dessen Girls.

1902 gibt es bereits 20 Grammophonaufnahmen mit Otto-Reutter-Couplets. Sie heißen u. a. »Die holde Weiblichkeit«, »Kinder, Kinder, wie soll das noch enden« und »Die Menschen sind kuriose Leute«.

1904 Im Verlag Danner Mühlhausen erscheinen von ihm »Original-Couplets und Vorträge« mit einem in Versen abgefaßten Vorwort. Die Ehe mit Olga Nock wird geschieden (Olga Nock am 10. Januar 1910 mit 32 Jahren verstorben).

1905 Der Weg geht steil nach oben. Auftritt im Palais des Kronprinzen und vor der Familie Krupp in der Villa Hügel. Mitwirkung bei einer Matinee im Königlichen Schauspielhaus.

1906 Ganz Deutschland amüsiert sich über »Onkel Fritz aus Neuruppin« und den »Räuberhauptmann von Köpenick«. Er ist höchstbezahlter Varietéhumorist Deutschlands und singt überall vor ausverkauften Häusern. Auch *seine* Couplets werden überall gesungen – von Kopisten und Nachahmern. In Leipzig erscheint eine erste kleine Reutter-Biographie.

1908 Die Leser sehen ihn in der »Berliner Illustrirten Zeitung« als Titelblatt zusammen mit der Saharet, dem Can-Can-Idol der Zeit. In den »Tonbildern« von Messter laufen die neuesten Reutter-Couplets. Er selbst ist in komischen Rollen im Stummfilm zu sehen (»Otto heiratet«, »Otto soll Schauspieler werden«, »Der Hauptmann von Köpenick«).

1909 Gastspiel in der österreichischen Hauptstadt. Die Wiener feiern den kleinen Dicken im »Kolosseum« mit nicht enden wollenden Beifallsstürmen.

1910 Sein erstes größeres Vortragsbuch erscheint, mit einem heiteren Vorwort »Wie wird man Humorist«.

1912 Reise zur Erholung ans Mittelmeer. Zusammen mit Heinrich Zille in der Revue »Chauffeur – ins Metropol!«. Das von ihm in dieser Revue kreierte Lokalcouplet »Berlin ist ja so groß« wird zum Schlager des Tages. Otto Reutter gilt längst als Berliner Original.

1915 Direktor des von ihm gepachteten »Palasttheaters am Zoo« in Berlin. Veranstaltet eigene Programme, darunter auch chauvinistische Kriegsrevuen. Mitwirkende an seiner Bühne sind unter anderem Hans Albers, Robert Steidl, Adele Sandrock, Max Reichert, Anna Müller-Lincke und Käthe Dorsch.

1916 Unter dem Eindruck der Kriegsereignisse allmählich Rückkehr zum realistisch-kritischen Couplet. Sohn Otto fällt mit 20 Jahren vor Verdun.

1918 Erwirbt ein Landhaus in seiner Heimatstadt Gardelegen, die Waldschnibbe, als ständigen Wohnsitz.

1919 Kurt Tucholsky, damals Chefredakteur des »Ulk«, bestellt bei Reutter satirische Couplets zum Zeitgeschehen. Gastspiel in Holland, wo es bereits Schallplatten mit seinen Liedern gibt, gesungen von Maurice Dumas. Reutter heiratet in zweiter Ehe seine langjährige Sekretärin Evi Bendrien, eine Königsbergerin und 20 Jahre jünger als er (umgekommen 1950 als Opfer der stalinistischen Lager auf deutschem Boden).

1920 Auflösung des »Palasttheater«-Varietés und Wiederaufnahme der Gastspielreisen mit neuem Repertoire an fast alle kleinen und großen deutschen Varietés.

1921 Die Stadt Gardelegen gibt Notgeld-Scheine zu 5, 10 und 25 Pfennig mit seinem Porträt und von ihm verfaßten Sprüchen heraus.

1925 Zum ersten Mal vor dem Mikrophon des Rundfunks im Programm der Berliner Sendegesellschaft. Es gibt Otto-Reutter-Schallplatten, Reutter-Postkarten, Reutter-Vortragsbücher und Notendrucke. Die Refrainzeilen seiner Couplets sind sprichwörtlich geworden. Er selbst ist im Wachsfigurenkabinett aufgestellt.

1926 Verlegt seinen Wohnsitz aus Gardelegen zurück nach Berlin (Wilmersdorf, Hildegardstraße 1). Es entstehen die klassischen Couplets des »späten« Reutter, wie »Der Blusenkauf«, »Der Überzieher«, »Sei modern«, »Mit der Uhr in der Hand« und »In fünfzig Jahren ist alles vorbei«.

1929 Zum Jahreswechsel Jubiläumsprogramm im »Wintergarten« anläßlich seines 30. Engagements und seines 60. Geburtstages. Das »Wintergarten-Magazin« erscheint als Reutter-Sonderheft. Bei der »Grammophon« werden über zwanzig Reutter-Platten neu ins Programm genommen. Der neueste Schlager von ihm heißt: »'s ist ein Geheimnis von Berlin!«

1930 Zum letzten Mal in der Altmark. Besucht die Orte seiner Kindheit und Jugend. In Berlin Teilnahme an der Feier zur Enthüllung des Zille-Denkmals im Garten des Theaters der Elitesänger am Kottbusser Tor.

1931 Letztes Gastspiel in Leipzig am Varieté »Drei Linden«. Er fährt, schwer krank, anschließend ins Engagement nach Breslau und von dort nach Düsseldorf. Am 3. März in Düsseldorf einem Herzleiden erlegen.

1932 Gedenkaufsatz von Kurt Tucholsky in der »Weltbühne« zu Reutters erstem Todestag: »Diese Komik, diese Wirkungen und dieser Humor stoßen mit dem Kopf an die Zimmerdecke Reutters und damit an den Fußboden jener Wohnung, in der Jaroslav Hašek wohnt, der Vater des göttlichen Schwejk.«

Literaturverzeichnis

Unsterbliche Reutter-Vorträge. Teilsammlung Band 1–6.
   Otto Teich Verlag, 64295 Darmstadt o. J.
In 50 Jahren ist *nicht* alles vorbei. Das Aktuellste von Otto Reutter.
   Otto Teich Verlag, 64295 Darmstadt o. J.
Einzel-Ausgaben von Otto-Reutter-Vorträgen. (Texte und Noten für
   Gesang und Klavier), Otto Teich Verlag, 64295 Darmstadt o. J.
Otto Reutter. Ein Gedenkbuch über sein Leben und Schaffen.
   Hrgs. von Theodor Oppermann. Mühlhausen 1931.
Wiesner, Bruno: Otto Reutter hinter den Kulissen.
   Leipzig 1931.
Bemmann, Helga: Ick wundre mir über jarnischt mehr. Eine Otto-Reut-
   ter-Biographie. Berlin 1977.
Becker, Herbert: Gardelegener Heimatgeschichten. Otto Reutter. Gar-
   delegen 1982.

Historische Reutter-Ausgaben

Couplet-Schlager. Neue, wohlfeile Ausgabe mit separatem Notenheft.
   Bd. 1–4. Leipzig 1912–1917.
25 neue Reutter-Schlager. Eine Auswahl aus den letzten Couplet-
   Dichtungen. Mühlhausen 1913.
Otto Reutter. Originalvorträge aus der Kriegszeit. Mühlhausen 1920.
Otto Reutters neueste Texte. Nr. 1–21. Mühlhausen 1920.
Zeitgemäße Vorträge und Couplets von Otto Reutter u. a. Mühlhausen
   1920.
Hirsch, Hugo: Geh'n Sie bloß nicht nach Berlin. Revue-Posse von Otto
   Reutter. Musik Hugo Hirsch. Texte der Gesänge. Berlin–München
   1917.
Reutter, Otto: Landwehrmann und Pikarde. 1915. Zeitbild mit Gesang
   in einem Akt. Musik Max Schröder. Bühnentextbuch. Simson's
   Theaterverlag, Berlin-Schöneberg 1915.

Weitere benutzte Literatur

Bemmann, Helga (Hrsg.): Otto Reutter. Kinder, Kinder, was sind heut'
   für Zeiten. Berlin 1991.
Bendix, Martin: Denkschrift zum fünfzigjährigen Bühnenjubiläum.
   Berlin 1912.

Festschrift 40 Jahre Wintergarten. Hrsg. von Heinz Ludwigg. Berlin 1928.

Wilschke, Robert: Im Lichte des Scheinwerfers. Erinnerungen und Erzählungen eines Varieté- und Zirkusagenten. Berlin 1941.

Tucholsky, Kurt: Otto Reutter. In: Gesammelte Werke in 10 Bänden. Hamburg 1975.

Richter, Lukas: Das Berliner Couplet der Gründerzeit. In: Studien zur Trivialmusik des 19. Jahrhunderts. Hrsg. von Carl Dahlhaus. Regensburg 1967.

Benutzte Zeitungen und Zeitschriften

Berliner Tageblatt, Berliner Börsenzeitung, Berliner Volkszeitung, Berliner Illustrirte, Ulk, Kladderadatsch, Simplicissimus, Die Funkstunde, Die Stimme seines Herrn, Der Artist, Das Programm, Das Organ der Varieté-Welt.

Abbildungsnachweis

Stadtmuseum Gardelegen (1): S. 24
Valentin Musäum München (2): S. 45, 48
Landesbildstelle Berlin (2): S. 156
Zentralbild (2): S. 37, 138
Archiv Helga Bemmann (44): S. 8, 10, 13, 15, 32, 58, 62, 71, 75, 81,
85, 87, 91, 97, 98, 101, 103, 105, 109, 112, 118, 125, 126, 132, 136, 143,
150, 159, 167, 171, 180, 185, 186, 205, 209, 217, 224, 228, 231, 237,
243, 246, 254, 259, 264
Büro für stadtgeschichtliche Dokumentation und technische
Dienste/Bildarchiv (1): S. 29
Otto Wernicke, Gardelegen (1): S. 78
Zeichnung Walter Trier (1): S. 213
Zeichnung Thomas Theodor Heine (1): S. 126

Die Autorin dankt dem Stadtmuseum Gardelegen, der Musikabteilung
der Staatsbibliothek zu Berlin / Preußischer Kulturbesitz, dem Landesarchiv Berlin sowie dem Rechtsnachfolger Michael Streitz, Berlin, die
die Arbeit am Buch in besonderer Weise unterstützten.

Auf CD erschienen:
OTTO REUTTER, »Es geht vorwärts«
DUOPHON – Edition Berliner Musenkinder
Bestell-Nr. 01237 3 / POOL-Musikvertrieb

Pesonenregister